U0101736

陈 贞 寿

图说中国海军史

古代~1955

中

福建教育出版社

2002 年 10 月

◉ 第十一章
甲午战后重振海军

●第一节 重振海军的历史背景

甲午战败后,清廷调大学士李鸿章入阁办事,实授云贵总督王文韶为直隶总督兼充北洋大臣。

一、北洋海防空虚

甲午战后总理海军事务衙门以岛舰失陷,奏请将衙门及海军内外学堂暂行裁撤。王文韶亦奏请北洋海军武职实缺,自提督、总兵至千、把、外委共计315员,各缺全裁,并将关防印信铃记一律缴销;对北洋海军失事的舰艇长一并革职,其他北洋海军官兵全部罢遣。北洋海防空虚。

甲午战败后,王文韶奏请将北洋海军武职实缺全裁并将关防印信缴销,失事舰艇长一并革职,北洋海军官兵全部罢遣。图为北洋海军官兵。

停撤的海军衙门。

昆明湖水操学堂一角。

裁撤的昆明湖内外水操学堂遗址。

二、重振海军的两种不同认识

(1)主张海军从缓复设的南洋大臣刘坤一主张：

　　1.南北洋无人堪为水师提镇,即使借款购制铁甲
　　　船徒以资敌；

　　2.不必遽复海军名目,不必遽办铁甲船；

　　3.在海口修炮台,添木壳兵船、鱼雷艇以资防守；

　　4.将南洋兵船及蚊船弁勇裁减。

南洋大臣刘坤一。

湖广总督张之洞。

(2)主张复设海军的湖广总督张之洞认为：

　　1.今日御敌大端,惟以海军为第一要务；

　　2.无论如何艰难,总宜复设海军；

　　3.主设南洋、北洋、闽洋、粤洋四支；

　　4.每支设大铁舰2～3艘,快船4～5艘,鱼雷、炮船7～8艘；

　　5.主张用洋将并请调琅威理来华；

　　6.要求整顿福建船政。

(3)新疆巡抚陶模认为：

1.对廷臣中所谓"守外洋不如守海口,守海口不如守内河,以学习船炮为多事"的论点不以为然;

2.认为"如果船炮不必习,敌人果何恃而横行海上乎;

3.主张:

①将旧例武科一律停止;

②令水师学堂学生勤习天文、海道、御风、布阵、修造、汽机,演放水雷诸法。

陶模虽十分重视海军人才的培养,张之洞虽力主复设海军,但由于北洋海军覆灭的阴影,终于曲高和寡。

（前排坐者）陶模(1835~1902),字方元,浙江嘉兴人,时任新疆巡抚,后任两广总督。

三、列强瓜分我海军根据地

在这形势下,帝国主义势力日益猖狂,纷向我租借军港作为他们在远东的海军根据地,我国海防之根本被破坏。

(1)德租胶州湾。

1897年11月,德国借口其教士在曹州巨野(今山东省)被杀,派遣舰队强占胶州湾。次年3月清政府被迫与德国签订《胶澳租界条约》,承认德国租借胶州湾99年,并享有修筑胶济铁路及开采沿线矿产等特权,使山东省变成了德国的势力范围。

胶州湾德国租借地

虚线内周围100华里为中立地,主权虽归中国,但中国若驻扎军队须先经德国许可,德国军队则有自由通过之权。(根据《海军期刊》三卷十期p26~27,以及张海鹏《中国近代史稿地图集》p79~80重制)

德国侵占胶州湾后在信号山山崖勒石纪念(第二次世界大战后铲除)。1899年10月又宣布将胶州湾保护地的新市区命名为青岛。从此,青岛作为一个城市名称出现了。

德国在胶州湾的总督府。

(2) 俄租旅顺、大连。

1897年12月16日，俄国以德国占胶州湾为口实，命西伯利亚舰队驶入旅顺口，不久以防御他国侵犯满洲为辞，要求租借旅顺、大连。次年3月27日签订《中俄旅大租地条约》。俄国以旅顺为海军军港，而以大连为通商港，在两地建筑炮台营塞，中国军队不准在界内居住，租期25年。

旅大俄国租借地

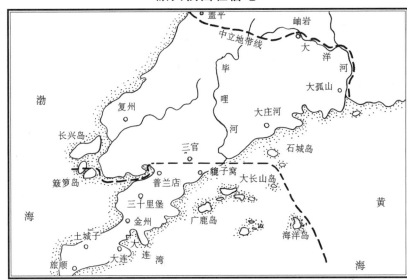

被俄国租借的旅顺、大连港。1905年日俄战争，俄败于日，清政府依新订东三省条约规定，将俄国租借旅大所享的权利全部移与日本。1915年复延长原租借期25年为99年。日本遂以旅顺为其海外军港，作为侵略满蒙的根据地。(根据《海军期刊》三卷十期p26～27，以及张海鹏《中国近代史稿地图集》p79～80重制)

驶入旅顺口的俄国西伯利亚舰队"格朗堡"号。

被俄国租借的旅顺海军军港。

被俄国租借作为通商港的大连港。

(3) 英租威海卫。

1898年7月,英国借口在北方对抗俄国,强制清政府签署了《订租威海卫专条》。这是进驻威海卫的英国水兵。

英国占据下的威海卫。

威海卫英国租借地

租借区域:凡威海卫内的水面全部,湾内刘公岛及诸岛屿与沿湾滨岸达内地15公里之地,租期25年。英国得于域内择地戍兵,筑炮台,不许他国兵士进入。(根据《海军期刊》三卷十期p26~27,以及张海鹏《中国近代史稿地图集》p79~80重制)

英占威海卫后的雇佣军。

(4) 法租广州湾。

1898年4月,法国以均势为名,又以广州湾附近遂溪县法国士官2名、传教士1名被杀为借口,派提督率舰队直逼港内,强租广州湾,租期99年,租界内全归法国管理,并可设防及驻扎军队,允准法国修筑自赤坎至安铺铁路,次年正式订约。

广州湾法国租借地

法租广州湾(约今之湛江市),租期99年。法国据此为海军根据地,且与香港对峙,以保与英国成平衡之局。(根据《海军期刊》三卷十期p26~27,以及张海鹏《中国近代史稿地图集》p79~80重制)

法国在广州湾地区设立的兵营。

(5) 英租九龙。

1898年6月，英国以法租广州湾，足以危害香港为名，强迫租借九龙半岛，将我九龙半岛周围水面和岛屿划为英国的租借地，租期99年，订《展拓香港界址专条》，九龙半岛租借地也称香港新界。

香港新界。

九龙英国租借地

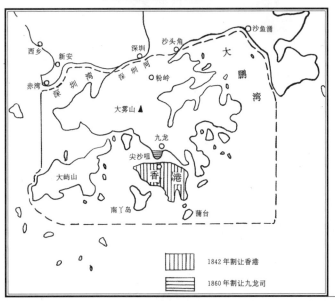

▥	1842年割让香港
▤	1860年割让九龙司

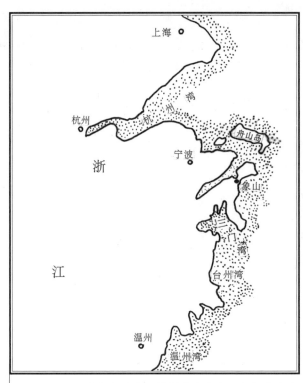

1899年2月意大利亦欲援例派地中海军舰数艘来中国，要求租借三门湾为其东洋海军根据地，遭叶祖珪、萨镇冰反对，总理衙门严行拒绝。英国亦提出抗议，租借遂未实行。

英租九龙半岛，凡大鹏、深圳二湾及香港附近大小40余岛水面，悉为租借地区域，此称香港拓界。(根据《海军期刊》三卷十期p26~27，以及张海鹏《中国近代史稿地图集》p79~80重制)

福建不割让来往照会

一八九八年四月二十二日、二十四日，光绪二十四年闰三月初二日、初四日，明治三十一年四月二十二日、二十四日，北京。

日本照会

大日本国钦差全权大臣矢野，为照会事：现准外务大臣电开："日本政府闻清国政府近日维艰，常深惓惓。即如威海卫撤兵，前经声明在案，原系虑节外生枝，加累於清国起见，亦足以昭命意所在焉。但日本政府查明实在情形，反顾利害所及，未克置若罔闻，自宜设一妥法，以期未雨绸缪，则请清国政府声明不将福建省内之地方让与或租与别国矣。"等因前来。除面述外，相应照会贵王大臣查照，并希照覆，以便电覆本国可也。须至照会者。

中国覆照

大清钦命总理各国事务军机大臣刑部尚书廖，太子少保头品顶戴镶白旗……本衙门查福建省内及沿海一带，均属中国要地，无论何国，中国断不让与或租给也。相应备文照覆贵大臣查照，传达贵国政府可也。须至照覆者。

右照会

1898年4月日本强迫清政府宣布福建不割让与他国。福建便成日本的势力范围。

(6) 列强在中国的势力范围。

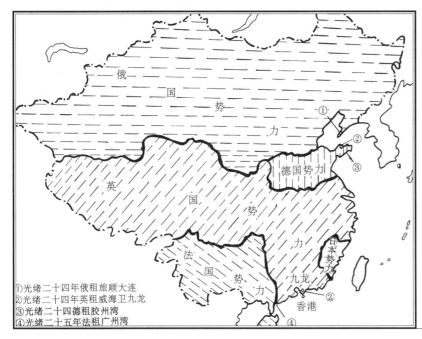

①光绪二十四年俄租旅顺大连
②光绪二十四年英租威海卫九龙
③光绪二十四德租胶州湾
④光绪二十五年法租广州湾

列强在中国的势力范围图。
(采自黄大受:《风云中华珍本》P32,
台北新晨出版社有限公司出版)

四、公车上书与百日维新

　　《马关条约》的签订,引起全国人民的反对。康有为联合各省在北京会试的举人1300余人签名上书,提出拒签和约、迁都抗战、变法图强三项主张。海军根据地相继丢失后,清政府丧权辱国,更激起了全国人民的义愤。1898年6月11日,光绪帝采纳维新派康有为、梁启超等人主张,发动"戊戌变法",下诏明定国是,发出数十道改革命令,至9月21日慈禧太后发动政变,维新失败。但"百日维新"对中国海军复兴的思想影响仍然存在。

　　光绪帝发动戊戌变法,颁发了"明定国是"的诏书,一面上谕军机大臣"国家讲求武备,非添设海军,筹造兵轮无以为自强之计",一面下诏广求人才,破格录用,并令各省协款,整建海军,筹办水师学堂等。

康有为(1858~1923),上书皇帝痛陈割地赔款之害,吁请"下诏鼓天下之气,迁都定天下之本,练兵强天下之势,变法成天下之治"。

严复(1854~1921),船政学堂第一届毕业生,福州人。甲午战后,鉴于民族危机严重,发表《论世变之亟》、《原富》、《救亡决论》、《辟韩》等论文,反对顽固保守,提倡新学,译《天演论》,唤起国人救亡图存。1898年9月14日曾被光绪帝召见,询办理海军、开设学堂及变法事,曾主办《国闻报》,协办通艺学堂,对当时思想界影响极大。

梁启超(1873~1929),康有为的学生,积极从事变法活动,主编《时务报》,主讲时务学堂。

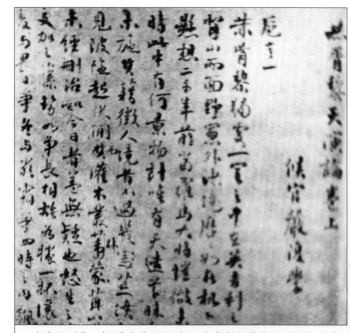

严复翻译的《天演论》手稿,是维新运动中影响最广泛的西方译著。

严复创办的《国闻报》。

严复(二排中坐)一家及其同窗好友萨镇冰(三排右二)、叶祖珪(三排右三)等在军舰上合影。

严复译著的主要书目封面。

严复在天津《直报》上发表宣传变法维新的论著《论世变之亟》、《原富》、《辟韩》、《救亡决论》等。

五、刘冠雄奉命率舰追捕康有为

　　百日维新失败,康有为潜逃,慈禧太后即饬刘冠雄率"飞鹰"舰追捕。刘"素察康梁体国无他肠,欲保全之",舰至之罘(烟台),知康轮仅先4时开赴沪,追之必及,遂托词以添装煤粮延6时始行,及抵吴淞,则康已由英人李提摩太接去。刘被疑仗义将之释放,一度被拿下狱,其后仍任职北洋海军。

刘冠雄(1858～1927),福州人。船政后学堂第4届毕业,第三届留学英国格林尼茨海军学院,甲午时任"靖远"帮带,表现卓越。维新失败,奉命追捕康有为,中途托辞拖延时间,使康有为得脱。

"飞鹰"驱逐舰,德制。长259.2英尺(79米),宽28.6英尺(8.7米),吃水12.6英尺(3.8米),排水量850吨,马力5500匹,航速24节。装有125毫米克炮2门,37毫米哈式炮4门,鱼雷管3个。1895年7月由陈恩焘、刘冠雄赴德接带回国。追捕康有为时,即由刘冠雄率此舰南追。

康有为脱身28年后为友人题扇述及当时乘英船"重庆"号来沪得救经过。

挽救康有为的英人李提摩太。

●第二节　重振海军的措施

甲午战败后,清廷赔款2亿两,赎回辽东3000万两,付威海卫日军守备费150万两,而清廷全年财政收入尚不足8900万两,重建海军面临严重的财政困难。尽管如此,清廷仍采取了一些措施。

一、开复被革职的北洋海军原官

叶祖珪(1852～1905),福州人。船政学堂第一届驾驶毕业。1877年入英国格林尼茨海军学院,毕业后任北洋海军"靖远"舰管带。甲午战后被罢职,光绪二十五年(1899年)慈禧太后召见,著开复革职处分,并赏加提督衔,授北洋水师统领,后任总理南北洋海军,主持重建海军工作。后卒于上海军次,谥受"振威将军"。

北洋大臣直隶总督袁世凯,认为水师人才最为难得,上疏奏请开复被革职处分的原北洋海军原官,计有:兰建枢、何品璋、程璧光、林文彬、林颖启、李鼎新、李和等人。

萨镇冰(1858～1952),福州人。船政学堂第二届驾驶毕业。1877年入英国格林尼茨海军学院,毕业后任北洋海军"康济"舰管带。甲午战后被免职。后任吴淞炮台总台长,光绪二十五年(1899年)三月慈禧太后召见,著赏加总兵衔并授为北洋水师帮统领、统领、广东水师提督、总理南北洋海军等职,主持重建海军工作。

袁世凯,认为水师人才最难得。曾奏请开复被革职的原北洋海军原官,并力荐萨镇冰等人任海军要职。

二、添购舰艇

1894年秋，北洋向英国阿斯特郎厂订购"飞霆"，向德国伏耳铿厂订购"飞鹰"，于次年9月驶华。图为"飞霆"驱逐舰，时速12节，长210英尺(64米)，宽24英尺(7.3米)，吃水9.5英尺(2.9米)，排水量720吨，马力800匹，配有120毫米阿式炮1门，哈式6镑炮3门。

"海筹"舰，长314英尺(95.7米)，宽40.8英尺(12.4米)，吃水19英尺(5.8米)，排水量2950吨，马力7500匹，配有150毫米克炮3门，105毫米克炮8门，60毫米克炮2门，37毫米哈式炮4门，8毫米机枪5门，鱼雷发射管1个。

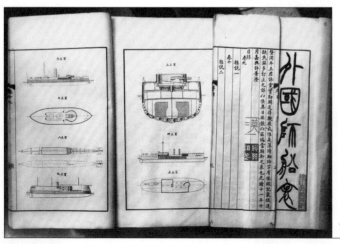

"海容"舰，1897年5月总理衙门责成出使德国大臣许景澄在德国伏耳铿厂订购的穹甲巡洋舰，同型的有"海筹"、"海琛"。1898年先后驶华。

"海琛"舰(与海容、海筹同型)。

"海天"巡洋舰，同型的有"海圻"舰，是中国近代海军仅次于"定远"、"镇远"的第二大舰。1896年11月经赫德向英阿厂订购，1899年驶回。长424英尺(129米)，宽46.8英尺(14.3米)，吃水20英尺(6.1米)，排水量4300吨，马力1.7万匹，航速24节，配有8英寸(20.3厘米)阿炮2门，4.7英寸(11.9厘米)阿炮10门，47毫米阿式炮12门，37毫米阿式炮4门，7毫米马克沁机枪6门，鱼雷发射管5个。"海天"舰长刘冠雄。

许景澄编著的《外国师船图表》。

许景澄(1845～1900)，原名癸身，字竹筠，嘉兴人，同治进士，曾出任驻法德意奥荷俄公使，主持订购"经远"、"来远"及"海容"等舰，著有《外国师船图表》，后因反对义和团围攻外国使馆而被杀。

"海圻"号上官兵，舰长萨镇冰(兼)。

1903年1月署两江总督张之洞建议，后由新任总督魏光焘以节存之款向日本川崎船厂订购"江元"、"江亨"、"江利"、"江贞"4艘同型浅水炮舰，长180英尺(54.9米)，宽28英尺(8.5米)，吃水7英尺(2.1米)，排水量550吨，马力950匹，时速12节，配有120毫米阿炮1门，75毫米阿式炮1门，47毫米哈式炮4门，6.5毫米马克沁机枪4门。图为"江元"号，于1907年造成。

由德国实硕厂订购的"海龙"、"海青"、"海华"、海犀"四艘鱼雷艇，于1898年到华。图为同型的四艘鱼雷艇之一"海龙"号。

由湖广总督张之洞向日本川崎厂订造"湖鹏"、"湖鹗"、"湖鹰"、"湖隼"4艘鱼雷艇。各长135英尺(41米)、宽15.6英尺(4.8米)，吃水7.6英尺(2.3米)，排水量96吨，马力1200匹，时速23节，配有2.5镑炮2门，鱼雷发射管3个，1907、1908年先后到华。图为"湖隼"鱼雷艇。

"江元"同型号"江亨"，1908年造成，"江利"、"江贞"1909年造成，3艘浅水炮舰于1908年以后先后到华。

由湖广总督张之洞向日本川崎厂订购的"楚同"、"楚泰"、"楚有"、"楚谦"、"楚观"、"楚豫"6艘同型炮舰,于1907年到华。长200英尺(61米),宽29.6英尺(9米),排水量780吨,吃水8英尺(2.4米),时速13节,马力1350匹,配有阿式12厘米炮2门,76毫米阿式炮2门,65毫米哈式炮2门,25毫米拿式炮2门。图为"楚同"炮舰。

"楚观"炮舰。

"楚谦"炮舰。

向外国订制舰艇监造人员表

时间	订制舰名和国别		监制人员	
	舰 名	国别	姓 名	学 历
1880年	"定远"、"镇远"、"济远"	德	刘步蟾 魏瀚、陈兆翔、郑清濂	船政后学堂第一届驾驶毕业 船政前学堂第一届制造毕业
1885年	"致远"、"靖远"	英	林鸣埙 张启正、陈和庆	船政制造二届毕业 (未详)
1885年	"经远"、"来远"	德	曾宗瀛 裘国安、黄戴	船政制造二届毕业 (未详)
1896年	"海天"、"海圻"	英	程璧光、林国祥、卢守孟、谭学衡、陈德培、黎弼良	程船政驾驶五届、林船政驾驶一届、卢船政制造三届、谭系黄埔驾驶一届毕业、陈系天津管轮一届、黎系船政管轮二届毕业
1897年	"海容"、"海筹"、"海琛"	德	曾宗瀛 林鸣埙	船政制造二届毕业 船政制造二届毕业,在洋病故
1898年	"海龙"、"海华"、"海青"、"海犀"	德	吕文经、蔡灏元、何嘉兰 吕调镛、林国禧	蔡系天津水师驾驶一届毕业、何系天津管轮三届毕业
1903年 至 1908年	"江元"、"江贞" "江利"、"江亨"	日	饶怀文、萨君谦监造 封燮臣、李承曾、胡恩浩、王孝藩4人随往学习制造	饶系天津水师学堂驾驶二届毕业;萨系江南水师学堂管轮四届毕业;封系江南管轮三届;李、胡和王均系江南水师管轮四届毕业
1904年	"楚泰"、"楚同"、"楚豫" "楚有"、"楚观"、"楚谦"	日	饶怀文	天津水师学堂驾驶二届
1910年	"肇和"	英	林葆怿	船政后学堂驾驶九届毕业
1910年	"应瑞"	日	李和 黎弼良	船政驾驶一届毕业 船政管轮二届毕业
1910年	"永丰" "永翔"	日	李国圻、郑贞能 曾瑞琪、黄显宗(章)	李系船政驾驶七届毕业、郑系天津驾驶六届毕业、曾系船政驾驶九届毕业、黄系船政管轮二届毕业

三、整顿船厂与自制舰船

(1)福建船政。

　　原是国内最大的造船基地,由于不是中国自身资本主义的产物,且清廷某些地方显要官员宁可在国外购船而不愿在国内订造,加上船政自身由于拨款不足和管理不善,到甲午战时已处于半停顿状态。甲午战后闽浙总督兼船政大臣边宝泉上奏提出整顿船政三条建议。1896年7月清廷依议谕准,派福州将军裕禄兼充船政大臣,按照边宝泉所请,招聘外国管理人员,由法国杜业尔任正监督,5年为期,3年内先造鱼雷快艇两艘,以后视情另造鱼雷艇。

甲午战后船政重新聘用洋员、洋匠情况

洋员姓名	在法国职务	聘任船政职务	年薪(法郎)	聘期及到职日期
杜业尔	法国水师制造学堂帮办教习、二等监工	正监督	60000	合同期限5年 1897年3月24日到职
达韦德	勘矿炼钢监工	监工	33000	合同期限5年 1897年3月24日到职
毕尔第	水师制造监工	监工	33000	合同期限5年 1897年3月24日到职
李嘉乐		绘图师	19200	合同期限5年 1897年3月24日到职
伯乐		书记官	15000	合同期限5年 1897年3月24日到职
迈达	原船政造船教习	续聘造船教习	24000	继续留用

注:杜业尔到职后,另聘洋匠8人,中4人任轮机、铁胁、拉铁、锅炉4厂的厂首,年薪每名
　　13200法郎;另4人任安装、合拢、炼钢匠首,每名年薪9600法郎。此外再招聘绘图匠2人,
　　每人年薪7200法郎,姓名不详。

闽浙总督兼船政大臣边宝泉上奏整顿船政三条:一、招募洋员造新式巨舰;二、沿海沿江应造快船拨交船政制造;三、简派大员督办船政。图为边宝泉。

由杜业尔监造的"建威"驱逐舰,长258英尺(86米),宽26.5英尺(8.8米),吃水11.5英尺(3.8米),排水量850吨,6500匹马力,航速23节。1898年下水,配有100毫米快炮1门,65毫米快炮3门,37毫米快炮6门并可装放鱼雷。1931年改造并更名为"自强"号,1937年8月自沉于江阴。

由杜业尔监造的"建安"驱逐舰,与"建威"同型,是船政历史上最先进的,亦不落后于西方,1900年下水。

杜业尔监造的福建船政的舰艇

舰名	舰型	船质	长(米)	宽(米)	吃水(米)	排水量(吨)	马力(匹)	航速(节)	下水年份	武器(门)
建威	鱼雷驱逐舰	钢	82.5	8.5	3.7	850	6500	23	1898年	100毫米快炮1 65毫米快炮3 37毫米快炮6 可装放鱼雷
吉云	拖船		33.7	5.6	2.1	135	300	11	1898年	
建安	鱼雷驱逐舰	钢	82.5	8.5	3.7	850	6500	23	1900年	100毫米快炮1 65毫米快炮3 37毫米快炮6 可装放鱼雷
建翼	鱼雷艇	钢	28.7	3.3	2	50	550	21	1902年	

按:"吉云"拖船,专供青洲石船坞作拖船用,能拖1 000～1 200吨船只。1903年魏瀚会办船政,掌握杜业尔滥用私人,淆乱厂章,贪污冒领等情,将其遣撤回国。此后船政因不能由封建官办转为商办,陷入停滞状态,于光绪三十三年(1907年)秋由陆军部咨令暂行停办。

青洲石船坞。

1887年船政大臣裴荫森决心修筑罗星塔(青洲)石船坞,由吴德章等5人工程技术人员监造,全部用石砌,仿造洋式,曾因经费困难,中途暂停。光绪十六年(1890年)重新开工,1893年8月3日建成,称一号船坞,亦称罗星塔船坞。

杜业尔去职后船政补聘的洋员洋匠情况

洋员姓名	原职务	船政职务	年薪(法郎)	年限	到职日期
柏奥镗	法水师制造一等监工	总监工	40000	4年	1902年8月7日
达韦德	勘矿炼钢监工	轮机、炼铁等监工	36000	4年	1897年3月24日
泰贝	一等匠首	船厂厂首	12000	3年	1903年1月18日
那戴尔	水师三等兵官	管坞(起卸总监工)	12000	4年	1901年9月28日
启埃	三等匠首	轮机厂首	12000	3年	1903年9月26日
德尔美		洋具办公所书记	12000	4年	1903年11月25日
萨巴铁	育西吮海军学堂学生	绘事院院首(监工)	11000	3年	1903年5月9日
韦海		轮机匠首	6000	3年	1903年4月20日
表吕埃		锅炉匠首	6000	3年	1903年5月25日
薛法黎	水师制造头等工员	合拢厂首	12000	4年	1904年6月9日
余埃	水师制造头等帮工员	铁胁厂首	12000	4年	1904年4月26日
竺蒲铇	官厂监工	制造监工	24000	4年	1904年8月3日
威德海	医官	厂医	8000	4年	1903年10月19日
迈达	原船政造船教习	继续留用	24000	4年	1883年
昆德(确郎)	法网地中海钢铁公司 大铁厂铁件工程匠首	制造船壳副监工	16000	4年	1906年4月背着船政大臣拉入船厂

注:1907年合同期满,船政停止造船,除迈达、竺蒲铇暂留学堂,其余先后解聘回国。

青洲石船坞坞向内,右为抽水间,属涸坞,地点固定,不能移动,船进坞闭闸抽水,每小时可抽8尺(2.7米),3小时水平,平潮时坞口深3丈(10米),可容"定远"、"镇远"进坞修理。

(2)江南船坞。

甲午战败后,江南制造局由于经费短缺,船坞长期荒废,两江总督周馥向清廷提出三点整顿意见:

1.局坞分家自行承揽修造华洋兵商轮船。

2.商务化经营,自负盈亏。

3.盈利提成,酌留花红,大部分作为扩大再生产的资金。

经清廷批准,1905年4月船坞独立,称为江南船坞,归海军管辖,以叶祖珪为督办,吴应科为总办,德国人巴斯为总稽查,聘英人毛根为总工程师,不久叶病逝,由萨镇冰继任。自商务化经营后,一转死气沉沉的局面,出现了转机,修造船业务日益繁忙。自1865~1905年的40年间,仅造15艘船,总排水量计10490吨;而从1905~1911年面向市场的6年间,就造船136艘,总排水量21040吨,其中有"联鲸"等军舰。

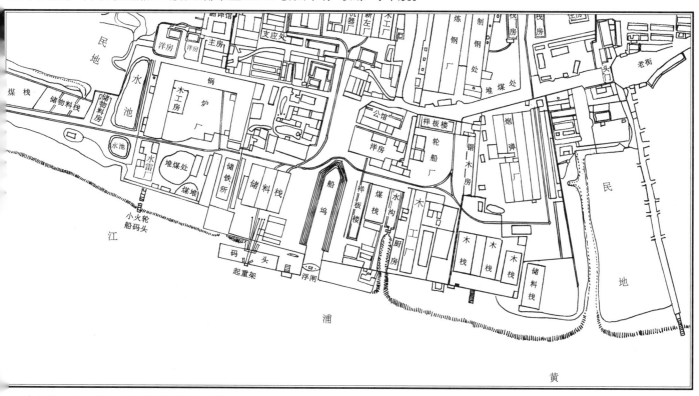

江南船坞与制造局划分地界图(1905年4月)。

清末江南船坞的轮机厂。

清末江南船坞的新压气机厂。

"江华"轮。

"永绩"炮舰,860吨,1470匹马力,航速13.5节,1911年开工,1913年竣工,归民国海军使用。

"永健"军舰,与"永绩"同型,为姊妹舰。

江南制造局首任总办丁日昌。

江南船坞1905～1911制造的舰艇

舰 名	舰 型	船质	长（米）	宽（米）	吃水（米）	排水量（吨）	马力（匹）	航速（节）	下水年份
辽瑞	巡逻艇	钢	32.3	6.1	1.7		320	11	1907年～1913年
安海	巡逻艇	钢	36.6	5.1	1.8	169		12	1907年～1913年
安丰	巡逻艇	钢	36.6	5.5	1.8	169	360	12	1907年～1913年
	巡逻艇	钢	18.3	3.5	0.5	22	75	9	1908年
	巡逻艇	钢	18.3	3.5	0.5		75	9	1908年
	巡逻艇	钢	18.3	3.5	0.5		75	10	1908年
	巡逻艇	钢	18.3	3.5	0.7		75	10	1908年
	巡逻艇	钢	18.3	3.5	0.7		75	10	1908年
	巡逻艇	钢	18.3	3.5	0.7	22	75	10	1908年
甘泉	炮舰	钢	36.3	6.1	2.3	400	320	9	1908年
联鲸	炮舰	钢	53.4	7.6	0.8	500	900	13	1910年～1911年
澄海	炮舰	钢	29	5.2	2.7	120	220	11	1911年
	巡逻艇	钢	21.6	4	1.4		60	9	1911年
永绩	炮舰	钢	65.6	9	2.6	860	1470	13.5	1911年～1913年
永健	炮舰	钢	65.6	9	2.6	860	1470	13.5	1911年～1913年

注:1905～1911年江南船坞制造136艘船,排水量21040吨,其中海军舰艇15艘,但"永绩"、"永健"到1913年才建成,归民国海军使用。客货船"江华"号,系1911年制,4130吨,3300马力,航速16节,为当时上海所造船只中吨位最大的一艘。

江南制造局——江南船坞历任主持人名单
(1865~1912)

姓名	职务	任职年月	姓名	职务	任职年月	姓名	职务	任职年月
丁日昌	总办	1865年	潘露	会办或襄办	1883年	林志道	总办	1898年
韩殿甲	会办或襄办	1865年	钟启祥	总办	1884年~1885年	李光久	总办	1899年
应宝时	总办	1865年~1868年	倪人涵	会办或襄办	1885年	曾丙照	总办	1899年
冯竣光	会办或襄办	1865年~1868年	汤寿铭	总办	1886年	余联沅	总办	1899年
沈保靖	会办或襄办	1866年~1869年	龚照瑗	总办	1886年~1888年	许瑗	会办或襄办	1899年
杜文澜	会办或襄办	1868年	黄恩诏	会办或襄办	1886年	袁树勋	总办	1900年
杜文澜	总办	1869年	唐寿嵩	会办或襄办	1887年~1888年	潘学祖	会办或襄办	1900年
郑藻如	会办或襄办	1869年~1877年	聂缉规	总办	1888年~1890年	毛庆蕃	总办	1901年
涂宗瀛	总办	1869年~1871年	刘麒祥	总办	1890年~1893年	郑孝胥	总办	1902年
陈兰彬	会办或襄办	1870年~1871年	刘麒祥	总办	1895年~1896年	赵滨彦	总办	1903年~1904年
沈秉成	总办	1872年~1873年	李家华	会办或襄办	1890年~1893年	沈邦宪	会办或襄办	1903年
李兴锐	会办或襄办	1872年~1877年	龚寿图	会办或襄办	1890年~1893年	唐郁华	会办或襄办	1903年
冯焌光	总办	1874年~1876年	潘学祖	会办或襄办	1890年~1893年	魏允恭	总办	1904年
刘瑞芬	总办	1877年	黄祖络	总办	1894年	方硕辅	会办或襄办	1904年
褚兰生	总办	1878年~1881年	阮祖棠	总办	1895年	吴应科	江南船坞总办	1905年~1906年
蔡汇沧	会办或襄办	1878年~1881年	蔡钧	总办	1897年~1898年	邝国华	江南船坞总办	1907年~1911年
邵友濂	总办	1882年~1883年	蒋德均	会办或襄办	1897年~1898年	朱志尧	经理	1911年~1912年
聂缉规	会办或襄办	1882年	林志道	会办或襄办	1897年~1898年	胡仁源	副经理	1911年~1912年

1902年任江南制造局总办的郑孝胥。

邵友濂，1882~1883年任江南制造局总办。

沈保靖，1866~1869年任江南制造局会办。

(3)黄埔船局。

1893年12月,两广总督李瀚章奏撤黄埔船坞后,修船业务由水鱼雷局代管。1901年,清廷又恢复黄埔船局,先后令林贺峒、邓正彪、魏瀚兼任总办。魏瀚任职期间,修建泥船坞一座,长30.48米,宽6.71米,深3.96米。1910年前后,黄埔船坞官匠共76名,年经费21215两白银;年修船48艘,修船费用130247两。1911年辛亥革命,魏瀚离职,由刘义宽等留守。

主管广东水雷局、鱼雷局、黄埔船局
和广东水师学堂总办的魏瀚。

经过大修广东留用至今的录顺船坞。

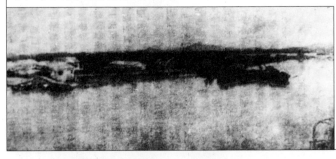

广东黄埔,水鱼雷局、船局、水师学堂均设于此。

广东军装机器局——黄埔船局历任主持人

姓 名	职 务	任职年月	备 注
温子绍	总办	1873年~1885年3月	候选员外郎
方 耀	督办	1885年3月~1886年	署广东水师提督
沈熔经	会办	1885年3月~1886年	
施在钰	会办	1885年3月~1886年	
王葆辰	总办	1886年秋~	
于荫霖	督办	1886年12月~1887年	臬司督办船局
熊方柏	帮办	1886年12月	
林贺峒	总办	1901年	广东水师学堂总办兼水鱼雷局总办
邓正彪	总办		
魏 瀚	总办	1904年6月~1911年10月	筹办海军部顾问官及水师鱼雷学堂总办兼

四、新办海军学堂

(1)烟台海军学堂。

威海战后,刘公岛水师学堂解散。义和团运动后,天津水师学堂亦被毁。北洋已无培养海军人才学堂。重建海军,急需海军人才,1902年先在烟台嵩武军左营旧址、金沟寨村北的东山设立海军练营,次年冬又在营内附设海军学堂。1905年又在金沟寨村之南嵩武军右营旧址兴建校舍,1908年完工,是为烟台海军新学堂。旧学堂从烟台、毓才、益文等学堂先后招考各20名为第一届驾驶科学生,学制3年,新学堂后又在上海、天津招取新生百余名,连同老生分为8班。该校航海毕业生后来位居全国各海校之首。

谢葆璋,海军练营管带兼烟台海军学堂监督(校长)。福建长乐人,天津水师学堂第一届毕业,著名作家冰心之父。

烟台港口。

1903年冬由北洋海军帮统萨镇冰在烟台金沟寨村嵩武左营旧址,1905年又在嵩武右营旧址扩建的海军烟台学堂全景。

烟台海军学堂学生在听训。

清末烟台海军学堂简况

监督(校长)	谢葆璋(海军练营管带兼),宣统元年由郑汝成继任				
设置专业	驾驶	学制	3年	教官	徐裕源、江克东
继任教官	江忠清、宋正霖				
学生	在初办时由烟台毓才、益文、实益学堂考取20名,后增至60人,新学堂建成后在上增扩招共192名,分孝、悌、忠、信、仁、义、礼、智8班,年龄13～16岁				
培养目标	海军士官				
学习科目	国文、代数、算术、平几、立几、解几、三角、弧三角、微积分、物理、化学、测量、磁学、船艺、航海术、天文学及次科史、地、修身、作文等				

注:清末学制三年6个学期,每年五月至十月为第一学期,十二月至次年四月为第二学期。

烟台海军学堂毕业生(驾驶)

第一届　　　计24名

林希曾	陈石英	郑 衡	饶鸣銮	陈永钦	陈文会	戚本恕	林焕铭
郑畴纲	罗忠冕	刘永谞	佘振兴	郑耀庚	刘永谦	温树德	叶葆骏
叶芳哲	任光宇	李君武	杨树韩	龚庆霖	张建勋	张洪基	邬宝祥

光绪三十一年十月毕业

第二届　　　计19名

许秉贤	陈子明	刘道源	黄忠瑄	金轶伦	戴钟霖	严寿华	林培熙
曾以鼎	叶鹏超	萨福畴	谢为仪	俞俊伟	俞俊杰	蒋 斌	欧阳勋
张秉充	任积慎	路振坤					

光绪三十四年二月毕业

第三届　　　计14名

李申之	王大焜	田士捷	陈永昰	严以庄	朱天昌	翁 鑫	刘安国
孟秀椿	陈 拔	陈 龙	毛镇才	林槩藩	沈作人		

宣统元年十月毕业

第四届　　　计13名

陈 志	丁士彦	陈式藩	吴熹炤	袁方乔	黄忠璟	唐 畴	张衍学
于庆寯	吴绅礼	梁文松	罗忠敏	萨福锵			

宣统二年六月毕业

第五届　　　计17名

李赓熙	褚凤章	蒋启麟	林其湘	张运陶	田炳章	田焕章	刘勋达
唐德煌	黄开烈	杨占鳌	程耀枢	黄硕藩	云惟祐	陈秉清	周文炳
王定中							

宣统二年十一月毕业

第六届　　　计83名

郑 沅	郑耀恭	盛建绩	李世甲	冯 涛	邵 钟	杨廷纲	王世英
常光球	章焕文	张镜清	齐植规	郑贞楳	齐兆霖	任光海	曾冠瀛
雷日枬	杨砥中	刘德浦	赵梯昆	丁士芬	戴熙经	杜功新	谢世恩
卢景贤	杨绍宸	邵 新	林 郢	刘承谋	王世宇	林自新	邓则勋
马宾兴	王夏鼐	陆 拯	周希文	倪则焕	李宜和	冯昌模	许清渠
郑耀枢	叶鹏翔	许资时	陈君涛	沈葬懋	刘勋铭	阳 明	陈培坚
万绍先	谢为良	吴同章	林骏声	赵竞昌	陈 瑜	张其铣	齐粹英
林振华	林培埕	欧 济	刘 樾	郭冶铿	钟星耀	郑世璋	陈先启
谢渭清	刘焕乾	蒋元基	何传滋	庄蔚菁	王 钧	曾 伟	陈汝昌
翁敬萱	尹祖荫	吴应辉	戴文骏	刘端祺	沈春祥	许世廉	蒋 英
詹寿光	黄 勋	胡文溶					

宣统三年五月毕业

注:第六届是烟台海校毕业生人数最多的一期,后来担任要职也最多,被喻为"八十三万班"。

第七届　　　计11名

李宝瑛	林 均	李葆祁	潘福基	原 炳	王俊宗	陈与煊	赵 镇
潘文绚	冯彦图	沈敏清					

宣统三年十一月毕业

烟台海校驾驶第六届毕业生倪则焕,毕业后派"通济"练习舰任见习官,其服装依照英国皇家海军见习官制服,领上各佩一小方块白布为见习官标志。

(2)南洋海军雷电学堂。

1903年萨镇冰视察江防时,在江阴肖山头水雷营内设立的南洋海军雷电学堂。

南洋海军雷电学堂概况

总　办	黄以云(水雷营管带兼)	提调兼总教官	陈毓淳(水雷营帮带兼)
雷电正教官	汤文城	学制	原定5年后因需才孔亟改定3年
副教官七人,分任英文、数学、物理、化学、雷电等科目		额定学生	定额60名,后增设附学生20名(自费)就地招考。
毕业生			自1903~1906年修业期满,分科考试,合格者分甲乙丙三等计甲等30名,乙等45名,一律雷营见习,遇缺即补正副雷电长(甲等)、雷电目(乙等)。仅毕业一届,计75名后学堂遂停办。

(3)湖北海军学堂。

　　1909年,湖北向日本订购的"楚同"等"六楚"炮舰及"湖鹏"等"四湖"鱼雷艇和"楚振"、"楚材"3艘小炮艇均已造成。湖广总督张之洞乃奏请在武昌设立湖北海军学堂,后因经费困难,仅维持4年,毕业驾驶、管轮各1班,于1913年停办。

武昌城,湖北海军学堂就设在这里,一切章制按照江南水师学堂办理,学生均系两湖人。

湖北海军学堂驾驶班毕业生

庄以临	洪尚愚	李戴煦	彭化龙	李宗毅	王亚杰	刘寿山	张临泉
彭焕祖	刘建标						

计10名　民国乃年毕业

湖北海军学堂轮机班毕业生

钟百毂	萧士豪	吴超	王铭忠	俞俊先	杜镇西	许百容	杨丞禧
刘先懋	王弼	唐绍寅	成麟	李枝高	李延庚	万应龙	卢炳华
李延钊	伍善烺	周之武	熊绍弼	孙斌	张国威	周宽	

计23名　民国二年毕业

(4)广东黄埔鱼雷学堂。

1884年粤督张之洞在黄埔设立水鱼雷局,同时在局内附设鱼雷学堂,授以驾驶及鱼雷各课目,修业时间5年,由水师学堂总办兼管其事。1904年归并黄埔水师学堂。

黄埔鱼雷学堂(设在水鱼雷局内)。

广东黄埔鱼雷学堂概况

起迄时间	1884年~1904年	总办	魏瀚(水鱼雷局局长兼)		
提调	刘义宽(船政后学堂管轮班第二届毕业)			学制	5年
鱼雷专门教习	德国人马驹		修习课目	驾驶、鱼雷	
历届毕业名	第一届 2名:孔 彦 郑仕瀛				
	第二届 3名:陈训锞 王福贵 林启华				
	第三届 3名:陈就基 邝赍弼 林孝衍				
	第四届 4名:廖焕枢 孙毓堃 吴保泰 吴铨仁				
	第五届 7名:李玉光 石 伟 李锡镛 蔡 衡				
	孙锡璋 黄清芬 李新隆				

(5)黄埔水师学堂。

光绪三年(1877年)粤督刘坤一奏捐粤海关所得平余15万两,发商生息,建馆兴学,1880年在黄埔长洲平岗仿福建船政后学堂规模建造学舍,光绪八年(1882年)四月告成,名为"实学馆",学制5年。1884年张之洞改名为"博物馆",1887年又改为"水陆师学堂",就地建造新学堂,光绪十五年(1889年)次第完成,并调来船政学生50人,分习驾驶、管轮。光绪十九年(1893年),谭钟麟督粤,解散陆师学生,改校名为"黄埔水师学堂"。光绪三十年(1904年)将黄埔水鱼雷局40名学额隶并水师,改名"黄埔水师鱼雷学堂",各生均兼习驾驶、管轮、鱼雷,年限仍为5年。翌年复附设工业学生100名,改校名为"黄埔水师兼办工业学堂"。宣统三年(1911年)更名为海军学校。

黄埔水师学堂校舍。

黄埔水师学堂。

黄埔水师学堂总办魏瀚。

黄埔水师学堂历任主持人

单位名称	职务	姓名	备注
实学馆 博学馆	总办	廖廷相	
	提调	汤金铸	原福建船政教习
	总文案	汤金铭	调回筹办
广东水陆学堂 中水师学堂	总办	吴仲翔	原福建船政提调后调 天津委办水师学堂
黄埔水师学堂	总办	吴引荪	1902年以按擦使兼
	总办	魏　瀚	1904年接任
黄埔 水师鱼雷学堂	总办	魏　瀚	黄埔水师学堂兼并
黄埔水师兼办 工业学堂	总办	魏　瀚	船政前学堂 制造一届毕业

广东黄埔水师学堂历届毕业生

第一届　　驾驶毕业　　计13名

曹汝英	彭灿昌	谭学衡	关燮湖	汤廷光	卫汝基	薛炳奎	廖坚华
龙廷飚	黄　权	姚玉瑶	何汝锦	廖灼华		

光绪十六年八月毕业

第二届　　驾驶毕业　　计19名

吴保和	高传柏	张光熙	刘　康	郑勤成	王孝鸣	陈心鹤	邹景虞
崔元韶	郑硕简	任书洛	高仲芷	林开焯	叶长庚	陈庆清	梁宝琳
张鹤年	林朝鼎	陈常缙				

（毕业日期不详）

第三届　　驾驶毕业　　计8名

林孝彝	陈思成	潘健新	苏希坡	丁　潮	陈寿铭	张允栋	谭学慇

（毕业日期不详）

第四届　　驾驶管轮毕业　　计4名

沈正增	卢毓英	陈宝璋	沈念祖

（毕业日期不详）

第五届　　驾驶管轮毕业　　计4名

谭其荣	罗国瑞	邱世塈鹤	戴国良

（毕业日期不详）

第六届　　驾驶毕业　　计8名

吴宗藩	林庆森	何娃祥	童永福	李葆生	周庆晃	梁藻森	黄文溥

（毕业日期不详）

第七届　　管轮毕业　　计6名

蒋瑞麟	江国栋	王其斌	黄秩位	黄以泾	潘俊华

（毕业日期不详）

第八届　　驾驶毕业　　计14名

林献炘	陈天经	赵士淦	吴廷光	王会同	杨树庄	高　华	王济业
吴炘仁	毛钟才	吴赛仁	毛仲芳	潘文治	林国赓	

光绪二十九年十二月毕业

第九届　　驾驶毕业　　计11名

高宪辰	彭　瀛	叶在馥	廖景方	高宪乾	黄公韬	吴敏仁	王　诜
孙承泗	萧广业	张豫春				

光绪三十二年十二月毕业

第十届　　驾驶毕业　　计10名

陈宏泰	高宪申	邱世忠	陆　杰	黎　识	李式同	张天辉	汤宝璜
魏子渊	蔡世溁					

光绪三十三年十二月毕业

第十一届　　驾驶毕业　　计12名

陈景苓	周　淦	何　哲	张国纪	苏有昌	柯在瀚	何　勋	郑勤瑞
郑金城	陈时珍	潘增祜	林振涛			

宣统元年十二月毕业

第十二届　　驾驶毕业　　计12名

何翰澜	何绰坡	岑寿樟	周天禄	陈宏毅	李孟亮	李继珩	王　永
杨　简	陆　涛	伍自立	冯廷灿			

宣统二年十二月毕业

第十三届　　驾驶毕业　　计38名

王铿成	陈宪武	刘世冠	白端鋈	冯履新	陈可钧	卢国弁	朱彦豪
严文浚	陈衍燊	麦三育	郑文超	周耀海	赵刚柏	黄养觥	林以颂
蔡世睿	梁　遽	梁波仑	叶在缤	钱　雄	郑启东	刘春棠	梁柏淦
叶　欣	陈履新	陈　复	任国鉴	彭悖训	林威雄	黎钜镠	梁　商
李汉翘	林　锐	余宗岳	曾纪棠	曹祖堃	李彭泽	

宣统三年六月毕业

第十四届　　驾驶毕业　　计48名

孙昭志	陈祖寿	李福游	黄维琛	胡　轩	张思观	周昌弼	谢松年
孙文沛	林若时	杨贵明	陈祖荫	陈鼎刚	黄浐芬	高鹏飞	梁景梧
李　芳	招桂章	刘景篁	罗志达	刘树棠	黄达观	吴家驹	陈圣能
李孟元	李孟尚	黄镕健	萧衍成	卢适祥	陈兆铿	叶　杰	钱　昌
邓熙霖	梁馥麟	曾锡棠	沈仁涛	连　茹	罗谭福	孔繁霖	王尚晃
张承恩	潘文谱	冯肇宪	丁培龙	罗日新	蔡喜海	林　毅	苏仰澄

民国二年十二月毕业

五、由仿效西洋转向东洋

　　甲午战后，闽浙总督兼理船政边宝泉奏称"船政学生学成回华，皆散处无事……或被外国聘往办事……或在各国领事署及各洋行充当翻译。我才弃为彼用，我用转需彼才，揆诸养才用才之初心，似相刺谬。若以此而并废出洋之举，是因噎废食，从此更难储上品之才矣"。1896年12月裕禄接任船政大臣后，遂又选派第四批出洋学生，但到1900年8月，因经费困难，这批出洋学生又一并撤回，此后停止派出留学将近十年。由于日俄战争日本获胜，雄视东亚成为世界海权之一霸，清廷鉴于外患逼迫，知海军实为立国的要图，遂急起直追，一面订购舰艇，一面又开始派遣留学生，并由仿效西洋转向仿效东洋，1904～1908年中国海军派出留学生又盛极一时，其中派赴日本学习海军的人数最多。

第四批出洋留学生

监督：吴德章　　翻译：沈希南

姓　名	出　身	留学国别及校别	第二年送入校别
施恩孚	船政前学堂制造第四届	法国船机官院	卢衣学堂
郑守钦	船政前学堂制造第四届	法国铁路桥官院	卢衣学堂
丁平澜	船政前学堂制造第四届	法国铁路桥官院	卢衣学堂
黄德椿	船政前学堂制造第四届	法国铁路桥官院	卢衣学堂
林福贞	船政前学堂制造第四届	法国铁路桥官院	卢衣学堂
魏子京	船政前学堂制造第四届	情况不详	

　　注：1.原另派赴英4名，因英国额满，故只派赴法6名。
　　　　2.原派卢守孟，嗣以卢调赴比国任翻译，改派魏子京。
　　　　3.1900年8月因经费困难一并撤回。

派赴驻沪英舰学习

姓　名	出　身	派出时间	学习年限	回国时间
吴振南	江南水师学堂驾驶第三届	光绪三十年(1904年12月)	2年	光绪三十二年九月(1906年10月)
沈梁	江南水师学堂驾驶第三届	光绪三十年(1904年12月)	2年	光绪三十二年九月(1906年10月)
蔡朝栋	江南水师学堂驾驶第三届	光绪三十年(1904年12月)	2年	光绪三十二年九月(1906年10月)
朱天森	江南水师学堂驾驶第四届	光绪三十年(1904年12月)	2年	光绪三十二年九月(1906年10月)
方佑生	江南水师学堂驾驶第四届	光绪三十年(1904年12月)	2年	光绪三十二年九月(1906年10月)
王光熊	江南水师学堂驾驶第四届	光绪三十年(1904年12月)	2年	光绪三十二年九月(1906年10月)
毛仲芳	黄埔水师学堂驾驶第八届	光绪三十一年(1905年5月)	2年	光绪三十二年九月(1906年10月)
林国赓	黄埔水师学堂驾驶第八届	光绪三十一年(1905年5月)	2年	光绪三十二年九月(1906年10月)
许建廷	船政学堂驾驶第十六届	光绪三十一年(1905年5月)	2年	光绪三十二年九月(1906年10月)
李国堂	船政学堂驾驶第十六届	光绪三十一年(1905年5月)	2年	光绪三十二年九月(1906年10月)

派赴英奥学习的海军留学生

姓　名	出　身	留学国别及校别	专　业	出国时间	回国时间
吴振南	江南水师学堂驾驶第三届	英国格林尼茨及鲍特密夫海军学堂	驾驶、天文、战术、水雷、鱼雷	光绪三十二年冬(1906年12月)	宣统元年(1909年)
毛仲芳	黄埔水师学堂驾驶第八届			光绪三十二年冬(1906年12月)	宣统元年(1909年)
林国赓	黄埔水师学堂驾驶第八届	英国格林尼茨及鲍特密夫海军学堂	驾驶、天文、战术、水雷、鱼雷	光绪三十二年冬(1906年12月)	宣统元年(1909年)
朱天森	江南水师学堂驾驶第四届	英国格林尼茨及鲍特密夫海军学堂	驾驶、天文、战术、水雷、鱼雷	光绪三十二年冬(1906年12月)	宣统元年(1909年)
许建廷	船政学堂驾驶第十六届	英国格林尼茨及鲍特密夫海军学堂	驾驶、天文、战术、水雷、鱼雷	光绪三十二年冬(1906年12月)	宣统元年(1909年)
王传炯	江南水师学堂驾驶第四届			光绪三十二年冬(1906年12月)	宣统元年(1909年)
朱天奎	江南水师学堂管轮第三届	先赴奥国后改派英国	学习制造	光绪三十一年(1905年)	宣统元年(1909年)

第一批赴日留学海军情况

姓　　　名	出　身	留学学习情况	出国时间	回国时间	备　注
吕德元、孟慕超、奚定谟、何兆湘、王开元、卢同济、刘长敏、沈　奎、吴志馨、陈士珩、魏春泉、徐世溥、王　麟、张哲培、周光祖	江南水师学堂驾驶第五届12人船政驾驶第十三届2人船政管轮第九届1人	先入日本商船学校，后入横须贺炮术学校，后改习陆军，后转横须贺炮术学校。	光绪三十二年四月(1906年5月)	光绪三十三年夏回国改派舰上练习，周光祖在日六年毕业。	吕德元、奚定谟、孟慕超、沈奎4人改派英国学习。
林希曾、郑　衡、饶鸣銮、陈永钦、陈文会、戚本恕、林焕铭、郑畴纲、罗忠晃、刘永浩、佘振兴、郑耀庚、刘永谦、温树德、叶芳哲、任光宇、杨树韩、龚庆霖、张建勋、张洪基、邹宝祥、李君武	烟台海军学堂驾驶第一届15人；第二届7人，共22人。	烟台22人和江南水师学堂12人一年后回国。	光绪三十二年四月(1906年5月)	烟台海校22人在日本一年亦回国改派舰上练习。	
方念祖、黄显仁、杨微详、刘田甫、姜鸿澜、姜鸿滋、杨启祥、张楚材、黄建元、戴修镒、齐　熙、王　裘、范腾霄、宋　振、肖举规、刘华式、郑礼庆、谢刚哲、金溥芬、萧宝珩、陈　复、李景渊、王　统、凌　宵、哈汉仪、黄兆莲、卓金梧、宋式善、沈鸿烈、龙荣轩、童锡鹏、李右文、姚葵常、尹祚乾、陈华森	广东省选派35人。	先入商船学校后再转习。	光绪三十二年四月(1906年5月)	谢刚哲等7人于宣统三年(1911年)五月学成回国。	

　　赴日一年后回国的吕德元、孟慕超、奚定谟、沈奎、佘振兴、刘永浩、温树德、任光宇等8人，于1907年9月被派英国远东舰队学习，次年又被派往英国海峡舰队学习，1909年转入英国格林尼茨海军大学深造，1911年1月回国。图中前排左一为佘振兴，中为英教官。

第二批赴日留学海军情况

姓　　　名	出　身	学习专业
罗致通、夏昌炎、曾广伦、黄绪虞、杨宣城、李　桢、胡　晃、欧阳琳、严昌泰、宋复九、王　楫、吴鸿襄、李大棹、李毓麟、朱　伟、叶启棻、陈革觉、李北海、范照申、曾广钦、张维新、吴　嵋、刘　励、任　重、王时泽、冯鸿图、朱华经、张万然、王道垣、高凤华、吴　建、吴　湘、李文彬、谭　刚、李绍晟、何超南、李震华、易定侯、余际唐、何道潆、黄承羲、张汉杰、潘尚衡、沈一奇、张仲寅、何　豪、郑仲濂、陈　云、吴景英、黄锡典。（以上令各省选送）陈泽宽、张振曦(以上在日本招选)	各省学生及在日本招选的学生。各省学生系光绪三十四年(1908年)四月派出。日本招选学生系在宣统元年(1909年)。	航海、轮机等各技术并在横须贺海军炮术学校学习。辛亥革命时留日学生大多回国参加革命，后来在海军派系中以形成与闽系相抗衡的东北系。

●第三节　八国联军军舰进犯大沽口

　　戊戌维新失败后,民族危机更加深重,1900年爆发了义和团运动。为镇压中国人民的反帝运动,八国联军的军舰聚集于大沽口,6月17日进攻大沽炮台,中国守军奋勇迎战,"海容"舰被困,"海龙"等4艘鱼雷艇被夺。在登州一带巡弋的"海筹"、"海天"等9舰,未曾赴援,却南下参予所谓"东南互保",破坏了反帝运动,使帝国主义能集中力量镇压北方的义和团运动,迫使清政府签订了《辛丑条约》。

1900年6月,英、美、俄、日、德等国联军近万余人,军舰20余艘,向大沽炮台进攻。

大沽炮台。

聚集在大沽口外伺机大举进犯的八国联军军舰。

八国联军统帅先由英国海军大将西摩尔担任,后期由瓦德西担任。图为西摩尔。

驶入中国领海的德国军舰。

满载援军开到大沽口的联军军舰。

入侵的德国军舰。

入侵的日本军舰。

入侵的俄国军舰。

当6月17夜联军进攻大沽炮台时,守将罗荣光英勇抵抗,敌舰被击伤6艘,守军终因弹尽援绝,激战6小时后炮台失陷,守军壮烈牺牲。

被守军击伤的美舰"马拉卡西"号。

被炮台守军击伤的德舰"意尔的斯"号。

清政府的旧式水师战船。

在大沽口激战中被俘的"海龙"、"海犀"、"海青"、"海华"4艘鱼雷艇。"海华"管带饶鸣衢阵亡。

在大沽口海战中被日舰击沉的中国军舰。

被困的"海容"军舰(叶祖珪曾奉命乘此舰赴津)。

在大沽口登陆的德国侵略军。

凫水偷袭海光寺机器局的日军被击毙在河里。

八国联军中的英国水兵。

八国联军中的意大利水兵。

　　当清政府对外颁布"宣战"令时，长江流域和东南沿海各省的督抚，却与帝国主义互相勾结，策划所谓"东南互保"。山东巡抚袁世凯怕驻泊在山东的海军军舰会引火烧身，遂移书请各舰驶入长江，"以避敌锋"。于是刘冠雄等率舰纷纷南下，驶抵上海，加入了刘坤一、张之洞等人与列强结成的"东南互保"行列。

　　在登州一带海域巡弋的"海天"、"海筹"等9舰纷纷南下驶抵上海，加入了"东南互保"行列，即保护"洋人、教堂、教民"，"禁止谣言，严拿匪徒"，以换取"各国舰队亦勿扰长江流域"。图为"海天"舰。

　　8月14日，英、俄、日等国侵略军终于攻入北京城，这时慈禧带着光绪和她的亲信臣仆，已仓皇逃出北京。侵略军在北京城大肆杀戮。

日本侵略军在北京齐化门外屠杀义和团团民。

外国侵略者在屠杀义和团团民。

外国侵略者在监斩义和团团民。

再度被列强焚烧洗劫的"万园之园"的圆明园。

被烧毁的颐和园。

日本侵略军在山海关屠杀我义和团团民。

在北京被八国联军逮捕的英勇不屈的义和团团民。

八国联军侵占北京后,慈禧一面授权李鸿章与帝国主义商谈投降,一面则发布命令,要官兵对义和团"痛加铲除"。图为被清军逮捕的视死如归的义和团团民。

沙俄除参加八国联军攻掠天津、北京外,还单独出兵侵占我东北三省,8月3日占哈尔滨,10月底东北主要城市几乎被沙俄侵略军占据。沙俄在侵犯东北过程中,血洗海兰泡,强占江东六十四屯,火烧瑷珲城,制造了震骇中外的大惨案。

沙俄侵略军在哈尔滨登陆。

被沙俄逮捕的东北义和团团民。

沙俄在海兰泡进行了四次大屠杀,夺去了六七千中国人的生命。同时在江东六十四屯烧杀,被杀害有七千多人,在瑷珲城有数千人被活活烧死。图为海兰泡被沙俄占领后改名为布拉戈维申斯克。

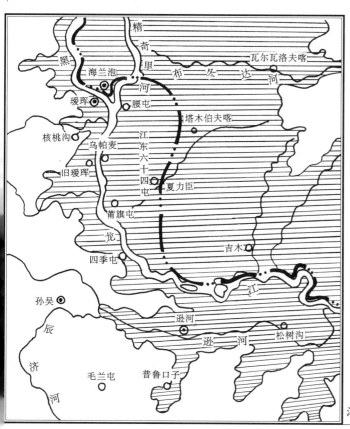

江东六十四屯位置图。

在三姓,义和团为了阻击沙俄侵略军,在松花江中横放拦江锁,沉巨石于江底,阻敌舰驶入,击沉俄舰一艘,击毙俄军上校维尼科夫。图为沙俄"齐必斯"号被狙击后,船舱弹痕累累。

白玉山下的俄舰。

沙俄"加里扬"号从哈尔滨逃往伯力。

被沙俄逮捕的义和团团民。

　　清政府与帝国主义共同镇压义和团后,1901年9月7日,派庆亲王奕劻和李鸿章同美、俄、英等11国代表签订了丧权辱国的《辛丑条约》。

　　俄、英、美、日、德、法、意、奥8国代表及后来加入的比利时、西班牙和荷兰3国,共11国谈判代表。

清廷全权代表庆亲王奕劻(前)和李鸿章(前二)。

　　《辛丑条约》主要内容:
　　1.赔款4.5亿两,年息4厘,分39年还清。
　　2.派员到德、日谢罪。
　　3.禁止军火进口2年,沿海炮台一律削平。
　　4.划定使馆区,界内不准中国人居住。
　　5.准许各国军队长期驻中国战略要地等。

签约时的各国代表。

●第四节　在中国领土、领海上的日俄战争

　　日本自三国干涉还辽后,仇俄日切。义和团运动被镇压后,日俄对中国东北地区的争夺日益加剧,日本准备与俄一战。1904年2月,日本海军突击俄舰,日俄两国开战,中国宣告中立,划辽河以东为战区。日本东乡平八郎为联合舰队司令,先在旅顺击败俄太平洋舰队,继在对马海峡伏击东来的俄波罗的海舰队,海上和陆上两个战场,日本都取得了胜利。1905年9月双方在美国的调停下签订了朴茨茅斯条约,俄国将旅大和库页岛南部转让日本。

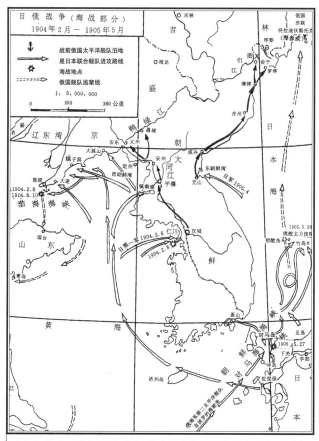

(采自张海鹏《中国近代史稿地图集》p90,地图出版社出版)

义和团运动被镇压后,日俄在东北争夺日益加剧,日军准备在旅顺港对俄作战。

在旅顺口被日军击沉的俄舰。

1904年2月8日,日舰偷袭旅顺港,重创沙俄的远东舰队。

被日军摧毁的旅顺东鸡冠山北炮台残址。该台为俄国军队修建。

日俄战争中,清政府实行屈辱的"局外中立"政策,派遣官吏在奉天(今辽宁)分别会见日(右)俄(左)两国军事指挥官,宣布划辽河以东为战区,中国中立。

日本联合舰队的旗舰Mikasa与舰队司令东乡平八郎(右上角图像)。

日俄舰队在日本海海战时的情形。

日本鱼雷艇潜行夜袭俄国舰队,俄舰大败。

一位日本画家所画的海战情形。

俄海军上将罗杰斯特文斯基。

日本海军东乡元帅(中)与乃木大将。

日俄舰队对马决战

俄国波罗的海舰队在对马海峡一役中损失惨重。上图为战舰"波罗迫诺"号被日舰鱼雷击沉的情形。

俄战舰Orel号遭受严重打击被迫投降。

日俄舰队对马决战情形。

俄舰"奥斯科"及鱼雷艇"格罗苏福意"于7月初先后逃入上海，经江海关道按照中日条规起军械为之保护。

俄舰"勒斯起及纳"号逃入烟台港，后被日军舰捕获，日本无视中立国主权，萨镇冰曾气愤辞职，后被挽留。

俄逃舰"奥斯科"左舷已损伤，日舰仍在吴淞口监视。

日俄战争期间，俄军两次进攻旅顺均告失利，日本也付出了相当代价。图为旅顺港口封闭纪念碑。

日俄战争中中国虽局外中立，但仍损失一艘最大的巡洋舰——"海天"号。1904年4月，该舰奉命赶赴江阴接运军械，以济辽西"中立"之需，因沿途遇雾，"海天"驶至吴淞口海面时误撞鼎星岛搁浅，旋即拆废。管带刘冠雄罪当斩，后由袁世凯力保，被革职。图为触礁的"海天舰"。

日本把许多无辜的中国人当作俄国密探杀害。

日军强拉中国民夫运送军用物资。

日俄战争中旅顺的许多工厂、民宅烧成废墟，人民死亡30余万。

● 第五节　重建后的海军建制

　　光绪三十三年(1907年)四月,清廷批准在陆军部内设海军处。宣统元年
(1909年)正月,派肃亲王善耆等妥慎筹画重建海军事宜,于同年五月设立筹
办海军事务处,派郡王衔贝勒载洵和海军提督萨镇冰为筹办海军大臣。宣统
二年十一月(1910年12月),筹办海军事务处改为海军部,统一领导全国海军,
与此同时将南北洋舰艇收归统一,设立巡洋舰队与长江舰队,并设统制处,
以萨镇冰为统制。

一、陆军部海军处

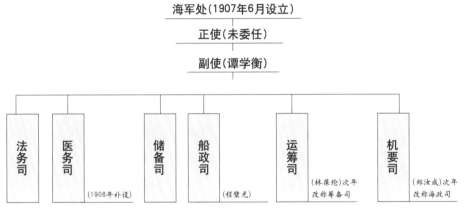

海军处副使
谭学衡,后任海军
部副大臣简授海
军副都统。

二、妥慎筹画

妥慎筹画大员

总核稽察:庆亲王 奕劻(1909年2月任命)
妥慎筹画:肃亲王 善耆
　　　　　镇国公 载泽
　　　　　陆军部尚书 铁良
　　　　　海军提督 萨镇冰

总核稽察庆亲王奕劻。

妥慎筹画:肃亲王善耆。

妥慎筹画:镇国公载泽。

筹备海军大臣、光绪帝之弟贝勒载洵。

筹备海军大臣、海军提督萨镇冰。

三、筹办海军事务处(1909年7月15日设立)

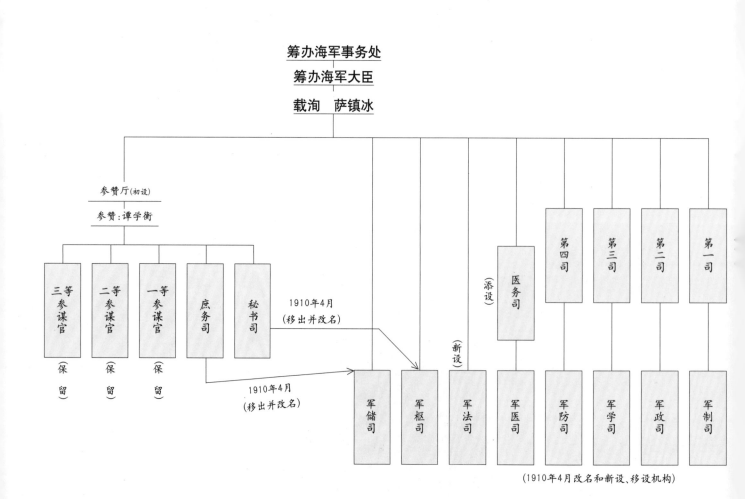

(1910年4月改名和新设、移设机构)

四、设立巡洋、长江两舰队

　　筹办海军事务处成立不久,为把南北洋海军收归统一,曾调拨南北洋及湖北、广东、福建等省原设部分舰艇,重新设立巡洋、长江两舰队,并在两舰队之上设立统制处。

(1)巡洋舰队。

　　统领(舰队司令):程璧光。

　　主要舰艇:"海圻"、"海筹"、"海琛"、"海容"、"通济"、"飞鹰"、"保民"、"辰"、"宿"、"列"、"张"、"湖鹏"、"湖隼"、"湖鹗"、"湖鹰"。共15艘,18088吨。水师官兵2097人。

(2)长江舰队。

　　统领(舰队司令):沈寿堃。

主要舰艇:"镜清"、"南琛"、"登瀛洲"、"建安"、"建威"、"江元"、"江亨"、"江利"、"江贞"、"楚有"、"楚泰"、"楚同"、"楚谦"、"楚豫"、"楚观"、"甘泉"、"策电"。共17艘,14425吨。水师官兵1542人。

"飞鹰"猎舰(驱逐舰),德制,航速24节,排水量850吨。125毫米克炮2门,哈式37毫米速射炮4门,马力5500匹。

"江"字号浅水炮舰

"海筹"巡洋舰与其同型的有"海琛"、"海容",系穹甲,2950吨,马力7500匹。150毫米克式炮3门,105毫米8门,60毫米2门,37毫米哈式炮4门,8毫米机枪炮5门,鱼雷发射管1个。

长江舰队"六楚"即"楚有"、"楚泰"、"楚同"、"楚观"、"楚谦"、"楚豫"同型舰。图为"楚观"舰,排水量780吨,航速13节,马力1350匹。

长江舰队"四江"即"江元"、"江亨"、"江利"、"江贞"同型舰。图为"江元"舰,排水量550吨,航速12节,马力950匹。

五、制定海军官制

海 军 官 制

等	一等(都统)			二等(参领)			三等(军校)		
级	一级	二级	三级	四级	五级	六级	七级	八级	九级
名 称	正都统	副都统	协都统	正参领	副参领	协参领	正军校	副军校	协军校
相当于	上将	中将	少将	上校	中校	少校	上尉	中尉	少尉

按陆军三等九级衔制,军衔前均加上"海军"二字,如"海军正参领"。副参领以上由皇帝简放,协参领以下由部选例奏补。

六、勘定象山军港

1909年秋,载洵、萨镇冰南下巡阅海防,并勘定浙江象山港为海军军港。9月3日会同闽浙总督松寿、浙江巡抚增蕴举行了辟港典礼。

参加象山辟港典礼的闽浙总督松寿,字鹤龄,满洲正白旗人,曾任工部尚书,察哈尔都督。辛亥革命时吞金自杀。图为闽浙总督松寿。

浙江巡抚增蕴。

由载洵(中)、萨镇冰(右三)率团赴欧美日考察的海军主要人员。

象山港,口宽6公里,水深7～38.3米,群山环绕,可以避风,地势平圆,可作船坞,深藏可守。计划8年完成,因经费缺少,迟不开工。

考察团在欧考察期间与外国政要合影。前左二载洵,二排左二萨镇冰,萨后为程璧光。

七、载洵、萨镇冰率员赴欧、美、日考察并续订舰艇

宣统元年(1909年)秋,清政府为重振海军,命载洵、萨镇冰率员赴欧美及日本考察,九月抵意大利,旋往奥国,十月抵柏林,又往英国参观并订购一些舰艇,十二月回国(二十日载洵在哈尔滨被革命志士熊成基刺杀未死)。次年七月复往美国,旋赴日本参观船厂,考察海军组织机构并购"永丰"等舰,至十一月回国。

在日本参观船厂,考察海军组织机构时与日本军界要员合影。前左六萨镇冰,左七载洵,左三曹汝英(军学司司长),左十一郑汝成(军法司司长)。

载洵等参观德国海军设备。

"应瑞"巡洋舰,英国威克斯厂订制。民国二年(1913年)来华,派李和、梁弼良监造,长330英尺(101米),宽39.5英尺(12米),排水量2460吨,航速20节,6000匹马力,威式6英寸(15厘米)口径炮2门,4英寸(10厘米)炮4门,3英寸(7.6厘米)炮2门,三磅炮6门,马式一磅炮2门,鱼雷管2个。

载洵等赴欧、美、日考察时新订舰艇情况

舰 名	舰 型	排水量(吨)	订制国	备 注
鲸 波	炮舰	1000	意	因船款纠葛未交中国
龙 湍	特别驱逐舰	2000	奥	因船款纠葛未交中国
同 安	新式鱼雷艇	700	德	民国初年陆续来华
建 康	新式鱼雷艇	700	德	民国初年陆续来华
豫 章	新式鱼雷艇	700	德	民国初年陆续来华
江 鲲	钢甲平底炮艇	400	德	民国初年陆续来华
江 犀	钢甲平底炮艇	400	德	民国初年陆续来华
肇 和	巡洋舰	2600	英	民国初年陆续来华
应 瑞	巡洋舰	2460	英	民国初年陆续来华
飞 鸿	巡洋舰	3000	美	因船款纠葛未交中国
永 丰	炮舰	980	日	民国初年陆续来华
永 翔	炮舰	980	日	民国初年陆续来华

"江犀"炮舰。

肇和军舰。

"江鲲"(原名新珍)与"江犀"(原名新壁)同型,前者由德国伏尔铿厂造,后者由德国克虏伯厂造。料件运回江南造船所合拢。民国元年告成,长146英尺(44.5米),宽24英尺(7.3米),排水量各140吨,航速12节,"江鲲"马力500匹,"江犀"马力450匹,配哈式炮7.5厘米口径1门,马式7毫米炮4门。

"永丰"(后改名中山),向日本三菱厂订购,派李国圻、郑贞龛监造。同型舰"永翔",民国二年来华,长205英尺(62.5米),宽29.5英尺(9米),马力1350匹,配阿式炮10.5厘米口径1门,7.5厘米径炮1门,阿式三磅炮4门,马式一磅炮2门,排水量780吨,航速13.5节。

"永翔"与"永丰"同型,但由日本川崎厂订制,派曾瑞祺、黄显宗监造。

载洵赴欧考察,从西伯利亚回国经哈尔滨时,被革命党人熊成基谋刺,熊被捕;于翌年(1910年)1月18日遇害。

在狱中的熊成基。

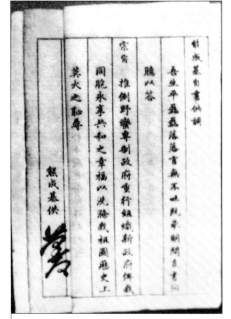

熊成基的自供,谋刺目的是"推倒野蛮专制政府重行组织新政府俾我同胞永享共和之幸福以洗涤我祖国历史上莫大之耻辱"。

八、随海军大臣赴欧考察的留英学生

宣统元年(1909年)随海军大臣赴欧考察的留英学生

姓　　名	出　　身	专　业	备　　注
廖景芳　叶在馥 曾以鼎　曾诒经　王　助　陈藻藩 王孝丰　郭锡汾　陈石英　叶芳哲 袁　晋　马德骥　王　超　徐祖善 巴玉藻 叶宝琦 伍景英 伍大名　杜衍庸　黄承贶　沈咸栋 向国华　司徒付权	黄埔水师学堂驾驶第九届。 烟台海军学堂。 江南水师学堂管轮第五届。 船政驾驶第十九届。 广东水师鱼雷学堂。 其他出身学堂待考。	在英学习制造船炮	1909年随载洵、萨镇冰赴欧考察时被挑选留英,回国时间一般是1912年,但巴玉藻、王助、王孝丰等人于1915年转美国深造飞机潜艇。

注:另说烟台海校尚有冯滔一人,但《海军大事记》无此记载。宣统三年(1911年)四月,清廷尚派郑汝成赴英考察海军学堂,这是清朝最后一次派员出洋学习,足见对英国海军仍很重视。

九、清廷赏给海军留学人员科甲出身

宣统元年十二月初七日(1910年1月7日),清廷赏给詹天佑、魏瀚、郑清濂、杨廉臣等工科进士;赏给严复、伍光建文科进士;赏给卢守孟、刘冠雄工科举人。这些人未经科举考试而取得科甲出身,是清廷笼络留学生的手段之

被赏给文科进士的严复。

被赏给工科进士的詹天佑。

海军留学生仍参加科举殿试。

十、成立海军部

　　载洵、萨镇冰等赴欧考察海军回来后,于1910年8月又前往美国、日本考察,11月返京。清廷遂于12月4日,改筹办海军事务处为海军部,次日又以海军提督萨镇冰统制巡洋、长江舰队。统制部(相当于海军总司令部)设在上海高昌庙,统一领导全国海军。这是清海军正式成为独立军种。

清海军部旧址(今北京张自忠路3号中国社科院日本史研究所内)。

海军正都统、海军大臣载洵。

海军副大臣、海军副都统谭学衡。

海军部成立时官员合影。

海军协都统、一等参谋官严复。

海军部主要职官军衔

姓　名	职　　　　　　　　务	军　　衔
载　洵	海军大臣	海军正都统
谭学衡	海军副大臣	海军副都统
严　复	一等参谋官	海军协都统
郑汝成	烟台海军学堂监督兼海军部一等参谋官	海军协都统
曹汝英	军学司司长	海军正参领
伍光建	军枢司司长	海军正参领
李鼎新	署理军法司司长	海军正参领
蔡廷干	军制司司长	海军正参领
郑清濂	署理军政司司长	海军正参领
林葆纶	军储司司长	海军副参领
李　和	驻英国威克斯船厂监造员	海军正参领
林葆怿	驻英阿姆斯特朗船厂监造员	海军正参领

清末海军部组织系统表

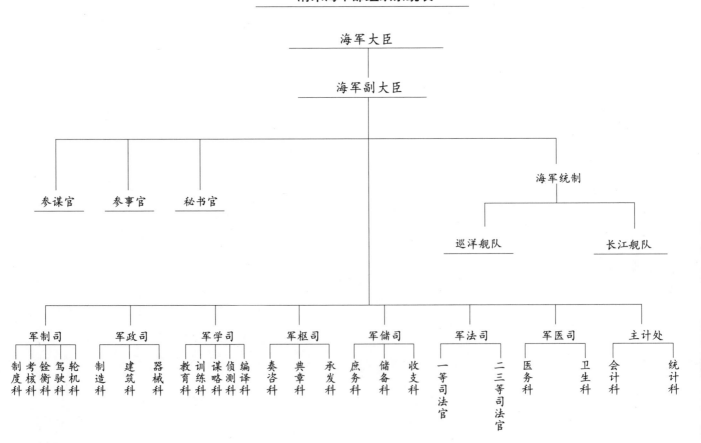

曹汝英，广东人。黄埔水师学堂驾驶第一届毕业，时任海军部军学司司长，授海军正参领，后以副都统记名简放。

郑汝成(1862～1915)，字子敬，河北静海(今天津)人。天津水师学堂第一届驾驶毕业，第三届留学英国。回国后历任大副，威海、天津水师学堂总教习、正教习。1902年出任北洋常备军教练处帮办、北洋陆军师范学堂监督。1907年回任海军处机要司长。时任海军协都统衔、海军部军法司司长。1911年任海军部一等参谋官兼烟台海军学堂监督。

伍光建(1867～1943)，原名光鉴，广东新会人。天津水师学堂第一届驾驶毕业，第三届留英学习海军。回国后，历任天津水师学堂教习、出使日本大臣随员、随政治大臣出使西欧头等参赞。海军部成立后任军枢司司长，简授海军正参领。

蔡廷干(1861～1935)，字耀莹，广东中山人。早年留学英国，后入塘沽水雷学堂学习，先后任北洋水雷鱼雷艇管带、左队一号鱼雷艇长。威海之役受伤被俘，后由袁世凯交涉，释放入幕袁府。光绪三十三年(1907年)任水雷艇队统领，时任清海军部军制司司长，海军正参领。

李鼎新(1861～1930)，字承梅，福州人。船政后学堂第四届驾驶班毕业，第二届赴英留学，回国后在北洋海军任职，充"定远"舰副管驾。甲午战败被革职，1903年开复原官。清海军部成立后任署理军法司司长，授海军正参领。

郑清濂(1853～?)，字景溪，福州人。船政前学堂第一届制造班毕业，第一届留法专攻轮机制造，毕业后又赴英、德、比学习并留德监造定远、镇远等军舰，回国后历任船政工程处总工程师、前学堂主任教官。参与设计横海、镜清、平远等舰船和设计修建罗星塔石船坞。1905年任船政会办大臣。1907年任汴洛铁路总办，翌年改任京汉铁路总监督。1909年随载洵赴欧考察海军，时任海军部正参领、署理军政司司长。

程璧光(1861～1918),字恒启,号玉堂,广东香山(今中山)人,船政后学堂第五届驾驶班毕业。历任超武舰副管带、元凯管带、船政学堂教官、"广甲"、"广丙"管带。甲午战败后被革职归故里,参加兴中会广州起义,计划泄露,外逃南洋。回国后被起用,历任管带、第二司司长、船政司司长。时任海军部巡洋舰队统领,授海军协都统。

徐振鹏(1854～?),字季程,广东香山(今中山)人。1874年随容闳赴美留学,回国后入船政后学堂,第八届驾驶班毕业。历任"定远"舰鱼雷大副、枪炮大副。时授海军协都统衔。1910年任海军部军制司司长,次年任驻沪海军一等参谋官。

沈寿堃(1863～1921),福建闽侯人。天津水师学堂第一届驾驶班毕业,第三届留英学习海军。回国后历任"定远"舰枪炮大副,黄海海战中发炮击伤"松岛",遵旨酌保。北洋水师覆灭后,解职查办,重建海军后,旋任"海圻"帮带、海军部参谋、长江舰队统领,授海军协都统。

林葆纶(1870～1933),字仲怡,福建闽侯人,天津水师学堂第六届驾驶班毕业。历任京师兵马司指挥、陆军部主事、海军处运筹司司长。1910年任海军部军储司司长,授海军副参领。

李和(1849～?),广东人,船政后学堂第一届驾驶班毕业。历任二副、帮带,"来远"、"平远"管带。甲午战败复职后授都司,1910年派赴英国监造"应瑞"巡洋舰,任驻英威克斯船厂特派员,授海军正参领。

林葆怿(1863～1930),字悦卿,福州人,船政后学堂第九届驾驶班毕业。历任兵船二副、"镇东"帮带大副等,甲午战败后革职回家。重建海军后被起用派赴英接收"海容"等舰回国,任"海容"巡洋舰驾驶大副,后升管带。1910年海军部成立,任军法司司长,旋奉派赴英任驻英阿姆斯特朗船厂特派员,负责监造"肇和"舰,授海军正参领。

海军统制处、海军舰队主要职官军衔

姓 名	职 务	军 衔	姓 名	职 务	军 衔
萨镇冰	巡洋、长江舰队统制(相当总司令)	海军副都统加海军正都统衔	宋文翔	"江元"舰管带(舰长)	海军副参领
程璧光	巡洋舰队统领(司令)	海军协都统	郑 伦	"江利"舰管带(舰长)	海军副参领
沈寿堃	长江舰队统领(司令)	海军协都统	何广成	"楚同"舰管带(舰长)	海军副参领
吴应科	署理巡洋舰队统领(代司令)	海军协都统衔	马煔钰	"楚泰"舰管带(舰长)	海军副参领
徐振鹏	驻沪一等参谋官	海军协都统衔	朱声冈	"楚有"舰管带(舰长)	海军副参领
孙辉恒	巡洋舰队总管轮	海军正参领	饶怀文	"江贞"舰管带(舰长)	海军副参领
郑祖彝	舰队统制官一等参谋官	海军副参领	林颂庄	"飞鹰"舰管带(舰长)	海军协参领
汤廷光	"海圻"舰管带(舰长)	海军正参领	程耀垣	"建威"舰管带(舰长)	海军协参领
黄钟瑛	"海筹"舰管带(舰长)	海军副参领	沈继芳	"江亨"舰管带(舰长)	海军协参领
杨敬修	"海琛"舰管带(舰长)	海军副参领	沈 㮚	"建安"舰管带(舰长)	海军协参领
喜 昌	"海容"舰管带(舰长)	海军副参领	王光熊	"楚谦"舰管带(舰长)	海军协参领
曾兆麟	"南琛"舰管带(舰长)	海军副参领	方佑生	"楚豫"舰管带(舰长)	海军协参领
荣 续	"镜清"舰管带(舰长)	海军副参领	许建廷	"联鲸"舰管带(舰长)	海军协参领
葛保炎	"通济"舰管带(舰长)	海军副参领	吴振南	"楚观"舰管带(舰长)	海军协参领
甘联璈	"保民"舰管带(舰长)	海军副参领	王传炯	"舞凤"舰管带(舰长)	海军协参领

注:海军统制处相当于海军总司令部,设于上海高昌庙,统制相当于总司令,统领相当于司令。此表系根据宣统三年二月(1911年3月)为海军人员补授军衔情况列制。

海军副都统加正都统衔、巡洋、长江舰队统制萨镇冰。

海军协都统、巡洋舰队统领程璧光。

十一、制定海军长官旗式

国旗海军旗舰首旗。

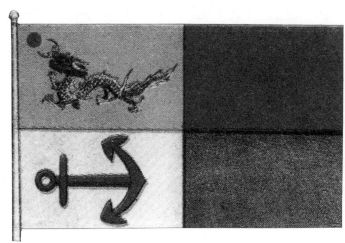

海军大臣旗。

海军正都统旗。

海军副都统旗。

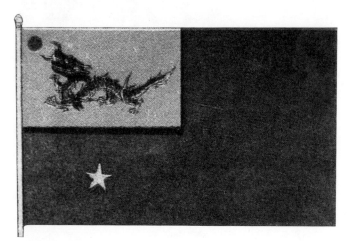

海军协都统旗。

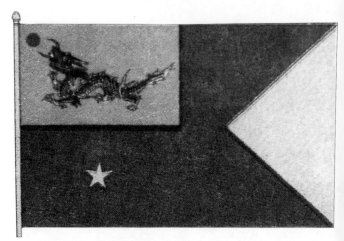

海军统带旗。

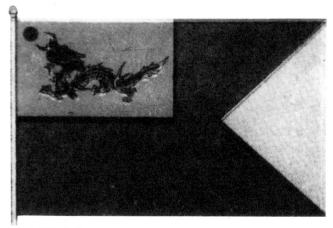

海军队长旗。

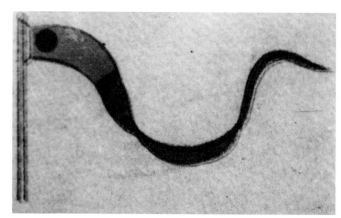

长旗(有全舰指挥权之军官旗)。

十二、海军大臣的座船

"联鲸"炮舰,江南船坞制,长177英尺(54米),宽24英尺(7.3米),吃水9英尺(2.7米),排水量500吨,马力800匹,航速13.5节,宣统二年(1910年)告成。

"舞凤"炮舰,青岛德国船厂(今青岛北海船厂)造,长124英尺(37.7米),宽20英尺(6.1米),吃水7英尺(2.1米),排水量200吨,航速9节,马力300匹,配65毫米炮2门,宣统三年(1911年)告成。

●第六节 收复东沙勘查西沙

　　南中国海通称为南海,中有许多岛屿滩礁,总称南海诸岛。依位置不同,分东沙、西沙、中沙和南沙四大群岛和黄岩岛等,自古以来就是中国的领土,是我国南海的四个前哨,也是南部海防的屏障,历来属海军管辖,今属海南省,在国防上、经济上、交通上都具有极其重要的地位。

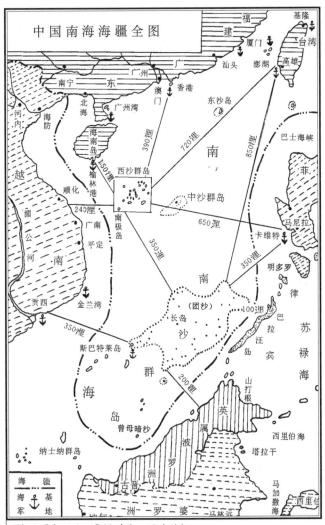

(根据《中国海军》创刊号p.12重绘)

《海国闻见录》是清刊本,雍正八年(1730年)序,说明在雍正年间南海诸岛亦明白列入我国的版图,比越南后来所虚构的1816年安南嘉隆王不知要早多少年。

北宋《武经总要》早就有广南水师巡海至九乳螺洲的记载。

清乾隆年间,高凉总兵陈伦炯著《海国闻见录》,其中:

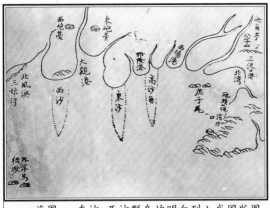

海图一,东沙、西沙群岛均明白列入我国版图。(采自清陈伦炯著、吴省兰[侍郎]辑《艺海珠尘》史部地理类《海国闻见录》图海十八)

海图二,"外洋国州"即"团沙群岛",亦即南沙群岛,亦属我国版图。(采自清陈伦炯著、吴省兰(侍郎)辑《艺海珠尘》史部地理类《海国闻见录》图海十八)

一、收回东沙

　　明代以后,中国实行闭关锁国政策,对海洋、海权观念日渐淡薄。1907年8月,日本商人西泽吉次等人擅自登上东沙岛,将我国人民所建的天后庙拆毁,高悬日本旗,妄称为无主荒岛,在岛上开始建厂,掠夺我磷肥及玳瑁等海产品,我广东水师提督李准率舰往巡,经过交涉,在中国证据确凿面前,终以13万元收买西泽在岛上的物业,收回东沙岛。

　　东沙岛是东沙群岛中的主岛,东西长2800米,南北宽700米,面积1.8平方公里,海拔高6米。中国渔民长期在此捕鱼。

　　中国渔民在岛上建的天后庙,作为屯粮聚集之处所,这是东沙岛上最早的建筑物。

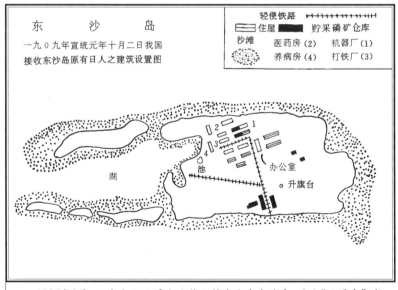

　　1907年8月,日本商人西泽吉次等人擅自占我东沙岛,改名"西泽岛",拆毁天后庙,在岛上利用鸟粪取磷建厂,后经交涉收回。图为我接收东沙岛原有日人之建筑设置图。

　　清末率舰收复东沙、勘查西沙群岛的署理广东水师提督李准。

二、勘查西沙

西沙群岛古称"七洲洋"、"千里石塘"、"千里长沙",英文称Paracel Islands(普拉塞尔群岛),介于越南和菲律宾之间,大小岛屿20余个,都是珊瑚礁所结成,属广东崖州陵水县管辖。中国渔民常年前往捕鱼,并在各岛搭盖棚屋栖止。1909年4月,两广总督张人骏筹办经营西沙群岛事宜,派李准率"伏波"、"琛航"等舰于5月19日出发查勘西沙群岛,并将各岛重新命名,竖旗主碑,向中外重申西沙群岛为中国之领土。

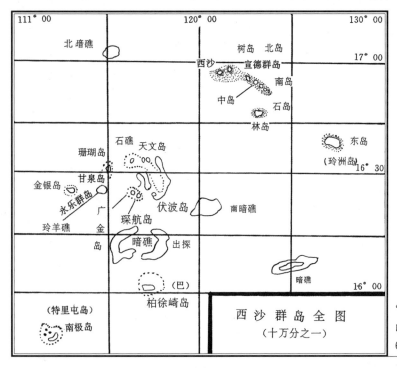

图中之伏波岛、琛航岛、广金岛系勘查时重新以海军军舰"伏波"号、"琛航"号、"广金"号舰名为岛名,又如甘泉岛,勘查时发现有淡水,因以为名。(采自《中央日报》,福建,1947年2月6日第三版;并经核对,与《中国海军》月刊创刊号P15相符)

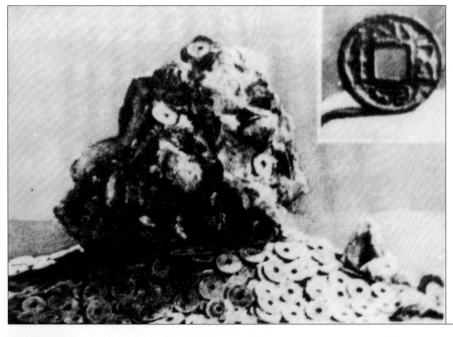

在西沙群岛珊瑚礁下5尺处,曾发现大量的"永乐通宝"铜币。据我国海洋学家马廷英博士1937年论文推算,一英尺珊瑚礁的构成需要100年,那么西沙群岛为我国领土至少已有500年。图为西沙群岛出土的明朝古钱币。

三、李准被炸

署理广东水师提督李准虽在东沙、西沙群岛上维护领土、领海主权,发挥了重要作用,但他却顽固敌视革命党人,多次督兵镇压起义。革命党人对其恨之入骨,于1911年8月8日将其炸伤。同盟会会员林冠慈当场牺牲,陈敬岳被捕下狱,后遭杀害。

谋炸李准的同盟会会员陈敬岳被捕在狱。

●第七节　美太平洋舰队来厦访问

光绪三十四年(1908年)十月初,环球游历的美国太平洋舰队将访问厦门,清廷派贝勒毓朗、外务部右侍郎梁敦彦前往欢迎、慰问,并派闽浙总督松寿前往妥为照料,提督萨镇冰率舰先期赴厦迎候,仪式隆重,盛况空前,标志重建海军初具规模。

美舰由中国"飞鹰"兵船引导,萨镇冰率4艘巡洋舰、1艘炮舰欢迎。图为美国舰队总司令官施欠黎少将等人登岸情形。

闽浙总督松寿。

贝勒毓朗(中)、外务部右侍郎梁敦彦、闽浙总督松寿等在南普陀欢迎美舰队司令举行茶会时合影。次日美舰队司令依模利少将在"鲁意三那"旗舰宴请中国接待大臣。初十日萨镇冰在"海圻"旗舰款待来宾。美舰队十一日离厦。

● 第八节 程璧光率舰参加英皇加冕

宣统三年(1911年6月22日)英皇乔治五世举行加冕典礼,清廷派遣专使振贝子、副使程璧光参加。程璧光率"海圻"军舰赴英并参加在斯毕赫(Spithead)举行的英皇军舰检阅,回国后顺道访问古巴,慰问华侨,使海外华侨感到祖国的关怀。不久,国内爆发了辛亥革命。

英皇乔治五世。

英后玛丽。

清廷遣英专使振贝子。

清廷派遣巡洋舰队统领程璧光为副使参加英皇加冕典礼。

"海圻"舰长汤廷光。

在英伦泰晤士河碇泊的"海圻"军舰。

参加英皇加冕后,"海圻"舰访问古巴,古巴华侨印发了《海圻军人听者》的传单,鼓动他们参加革命。"海圻"返抵上海后,舰上官兵即响应武昌起义。图为古巴领事及华侨开会欢迎"海圻"舰官兵,中握剑者为程璧光,右为汤廷光,再右为程耀垣。

参加英皇加冕的"海圻"舰上部分官兵。

1911年6月22日英皇在朴茨茅斯港大阅海军。来贺的计有18国200余艘军舰。中国"海圻"舰亦在其中。

第十二章

清王朝海军的覆亡与民国海军的成立

●第一节 辛亥革命 武昌起义

　　宣统三年(1911年)清政府借实行铁路国有,将民办的川汉、粤汉铁路收归国有,激起川、鄂、湘、粤各省人民反抗。清政府派端方从湖北率新军入川镇压,武昌防务空虚,革命党人运动新军参加革命,工程营遂在八月十九日晚间起义,武昌、汉口、汉阳在二十、二十一、二十二日先后光复。

宣统三年八月十九日晚间(1911年10月10日),在武昌起义的发祥地武昌城,工程营熊秉坤率队占领楚望台军械局,各营奋起向总督署进攻,爆发了辛亥革命。接着汉阳、汉口新军也先后起义成功。

首扬革命义旗的武昌黄鹤楼。

湖北军政府是中国资产阶级革命党人通过武装起义建立的第一个革命政权,大门树起革命党的十八星旗帜,纪年称"黄帝纪元四千六百零九年"。图为军政府遗址。

革命党人推举新军第二十一混成协统黎元洪为都督。黎元洪,字宋卿,湖北黄坡人。天津水师学堂管轮班毕业,与萨镇冰有师生之谊,甲午战后转入陆军。

武昌起义时的革命军旗。

两湖总督瑞澂逃上"楚豫"军舰。

武昌起义爆发后清官吏狼狈逃窜。

瑞澂在"楚豫"舰上命"建威"舰和由宜昌刚下驶的"江元"舰炮击龟山革命军炮队。"江元"还击一弹，转舵下驶遁至"楚豫"之后，"楚豫"、"建威"退至下游，等待援军。

德、英、日等帝国主义国家调集兵舰至汉口，准备对中国革命实行武装干涉。图为停泊在汉口江面的列强军舰。

停泊在广州沙面附近的美、英、法炮舰，准备随时干涉中国革命。

停泊武汉岸边的列强军舰。

在上海登陆的美国水兵准备进行武装挑衅。

●第二节　萨镇冰奉命率舰赴援

　　武昌起义消息传到北京,清廷惊慌万分,一面派陆军大臣荫昌率北洋军南下,一面急电海军统制萨镇冰星夜率舰赴援。萨抵汉口后,一面照会各国领事保证安全,一面宣布舰队处于戒严状态,并以主力进击武汉,参加镇压革命。

海军统制萨镇冰一面电令山东、广东海面的舰艇星夜开赴武汉,一面亲驾"楚有"舰赴武汉,指挥海军对革命军作战。

清政府派陆军大臣荫昌率北洋军南下进剿。但北洋军到达河南信阳后,即在袁世凯的暗示下屯兵不进。被罢官回籍的袁世凯以此要挟,企图东山再起。

袁世凯在戊戌政变时出卖光绪帝之后,颇得慈禧宠信,日渐独揽兵权。溥仪即位后,摄政王载沣与袁世凯矛盾日益尖锐,遂罢袁官职,让其回籍疗养"足疾"。袁回河南后,自号洹上钓叟,持竿垂钓,等待时机。

集结在武汉江面的清军舰艇。

10月26日晨,驻阳逻的海军绕过青山炮队至谌家矶附近猛攻革命军阵地,革命军牺牲500余名,刘家庙失守。下午革命军反攻,夺回刘家庙,但伤亡1000余人。

北洋军第一军总统冯国璋占领刘家庙后下令进攻汉口。29日第二次猛攻汉口,下令纵火烧房,焚烧一段攻占一段,革命军终因牺牲太大而放弃汉口,退守汉阳。

10月28日,革命军向刘家庙附近清海军舰艇发炮轰击,互轰20分钟,未有一弹命中清舰。萨率舰下驶并通知英领事下午3时炮轰武昌。下午3时20分海军发炮300余发,革命军伤亡惨重,撤出刘家庙。

11月1日,清军在海军协助下攻占汉口全市,汉口因冯国璋下令纵火焚烧5昼夜,几化为焦土,死伤及无家可归者难以数计。商民扶老携幼,纷纷逃避。海军将士愤其肆虐,从此同情于革命。

为了消灭革命军,清廷被迫起用袁世凯为湖广总督兼办剿抚事宜,不久又召回荫昌改派袁为钦差大臣节制所有海陆军。11月2日,袁任内阁总理大臣后到湖北肖家港车站约萨镇冰晤谈,并命各军停止进兵,为其"招抚"找借口,以便与清廷讨价还价。图为袁世凯。

当萨镇冰率舰赴援后,英公使朱迩典电驻华的英水师提督温思乐请他转告萨镇冰,于进攻时免致毁及租界,萨镇冰镇压革命的态度开始动摇。图为英驻华公使朱迩典。

●第三节　海军易帜

　　武昌起义爆发,各省纷纷响应,两个月内即有鄂、湘、陕、赣、晋、滇、黔、苏、浙、桂、皖、粤、闽、川等省先后宣布独立。革命形势的发展对海军是一种强大的压力,是做清王朝的殉葬品还是顺应革命潮流成为海军广大官兵必须作出的政治抉择。在武汉的海军主力因见三镇人民被火焚烧而转向同情革命,已在暗中联络签名相约伺机而动。依附所在地区的舰艇随着驻地革命形势发展亦多响应革命。广东水师提督李准也在强大的压力下于11月9日率部反正。

一、驻沪海军率先反正

上海起义工人攻占江南船坞。

上海起义军攻占江南制造局。

　　策动上海起义的同盟会会员陈其美与光复会会员李燮和于11月3日分两路在上海举事。陈其美在李燮和援助下占领了江南制造局,上海遂告光复。图为沪军都督府都督陈其美。

上海吴淞炮台的官兵在革命党人的策动下，一致同意于11月2日起义，首先宣布独立。图为吴淞口狮子林炮台。

首先反正的"湖鹏"鱼雷艇。

在江南制造局附近江面的清舰"建安"、"南琛"、"飞鲸"、"登瀛洲"、"湖鹏"、"辰"、"宿"、"列"等，仍构成对革命军的威胁。恰在这时，留日海军学生王时泽等8人自日本潜回上海请缨参战，由制造局库房取出旧炮数门移置江边虚张声势，并率巡防队乘舢板登上"湖鹏"等舰艇策动革命，各舰艇官兵表示赞成革命，至此，驻沪海军全部反正。

停驻吴淞口的"策电"炮舰大副林籧藩暗中进行革命宣传，舰上官兵于11月2日以餐桌白布罩代替义旗，正式宣告易帜。图为清海军在辛亥革命中起义的第一艘军舰"策电"号。

二、驻宁海军镇江举义

11月7日江苏新军第18协第35、36两标于镇江宣布起义,公推林述庆为镇军都督,江苏巡抚程德全在此之前两日于苏州宣布独立,改称江苏都督。

在镇江起义被推为镇军都督的闽人林述庆。

舰上有一批烟台海军第六届毕业生李世甲、杨砥中、吴应辉、杨廷纲等20余人,经常在草鞋峡附近茶店开秘密会议,并派人潜赴镇江,经都督府秘书闽人郑权引见林述庆,酝酿起义。图为李世甲。

"楚"字号浅水炮舰。

驻泊南京的清海军舰艇有"镜清"、"南琛"、"楚谦"、"楚同"、"楚泰"、"楚观"、"建威"、"江元"、"江亨"等13艘,图为"建威"舰。

江苏都督程德全檄萨镇冰及各舰队长文

为檄告事：窃唯世界竞争，至二十世纪而益烈。共和平等主义灌输于人人血脑中。佥思享文明之幸福，其犹有专制黑暗，醉生梦死者，断不足立国于地球之上，朝鲜、埃及可为殷鉴。中国自迩年以来，祸患迭乘，国势凌替，灭种之惨，焚于眉睫。知非政治改革，不足图存。而清廷不悟，以懿亲为内阁，集大权于中央，阳托立宪之名，阴行专制之实；铁路国有，强夺商权，虽经绅民痛哭力争，冀为和平之解决，而残忍成性，益肆野蛮；以至人心涣散，民党起而抗争，川、鄂告警，湘、赣、秦、晋次第响应。未及两旬，天下大势，土崩瓦裂，盖岌岌乎不可终日矣！本都督前任疆寄，迭次陈请速开国会，实行立宪，组织责任内阁，前后不下数十万言，类皆留中不发。此固中外人士所共见闻。近见淞沪为民军占领，扼长江之咽喉，失苏省之门户，进退维谷，坐困孤城，不欲以一己之私，使我士民子女共遭涂炭。爰……

"镜清"舰上有黄埔水师学堂第十二届毕业生何瀚澜、陈弘毅等6人，在教练官陈复影响下暗中参加起义。陈复取得江苏都督程德全檄文面交"镜清"管带宋文翙，要求反正。宋召集各舰艇长会议，陈复带敢死队登舰以武力胁迫，驻宁海军遂决定起义，自下关拔锚启航驶往镇江。图为江苏都督檄文。

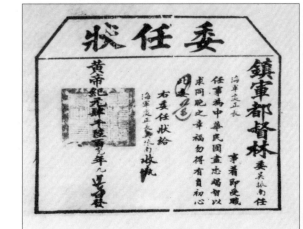

镇江军政府都督林述庆及其给吴振南的委任状。

"楚观"管带吴振南(前)与镇军都督府秘书郑权系同学，当陈复带敢死队登上"镜清"舰进逼各舰长反正时，吴振南首先表示赞同，其他管带遂相继附和。吴振南后被选为镇军都督府海军处处长。

吴振南所带的"楚观"炮舰。

三、海军主力九江易帜

(1)江西宣布独立。

1911年10月31日，江西南昌宣布独立，成立江西军政府。

参加起义的江西内河水师官兵。

10月23日，九江新军第53标马毓宝部起义。图为策动马部起义的革命党人林森(右一)、吴铁城(右二)。后"海筹"等三"海"主力舰在九江易帜时，九江军政府派林森、吴铁城登舰欢迎。

(2)湖北军政府的策反工作。

黎元洪致"楚同"、"楚有"、"楚泰"、"建威"、"建安"、"江利"各船主书

某某船主大鉴:本军政府起义,为汉族复仇,光复我旧日河山。前已函萨军门,详陈一切,已邀默允。今日本军政府作战计划,意在扑灭(清军),故炮弹攻击,专注"楚豫",藉表本军政府对诸船主之微忱。而诸船主并未还击一弹,具见诸船主深明大义,共表同情。本军政府暨我汉族同胞,罔不额手摇对称谢。但贵轮何以不开往鲇鱼套而仍在下游?想诸船主别有深意。果如所云,汉族存亡之机,在诸船主一臂之助。孰无心肝,孰无血诚,孰非黄帝子孙,岂肯甘为(满族)奴隶,残害同胞?请勿犹豫。汉口陆地昨战,刘家庙已为我军占领。足见祖宗默佑,(满)族气运,合该尽绝,此已见端,诸船主下一决心,诛锄船内(满)贼,共成义举。则将来汉族复仇史,诸船主必大有光荣。巍巍铜像,只在一反手间,即可取得。倘不河汉斯言,即乞即日实行。临颖不胜迫切待命之至。此请决安。黎某代表四万万同胞叩祝。

(《革命文牍类编》)

武昌起义后,"建威"舰帮带朱孝先和见习士官郑礼庆密谋起义。后因萨镇冰率舰赶到武汉,反正未果。朱、郑遂投入军政府为海军顾问,后黎元洪遣朱持书诣萨,萨阅信却拒不接见朱,也不作复。

黎元洪致萨镇冰书

夫子大人函丈:前肃一函,早邀钧鉴,然至今未奉训谕,心中惕悚莫名。洪此次所以出督诸君之由,实非出于得已。敢敬再上告于雪门之前。

洪当武昌变起之时,所部各军,均已出防,空营独守,束手无策。党军驱逐瑞都出城后,即率队来洪营,合围搜索。洪换便衣避匿室后,当被索执,责以大义。其时枪炮环列,万一不从,立即身首异处。洪只得权为应允。吾师素知洪最谨厚,何敢仓猝出此。虽任事数日,未敢轻动。盖不知究竟同志若何,团体若何,事机若何。如轻易著手,恐至不可收拾,不能为汉族雪耻,转增危害。今已视师八日,万众一心,同仇敌忾。昔武王云:纣有臣亿万,惟亿万心;予有臣三千,惟一心。今则一心之人,何止三万?而连日各省纷纷之士,大都留学东西各国各种专门学校及世代簪缨,学有专长,阅历极富,并本省官绅人等,故外交著手,各国已认为交战团体,确守中立。党军亦并无侵外人及一私人财产之事,不但在中国历史上视为创见,即各国革命史,亦难有文明若此。可知清国气运既衰,不能任用贤俊,至使聪明才智……

柯斯转给萨的黎元洪信中云:"……同胞万声一气,谓吾师不出,如四万万同胞何……满汉存亡,系于师台一身……"

黎元洪复萨镇冰书

九月十七日萨镇冰曾致一书于黎都督,大意言鄂省起义,初亦无甚反对,但民国政体,不宜行之于中国。黎都督即复以一函云:

夫子大人函丈:敬复者,奉读手教,敬佩敬感。吾师拳拳于同胞之拯救,政体之改革,深思远虑,同人无不钦佩。鄂军起义,实愤专制之流毒,故以民主相号召。未及匝月,响应在十省以上。虽三尺童子,皆切齿于清政府,欢迎民军。心理之所趋,肇事者不能不利用之也。钧示所虑各节,同人等已早筹计。兹事之解决,在各省成功之后,联合会议,视程度之所至。政体以意揆之,大约不出吾师之所主张。特揆诸舆论,清廷不能占此位置耳。吾师抱救国之卓见,熟察现势,必知专制政体之必亡。苟以仁义之师,举应民国,凡在各省,靡不欢迎。将来各省会议之时,吾师高占议席,出伟论以达政见,一言可定。此时固无事断争也。元洪自视师以来,日与同人,以改革政体保全人民为主意,决无示武之意。不幸而北军构战,焚我汉口,实深疚心。幸汉口商人尚能相谅,不为元洪同人忿。然亦数日寝食不安矣。吾何以教之?

湖北军政府民政部部长汤化龙也致函其弟汤芗铭(萨镇冰的副官),策动萨反正。萨态度开始转变,终于复黎一信。图为黎元洪接萨信后又复萨一信。

10月20日,黎元洪又请瑞典人柯斯乘悬有红十字会旗帜的小火轮至"楚有"舰,给萨送去一封长信。图为柯斯。

(3)海军内部的秘密活动。

"海琛"舰正电官张怿伯与驾驶副杨庆贞、三副高幼钦、见习官阳明等自发广泛联络水手头目签名起义，迅速蔓延他舰，在炮击武汉时，炮手"勿瞄准，非射向天，即射江中"。

"江贞"舰长杜锡珪，利用该舰负责代收各舰邮件并购办蔬菜之便，在各舰中广泛联络进行起事准备。九江起义后被推为"海容"舰长。

(4)萨镇冰弃职而去。

上海、九江相继独立，湖北军政府又通知各处，不准卖给兵舰粮煤。海军前无去处，后无退路，水上补给线又被切断，进退维谷。萨镇冰知大势已去，他不愿成为抵制革命的罪人，又不愿作背叛清廷的逆臣，11月11日晚，适有一英舰经过阳逻，萨命"江贞"舰打灯号令其停轮，遂乘舢板登上该轮并在九江英领事署住宿一宵，旋由该处乔装商人抵沪，后又转道香港避归福州。

乔装商人弃职而去的萨镇冰。

（5）三"海"九江易帜。

　　萨镇冰弃职前命"海筹"管带黄钟瑛为队长率3舰东下。"尔后军事尔等各舰艇好自为之"。3舰驶离阳逻不久，"海琛"见习士官阳明即扯下龙旗掷于江中，首先悬起白旗，其余两舰也换上白旗。13日中午抵九江，受到九江军政府的欢迎。随后"江贞"、"湖鹗"、"湖隼"等舰艇亦开赴九江加入反正。"海容"满族管带喜昌、帮带吉升，"海琛"管带荣续发给川资离舰，吉升跳水，余两人从命。

在九江易帜的"海筹"舰。

"海容"舰。

"海琛"舰模型。

● 第四节　海军参加反清作战

　　各地海军起义后,均调转炮口,协助革命军攻打清军,进一步壮大了革命力量。在九江反正的6舰,决定分成两队,以黄钟瑛为司令的第一舰队开赴安徽支援革命,以汤芗铭为司令的第二舰队回援武汉。而在镇江起义的舰艇则随林述庆水陆夹攻金陵,为光复长江流域和保卫革命成果做出了突出贡献。

一、"海筹"、"江贞"、"湖隼"支援安徽革命

参加平定安徽的"湖隼"鱼雷艇。

第一舰队司令黄钟瑛率3舰随李烈钧开赴安徽。安徽平定后,会攻南京。

参加平定安徽的"江贞"舰。

二、"海容"、"海琛"、"湖鹗"回援武汉

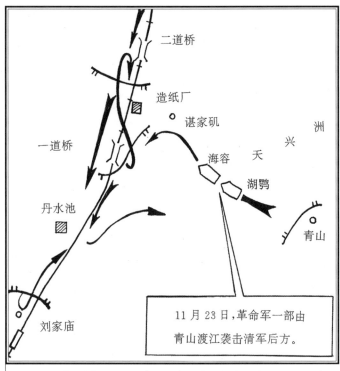

二道桥
造纸厂
谌家矶
一道桥
天
兴
洲
海容
湖鹗
丹水池
青山
刘家庙

11月23日,革命军一部由
青山渡江袭击清军后方。

19日,"海容"驶过江岸车站至武昌黄鹤楼向江岸发炮,大挫清军威势。"湖鹗"亦上驶,被清军击中一弹乃进入租界。(根据《中国近代战争史》第三册附图24重制,军事科学院编)

汤芗铭率"海容"等3舰回援武汉,截击由京汉铁路南下的清军。

23日,革命军在海军掩护下,渡江占领谌家矶,袭击汉口清军。次日,清援军赶到,革命军被迫渡江撤回,坚守金口—阳逻—黄州江面。

三、会攻南京

　　上海同盟会决定组织江浙联军会攻南京,推已率部起义的原新军第九镇统制徐绍桢为联军总司令,指挥光复军各部。当林述庆等进攻天保城时,在镇江起义的驻宁海军,夜袭南京城,发炮百余发,全城震慑,人心惶惶,天保城被革命军占领,王时泽率领的海军陆战队也参加了攻坚战斗。清将张勋夜半从水西门逃遁,12月1日南京遂告光复。

苏浙联军进攻南京之战示意图

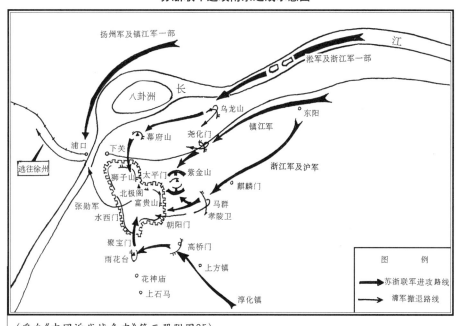

（采自《中国近代战争史》第三册附图25)

江浙联军总司令,原新军第九镇统制徐绍桢。

会攻南京时海军舰艇之一 ——"建威"舰。

　　由王时泽率领的上海海军陆战队会攻南京,攻占狮子山等炮台。在攻坚战斗中,陆战队作战非常勇敢。

●第五节 南京临时政府成立，海军统一

辛亥革命，长江各舰艇起义，起义省份都建立了自己的海军机构。12月29日，各省代表在南京举行临时大总统选举，一致选孙中山为中华民国临时大总统，宣告中华民国临时政府成立，1912年1月1日就任。临时政府设海军部，标志清王朝海军覆亡与民国海军正式成立，全国海军统一。

一、辛亥革命时长江各舰艇举事后海军分立情况

军政府别	海军首脑姓名	职　　　　务
湖北军政府	黄钟瑛	海军司令部部长兼第一舰队司令官
	汤芗铭	海军第二舰队司令官
沪军政府	毛仲芳	沪江舰队司令
沪军与苏军联合	吴应科	海军总司令官
镇江军政府	吴振南	海军处处长
	宋文翔	舰队司令官

二、1911年12月5日，成立海军司令部

1911年12月5日，黎元洪派朱孝先、郑礼庆邀集各处海军代表会于上海，在高昌庙成立海军司令部。

公举：
海军总司令：程璧光
副司令：黄钟瑛
参谋长：黄裳治
参谋次长：毛仲芳
　　注：正副总司令未到前由参谋长代理一切。饷粮经费由沪军政府筹拨。

三、12月29日,孙中山当选为中华民国临时大总统

　　12月29日各省代表在南京举行临时大总统选举,一致选举孙中山为中华民国临时大总统,宣告中华民国临时政府成立。决定采用公历,以宣统三年十一月十三日(1912年1月1日)为中华民国元年元旦。

孙中山与部分内阁阁员合影,孙中山右背立者为海军部总长黄钟瑛,右三为海军次长汤芗铭。

　　孙中山对振兴海权十分重视,认为"争太平洋之海权,即争太平洋的门户权,人方以我为争,我岂可置之不知不问"。在他所著的《国防十年纲要》中将海军列为国防建设之首要。图为中华民国临时大总统孙中山先生。

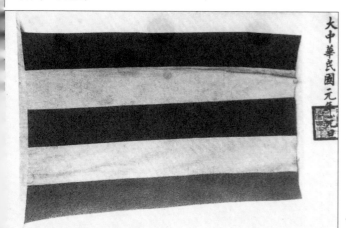

南京临时政府海军部(原江南水师学堂)。

中华民国五色旗。

孙中山祭告明孝陵后与会祭官员合影。立孙中山之右者为海军总长黄钟瑛。

南京临时政府海军总长黄钟瑛(1912年1月3日任,4月1日卸)。

中华民国海军战士雄姿。

香港同胞庆祝南京临时政府成立。

民国新政府内阁成员名单。

●第六节 海军北伐

黄钟瑛任海军总长后,南北和议代表在上海开始谈判。黄认为袁世凯诡计多端,和议前途未可乐观,遂一面组织海军北伐舰队,一面发出通告海军全体书,申明军纪,策励全军。1912年1月16日,北伐舰队由上海出发北上讨伐。

海军部长黄钟瑛通告海军全体书

民国海军既立,而钟瑛忝为之长,辞不获命。内顾才力,外审时势,惧弗胜任,以贻我国民羞。今者受事方始,经纬百端,所愿与诸君黾勉以成,初终如一者,唯此诚恳之忱,掬以相告,诸君或加之谅,岂为钟瑛一人之幸?而大局所关视此为。和议无成,战机复启。水深火热之同胞,其未离满清羁轭者,被发缨冠之救,所不容旦夕稍缓者也。抑国民风发雷动,掷无数生命,为之前驱,大功未竟,以待后起者之观厥成。然则我军人于此,当如何激昂奋励,兴全国之师,海陆分驰,互为策应,矢敌忾同……

黄钟瑛在告海军全体书中谓兴全国之师,海陆分驰,互为策应,必使澄清寰海,树海军名誉之光,申明军纪,策励全军。

旧历辛亥十一月十六

●北伐兵舰出发

海军部长黄君锺瑛因和议无成,停战期满昨奉特命令"海容"、"海琛"二巡洋舰及海容海琛迅即驶往蔡皇岛接应各省北伐军队,翠庭播穴共奏,庸功阔其余当不日亦将出发全国光复当在指顾间矣招商局泰兴公平新铭三船昨日上午均开往吴淞一俟停战期满即拟装兵由军舰护送开往烟台江宽,轮船亦由民军租定已开往南京并阗招商局轮船为民军租定者共有十三艘

北伐舰队由"海容"(舰长杜锡珪)、"海琛"(舰长林永谟)、"海筹"(舰长林颂庄)、"南琛"(舰长林建章)、"通济"(舰长葛宝炎)组成,以"海容"为旗舰。

1912年1月16,日北伐舰队由上海出发北上讨伐。

北伐舰队进抵烟台。

海军次长兼北伐舰队司令汤芗铭。司令下设参谋4人,由李静、凌霄、王时泽、姚葵常担任。

被孙中山特命为关外都督的蓝天蔚节制指挥北伐舰队,蓝驻"海容",率领以上海青年为主力的北伐军出师山东,进占辽东乃至全东北,然后从侧背直捣北京。

上海北伐军在烟台登陆。

北伐舰队抵烟台时,烟台已经独立,驻烟台的"舞凤"军舰舰长王传炯被推为烟台都督,不久王调往海军部,由吴志馨接任舰长,烟台都督则由驻烟的海军禁卫队队长虞克昌继任。

随北伐舰队出发的还有福建学生军北伐队。

"舞凤"舰舰长王传炯被推为烟台都督。

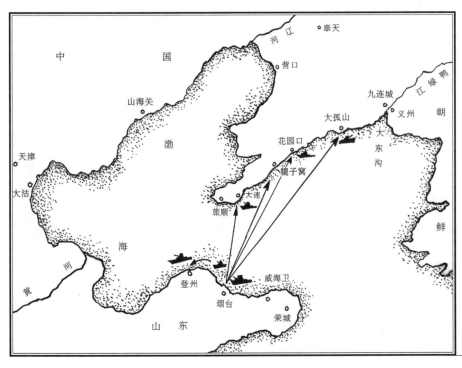

北伐舰队以烟台为补给枢纽,各舰常派往大沽、登州、营口等地巡弋威胁北京。2月1日夜,北伐舰队护送北伐军在辽宁省新金县(今名"皮口"貔子窝)、花园口、大孤山一带登陆,与清军激战,占领瓦房店、庄河,给东北革命党人以鼓舞,北伐军总司令部移设大连,革命形势大好。

●第七节　袁世凯窃国，刘冠雄接掌海军

　　在北方革命形势大好之际，南北和谈成功。宣统三年十二月二十五日（1912年2月12日）。隆裕太后在袁世凯逼迫下，下诏宣布小皇帝溥仪退位，至此清亡。由于资产阶级革命的软弱性，根据和议，孙中山在袁世凯通电赞成共和后，提出辞职，2月15日参议院选举袁世凯为临时大总统。这样，北方的清王朝和南方的临时革命政府都把政权交给了大军阀袁世凯。袁改组内阁，任命刘冠雄为海军总长。

退位时的小皇帝溥仪（左），时年6岁，右为摄政王载沣。

1912年4月1日，孙中山乘车离开总统府，正式辞去中华民国临时大总统职务。

　　孙中山让位前曾提出3个附带条件，其中之一是新总统必须到南京就职，孙中山派出以教育总长蔡元培为首的迎袁八专使赴京，请袁南下就职。时黄钟瑛不愿北上，海军顾问刘冠雄（前左2）自告前往，遂成海军代表。

曹锟(1862～1938),字仲珊,直隶天津人,袁世凯的亲信,北洋军第三镇统制。袁不愿离开北洋势力所在的北京,授意曹锟发动兵变。

兵变情形。

袁世凯以北方不靖为借口不去南京。1912年3月6日,南京临时参议院同意袁世凯在北京就职。图为兵变时的情形。

袁世凯就任临时总统后任命的第一届内阁。前排中为海军总长刘冠雄。当北京兵变时,北伐舰队司令汤芗铭于3月4日率舰离开烟台,拟赴大沽替袁平"乱",待汤转赴北京见袁时,被袁极力笼络,汤芗铭遂即投入袁的怀抱,被授为海军部次长。

●第八节　民初海军领导体制

　　以袁世凯为首的北洋军阀篡夺了辛亥革命的胜利果实,中国从此进入了北洋军阀统治的北京政府时期。袁改组内阁,免去黄钟瑛的海军总长职,以刘冠雄继任,并以汤芗铭为海军次长,黄钟瑛为海军总司令。刘冠雄接任海军总长之初,即接收各地海军机构,集海军大权于中央海军部,并制定了领导体制。

刘冠雄(1861～1927),字资颖,福州人。1879年毕业于船政后学堂第四届驾驶班,为1886年第三届留洋生,民国时期海军总长(民国元年4月至5年6月,6年7月至8年12月)。

黄钟瑛(1869～1912),原名良铿,号赞侯,福建长乐人。船政后学堂第十一届驾驶班毕业,甲午战时充"济远"舰航海员。中华民国海军部第一任海军总长,袁世凯任临时大总统后,改任海军总司令。

民初海军部组织系统表

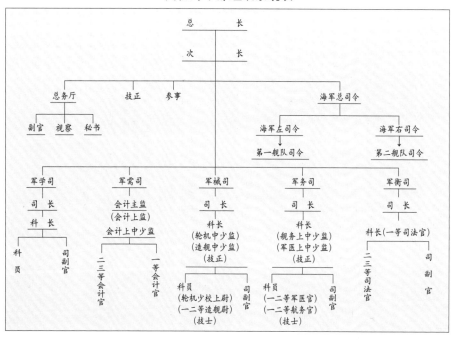

民初海军官制表

	上等（将官）			中等（校官）			初等（尉官）		
	上将	中将	少将	上校	中校	少校	上尉	中尉	少尉
军官									军士长
									军乐长
		轮机中将	轮机少将	轮机上校	轮机中校	轮机少校	轮机上尉	轮机中尉	轮机少尉
									轮机军士长
									修械长
军官同等官		军医总监	军医主监	军医大监	军医中监	军医少监	一等军医官	二等军医官	三等军医官
									看护长
			军需主监	军需大监	军需中监	军需少监	一等军需官	二等军需官	三等军需官
									薄记长
		造械总监	造械主监	造械大监	造械中监	造械少监	一等造械官	二等造械官	三等造械官
		造舰总监	造舰主监	造舰大监	造舰中监	造舰少监	一等造舰官	二等造舰官	三等造舰官
									船匠长
				航务大监	航务中监	航务少监	一等航务官	二等航务官	三等航务官
附记	1.军官仍采用三等九级制，每级前均冠以海军二字，轮机官及各军佐不设上等一级，故与军官同等官只有二级。 2.副军士长一级均属准尉官，军士分上、中、下士，兵分一、二、三等兵及一等练习兵、二等练兵。								

蔡廷干(1861～1935)，字耀莹，广东香山(今中山)人。早年留学美国，后入塘沽水雷学堂学习。先后任北洋水师鱼雷艇管带、左队1号鱼雷艇长。威海之役受伤被俘后由袁世凯交涉释放，入幕袁府。光绪三十三年(1907年)任水雷艇队统领。1910年任清海军部军制司司长，武昌起义为袁效命，1912年11月授海军中将，任海军副总司令，旋转任财税、外交等要职。1935年9月病逝。

民初海军部官制表

特任	简任		荐任			委任			
	一等	二等	三等	四等	五等	六等	七等	八等	九等
部长 （上中将）									
	次长 （中少将）								
			参事 （少将上校）						
			司长 （少将上校）						
			秘书 （少将上中校）						
			技正 （少将上中校）		技士 （少校上中少尉）				
				科长 （上中少校）		科员 （少校上中少尉）			
				视察 （上中少校）					
				部副官 （上中少校）		司副官 （少校上尉）			

北京政府时期海军职官年表

北京政府海军部

总长	刘冠雄	程璧光	萨镇冰	李鼎新	林建章	杜锡珪
	1912年3月任	1916年6月任	1917年6月任	1921年5月任	1924年11月任	1924年10月任
	1916年6月免	1917年6月免	1917年7月免	1922年12月继任	1925年12月免	1924年11月免
	1917年7月任		1919年12月免	1924年9月免		1925年12月任
	1917年12月任		1920年5月14日兼代国务总理			1926年6月任兼代国务总理
	1919年12月免		1920年8月9日兼署			1926年9月辞，仍任海军总长
			1920年7月任			1927年6月免
			1920年8月免			
			1920年8月任			
			1920年8月免			
			1921年5月免			

次长	汤芗铭	李和	曹嘉祥	刘传绶	徐振鹏	吴纫礼
	1912年5月任	1913年暂代	1915年5月任	1917年7月任	1918年9月任	1926年1月任
	1913年10月免	1915年5月免			1926年1月免	1926年6月免
	谢葆璋					
	1926年6月任					

参事	李鼎新	李和	林葆怿	吴振南	刘传绶	徐兴仓
	1912年9月任	1912年9月任	1912年9月任	1912年9月任	1912年12月任	1913年10月任
	1912年11月调	1913年11月调	1913年7月调	1912年12月	1917年6月免	
	刘华式	谢葆璋				
	1920年任	1920年任				

秘书

陈宗雍	南寿昺	高稔	钟讷	陈震
1912年9月5日任	1912年9月任	1912年9月5日任	1912年9月5日任	1913年5月16日任
1913年5月调	1914年5月开缺			
刘孝祚	沈璿庆	何启春	陈保棠	余燮梅
1914年5月任	1920年至1922	1920年至1922	1920年至1922	1920年至1922

视察

蒋超英	郑祖彝	邓聪保	刘传绶	何心川	饶怀文
1912年9月任	1912年9月任	1912年9月任	1912年9月任	1912年9月任	1912年9月任
	1913年5月16日调		1912年12月调	1914年3月调	1912年12月调
吴毓麟	王崇文	陈复	葛保炎	许继祥	曾瑞祺
1912年9月任	1912年9月任	1912年12月任	1912年12月任	1913年5月任	1913年5月任
1913年2月调	1913年5月调		1913年5月调		
汤文城	王如璋	王兼知	黄裳治	陈寿彭	马烦钰
1913年5月任	1914年3月代	1913年4月任	1922年任	1922年任	1922年任
林葆纶	刘秉镛	王会同	周光祖		
1922年任	1922年任	1922年任	1922年任		

军学司

司　长：施作霖		谢葆璋	李景曦
1912年9月任	1913年8月免	1913年10月任	1920-22年
帮理司务科长：曾宗巩	陈杜衡		
1912年9月任			
航海科长：刘秉镛	黄鸣球	林继荫	
1912年9月任	1914年5月任	1916年5月任	
士兵科长：曾宗巩	陈晌	奚定谟	
1912年9月任	1912年9月任	1914年5月免	
轮机科长：林文彧　万嘉璧		编译科长：刘云鹏　王传炯	
1912年9月		1920-22任	

军法司

总执法官：李宝符　许继祥(初期)　陈寿彭
1915年12月前任

司　长：郑宝菁	法学科长：罗之彦　杨景斌
1920年-22任	
审检科长：林鉴殷　孟慕超	典狱科长：博顺　严鼎元

总务厅

厅　长：徐振鹏(兼)
1920年-22任

机要科长：黄道锦	统计科长：李宝符
1922年	
编纂科长：池仲祐	庶务科长：高穰　傅仰虞
1920年-22任	

军衡司

曾兆麟	饶怀文	蒋拯	王兼知
1912年9月6日任	1912年12月任	1913年5月16日任	1919年8月任
1912年12月调	1913年5月调	1919年8月调	1922年免

任官科长：姜鸿澜　庄允中　　典制科长：吕富永
赏赉科长：周光祖　马家麟　林瑜　科长上行走：尹祚乾
考核科长：汤文城　张浩　　　　赵埍

司　长：刘华式	何品璋	陈恩焘
1912年9月任	1917年6月前任	1918年10月任

军事科长：郑礼庆　薛昌南　兼帮办司务科长 李右文 1912年9月5日任　1914年5月免
王传炯 1914年5月任
测绘科长：刘田甫　杨徵祥　医务科长：唐文源　陈大山
电政科长：徐祖善　王锐　哈汉仪

副官

陈复	王统	陈鹏萧	任光宇	肖宝珩	佘振兴
1912年9月任	1912年9月任	1912年9月任	1912年9月任	1913年4月任	1912年9月任
1912年12月调	1914年5月调	1913年4月调	1920-20任		1919年10月调
			1920年-22任		
甘联驹	侯毅	梁能坚	李宝符	许继祥	池仲祐
1912年9月	1912年9月任	1912年9月	1912年9月任	1912年9月任	1913年8月任
				1913年5月调	
刘秉镛	黄大琮	荣志	罗璟	余燮梅	
1914年5月任	1913年9月任	1920-22任	1920-22任	1920-22任	
魏春泉	兰寅	赵埍	林元彧	林葆纶	刘秉镛
1920-22任	1920-22任	1920	1922年任	1922年任	1922年任
周光祖	王会同				
1922年任	1922年任				

军械司

司　长：吴纫礼
1912年9月6日任
1922年免

兵器科长：姚葵常　杨梦熊　机器科长：郑友益　陈士廉
舰政科长：朱天奎　黄健元　设备科长：秦玉麒　方阜鸣
1912年9月　　　　　1912年9月

军需司

司　长：吕德元	曾瑞祺	王崇文	林葆纶	刘永谦
1912年9月任	1912年11月任	1913年5月任	1913年10月任	1922年署
	1912年11月调	1913年5月调	1913年10月调	

司计科长：陈作舟　丁士芬　张承愈　稽核科长：唐伯勋　刘勋名
1912年9月任　1914年5月任　　　　　　　　　　　1913年4月任
经理科长：刘永谦　严昌泰　储备科长：常书诚　莫嵩芸
1912年9月任　1922年任

技正

常朝干	林献炘	吴德章	郑诚	郑滋樨	沈希南
1912年9月任	1912年9月任	1912年10月任	1912年10月任	1913年5月任	1913年5月任
1913年5月免	1913年5月免				
陈道源					
1920-22任					

编译总纂

严复	编史处 总纂	严复	海军造舰总监	魏瀚
1912年8月任		1914年12月任		1916年12月前任
1915年4月并	1915年4月并	1915年4月并		

	海军上将	中将加授上将衔	海军中将	海军少将	
民初海军将官授衔	刘冠雄 1912年11月4日授 萨镇冰 1912年12月8日授	李鼎新 1913年8月20日加授 郑妆成 1913年8月20日加授	黄钟瑛 1912年11月4日授 汤芗铭 1912年11月授 蔡廷干 1912年11月授	李鼎新 1912年11月4日授 李和 1912年11月4日 蓝建枢 1912年11月4日授	林颂庄 1913年8月20日 曾兆麟 1913年8月20日 宋文翔 1913年8月20日
民初海军将官授衔			李鼎新 1912年11月授 沈寿堃 1912年12月8日授 程璧光 1912年12月8日授 郑汝成 1913年1月授 林颖启 1914年1月授 杜锡珪 1921年10月授 陈兆锵(轮机) 1915年授	徐振鹏 1912年11月4日授 郑汝成 1912年11月授 林葆怿 1912年11月12日授 温朝诒 1913年8月授 曾瑞祺 1913年8月11日授	郑纶 1913年8月20日 谢葆璋 1913年8月20日 曹嘉祥 1913年12月29日 刘冠南(轮机) 1912年12月12日授 陈兆锵(轮机) 1912年12月12日授

海军部编译总纂、编史处总纂严复。

魏瀚(1850~1929),字季渚,福州人。船政前学堂第一届制造班毕业,留法留英,在德监造定、镇两铁甲舰。我国著名的造船专家,历制平远、横海、镜清、寰泰、广甲、开济等舰。1903年会办船政大臣,1904年任黄埔水师学堂、水雷局、船坞总办,后任广九铁路总理。1910年任清海军部顾问、造船总监。1914~1917年任留学生监督。1922年告老,1929年病逝。

海军总司令处领导体制表(后改部,设在上海高昌庙)

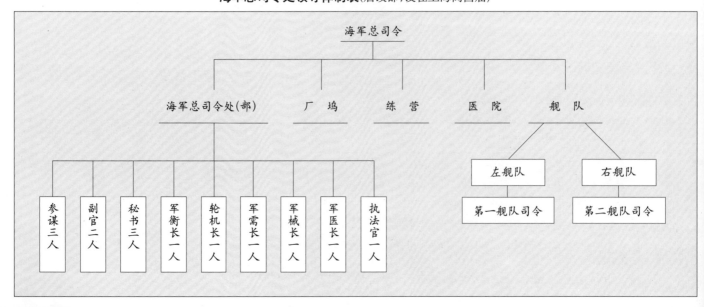

海军总司令处职官年表

海军总司令处（公署1917.12改）				
总司令 黄钟瑛 1912年4月6日任 1912年11月卒	李鼎新 1912年12月11日任 1916年1月裁	萨镇冰 1917年春任 1917年6月免	程璧光 1917年6月任 1917年7月免	饶怀文 1917年7月署 1918年3月卒
蓝建枢 1918年3月任 1921年8月免	蒋拯 1921年8月任 1922年6月免	杜锡珪 1922年6月任 1925年2月免	杨树庄 1925年2月任 1927年3月裁	
副司令 温树德 1925年9月任 1926年免	轮机长 / 刘冠南 1913年4月任	军需长 何品璋 1913年4月任　陈毓淳 1913年11月任		参谋：黄裳治 1913年11月任
杨树庄 1924年9月任 1925年2月免	军衡长 郑纶 1913年4月任　何品璋 1913年11月任	军医长 李崇光 1913年4月任		吴光宗 1913年12月任
	军械长 黄裳治 1913年4月任　程耀垣 1913年11月任	秘书 王君秀 林熠炘 林大任 饶怀义 1913年4月任		
		副官：江克东 毛钟才 1913年4月任　陈绍宽 1913年11月任		
参谋长 何品璋 李景曦 1927年3月	副官长	陈毓淳 （1913年11月任军需长）	参议长 盖超千	军港司令 林颖启 1914年1月任
				总轮机长 王齐辰 1916年1月任 1917年春裁

海军舰队司令处职官年表

舰队司令处				
左司令 蓝建枢 1912年4月6日任 1912年12月改为第一舰队司令 1913年7月免	**右司令** 吴应科 1912年4月6日任 1912年6月免 徐振鹏 1912年6月任 12月改为第二舰队司令	淞沪海军司令 李景曦 1924年9月任 1925年2月免	渤海舰队司令 温树德 1924年3月任	吉黑江防司令 王崇文 1920年5月任
第一舰队司令 林葆怿 1913年7月署 1917年7月免	林颂庄 1917年7月任 1919年8月卒	蒋拯 1919年8月代 1921年8月兼代	林建章 1922年1月暂代	周兆瑞 1922年6月署 1925年2月免
陈季良 1925年2月任	轮机长：王齐辰 1913年4月任	参谋：罗之彦 1913年11月任	秘书：叶龙骧 1913年11月任	王仲文 1913年11月任
第二舰队司令 徐振鹏 1912年6月22日任 1915年夏免	饶怀文 1915年夏任 1917年7月免	杜锡珪 1917年7月23日署 1922年6月免	甘联璈 1922年6月署 1923年10月免	李景曦 1923年10月任 1925年2月免
许建廷 1925年2月任 1926年7月免	陈绍宽 1926年9月18日任 1932年1月免	轮机长：黎弼良 1913年4月 1913年10月免	参谋：任光宇 1913年4月任	秘书：黄景琦 1913年4月任
		黄履川 1913年10月任	汪克东 1913年11月任	
练习舰队司令 林葆怿 1913年7月21日任 1913年8月调	饶怀文 1913年8.15署 1915年夏免	徐振鹏 1915年5月任 1915年12月免	曾兆麟 1915年12月任 1917年8月免	蒋拯 1917年8月任 1921年8月调
杨敬修 1921年8月任 1923年1月免	杨树庄 1923年1月任 1925年2月免	李景曦 1925年2月任 1927年3月免	陈训泳 1927年3月任	
轮机长：黎弼良 1913年10月任				

舰队司令处(驻总司令所指定的旗舰)

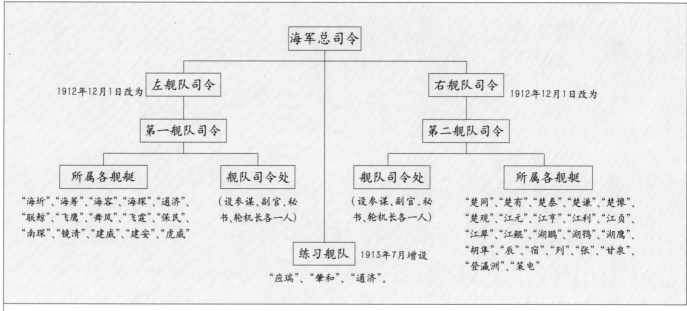

海军总司令

1912年12月1日改为 **左舰队司令**　　　**右舰队司令** 1912年12月1日改为

第一舰队司令　　　**第二舰队司令**

所属各舰艇　　**舰队司令处**　　**舰队司令处**　　**所属各舰艇**

"海圻"、"海筹"、"海容"、"海琛"、"通济"、"联鲸"、"飞鹰"、"舞凤"、"飞霆"、"保民"、"南琛"、"镜清"、"建威"、"建安"、"虎威"

(设参谋、副官、秘书、轮机长各一人)

(设参谋、副官、秘书、轮机长各一人)

"楚同"、"楚有"、"楚泰"、"楚谦"、"楚豫"、"楚观"、"江元"、"江亨"、"江利"、"江贞"、"江犀"、"江鲲"、"湖鹏"、"湖鹗"、"湖鹰"、"胡隼"、"辰"、"宿"、"列"、"张"、"甘泉"、"登瀛洲"、"策电"

练习舰队 1913年7月增设
"应瑞"、"肇和"、"通济"。

注:(1)舰队司令与总司令同驻一处时,所有调遣舰队之权归总司令。

　　(2)若数舰队司令同驻一处,则归资深者调遣。

练习舰队的"应瑞"练习舰。

1912年12月12日任海军总司令的李鼎新中将。

1916～1925年三个舰队所属舰艇表

队列	舰名	舰　种	排水量	下水年份	航速
第一舰队	海圻	巡洋舰	4300	1898年	24.5
	海容	巡洋舰	2950	1897年	19.5
	海筹	巡洋舰	2950	1897年	19.5
	海琛	巡洋舰	2950	1898年	19.5
	飞鹰	炮舰	850	1895年	22
	永丰	炮舰	780	1912年	13.5
	永翔	炮舰	780	1912年	13.5
	联鲸	炮舰	500	1910年	14.2
	舞凤	炮舰	200	1910年	13
	南琛	运输舰	1905	1883年	10～13
	建康	驱逐舰	390	1912年	
	豫章	驱逐舰	390	1912年	
	同安	驱逐舰	390	1912年	
	福安	运输舰	700	1897年	12
第二舰队	建威	炮舰	871	1902年	23
	建安	炮舰	871	1901年	23
	江元	炮舰	550	1906年	14
	江亨	炮舰	550	1907年	14
	江利	炮舰	550	1907年	14
	江贞	炮舰	550	1907年	14
	楚同	炮舰	740	1906年	13
	楚泰	炮舰	740	1907年	13
	楚有	炮舰	740	1906年	13
	楚豫	炮舰	740	1906年	13
	楚观	炮舰	740	1907年	13
	楚谦	炮舰	740	1907年	13
	江鲲	炮舰	140	1908年	12
	江犀	炮舰	140	1908年	12
	拱宸	炮舰	90	1916年	13
	建中	炮舰	90	1916年	13
	永安	炮舰	90	1916年	13
	湖鹏	鱼雷艇	96	1907年	23.3
	湖鹗	鱼雷艇	96	1907年	23.3
	湖鹰	鱼雷艇	96	1907年	23.3
	湖隼	鱼雷艇	96	1907年	23.3
	辰字	鱼雷艇	90	1895年	24
	宿字	鱼雷艇	90	1895年	24
	列字	鱼雷艇	62	1895年	24
	张字	鱼雷艇	62	1895年	24
练习舰队	肇和	巡洋舰	2600	1911年	13
	应瑞	巡洋舰	2400	1911年	13
	通济	巡洋舰	1900	1895年	16

注：排水量单位：吨，航速单位：节。

北京政府时期海军职官年表

南洋巡阅使	闽粤巡阅使	海疆巡阅使	福建镇抚使	闽粤海疆防御使
刘冠雄	萨镇冰	萨镇冰	刘冠雄	杨敬修
1913年8月兼	1917年春任	1917年6月任	1922年12月任	1923年任未就

将军府	曜威将军：李鼎新(1917年1月20日授)　咸威将军：蒋拯(1922年6月授) 澄威将军：蓝建枢(1921年8月授)　瀛威将军：杜锡珪(1922年6月授) 肃威将军：萨镇冰(1922年5月授)　胜威将军：杨树庄(1924年9月授) 葆威将军：林葆怿(1922年7月授)　熙威将军：刘冠雄(1924年10月15日授)

海道测量局局长	陈恩焘 1921年10月兼 1922年2月免	许继祥 1922年2月任 1927年4月免	副：米禄司 1922年8月任	吴光宗 1927年3月任
海岸巡防处处长	许继祥 1924年6月兼	吴振南 1927年3月任 1927年8月免	谢葆璋 1927年9月(兼)	
苏浙闽海岸巡防分处长	游福海 1926年5月任			
凇厦海岸巡防分处长	毛仲芳 1925年10月	饶鸣銮 1925年10月		
闽江海军警备司令	杨树庄(兼) 1922年10月			

海军马江临时警备戒严司令官	蒋拯 1913年10月任	
海军驻沪特派员	蒋拯 1917年8月任	
海军转运局局长	陈毓淳 1918年1月任	
海军管理租船处	正监督：杨敬修 1920年9月任 副监督：吴光宗 1920年任	陈毓淳 1921年8月任 1924年4月撤

闽厦海军警备司令	杨树庄 1924年4月兼任	陈季良 1925年2月兼任
海军保卫沿海渔业事务处长	朱礼琦 1925年3月任	副：袁庆萱 1925年3月任

驻外武官	驻英海军武官	驻美海军武官	驻日海军武官	驻英海军留学生监督	施作霖:1913年8月~1915年10月
	陈绍宽 1918年8月~1919年10月 副:徐祖善	吕德元 副:林渠藩	林国唐 副:黄绪虞		魏瀚:1915年10月兼代 王崇文:1915年~1916年6月

海军陆战队	统带:杨砥中 1922年10月任	第一旅长:杨砥中 1923年5月任 1925年4月免	林忠 1925年4月任	步兵第一旅旅长:林寿国 1927年8月任
	参谋长:黄懋和 1922年10月任	一团团长:马坤贞 1923年5月任	独立团团长:林寿国 1924年8月任 1925年3月改为三团	
		二团团长:林忠 1923年5月任	金振中 1925年4月任	第一独立团团长:沈珂 1927年1月
		三团团长:林寿国 1925年3月任	第二独立团长:沈国英 1927年1月任	

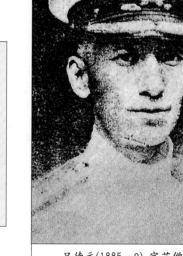

吕德元(1885~?),字芸僧,安徽休宁人。江南水师学堂第五届驾驶班毕业,留学日本、英国,参加辛亥革命起义。民国后历任海军部司长、视察、舰长、参事、驻美海军武官、海道测量局局长、海军编译处处长等职。1947年任海军少将高参。

李景曦(1875~1947),福建闽侯人,原名钟英,改名景曦。船政后学堂驾驶第14届毕业生。历任烟台海校斋务长、驻英海军留学生监督、海军部军学司长(少将)、巴黎和会中国海军代表、海军第二舰队司令兼上海淞沪海军司令、海军练习舰队司令、海军总参谋长等职。1947年病逝于苏州寓所。

陈恩焘(1863~?)字幼庸,福州人。船政后学堂第五届驾驶班毕业,第三届留英人员,学习测量绘图。回国后历任海校测绘教官、兵船管带。1895年赴德接带"飞霆"、"飞鹰"两舰,次年又赴德监造"海容"、"海筹"、"海琛"3艘巡洋舰,旋又派英国监造"海天"、"海圻"两舰。回国后调任驻英公使馆参赞、清廷考察"政治大臣"参赞官。此后调充北洋译学馆监督、海防营务处会办、北洋洋务局会办等职。宣统二年(1910年)任闽江要塞总司令。武昌起义时同情革命。福州光复后任福建都督府外交司长。1913年任厦门海关监督兼外交部特派厦门交涉员。1918年任海军部海政司司长,军务司司长,旋兼海道测量局局长。自测中国海道收回主权。

第十三章

讨袁护法与第一次世界大战中的海军

●第一节　二次革命中的海军

　　1912年冬,全国进行了国会选举,国民党在参众两院中取得了压倒优势。代理理事长宋教仁有出任内阁总理的希望,1913年3月袁世凯遂派人暗杀了宋教仁,一时舆论大哗。4月,袁又不顾全国人民的反对,非法签订了"善后大借款",用以消灭南方的国民党力量。孙中山主张讨袁,因党内意见分歧,迟至7月12日李烈钧在湖口宣布讨袁起义,15日黄兴在南京独立,随后广东、福建等省先后响应,史称"二次革命",又称"讨袁之役"、"癸丑之役"。海军在"二次革命"中,充当了袁世凯的工具,协助北洋军镇压讨袁军。

一、湖口之役

被袁世凯派人暗杀的国民党代理理事长宋教仁。

　　1913年6月,袁世凯又罢免国民党人江西都督李烈钧、广东都督胡汉民、安徽都督柏文蔚,并派军进入江西,另派海军运兵南下进占上海江南制造局,迫使国民党不得不起兵讨袁。图为柏文蔚。

　　1913年7月12日,江西都督李烈钧奉孙中山之命,在湖口宣布讨袁起义。图为江西湖口。

在湖口宣布起义的江西都督李烈钧,起义失败后退至萍乡入长沙,后在谭延闿、程潜等人协助下,乘煤船潜至上海,东渡赴日。

海军次长汤芗铭与段芝贵商定水陆夹攻湖口,7月24日晚,除留"飞霆"镇守九江外,各舰分为两队,"江利"、"楚同"在前,"江亨"、"湖鹗"在后,夹护陆军,乘夜偷过东、西两炮台,炮击起义军,不久,李纯进占南昌,湖口讨袁之役遂告失败。

湖口之役示意图(1913年7月12日~31日)

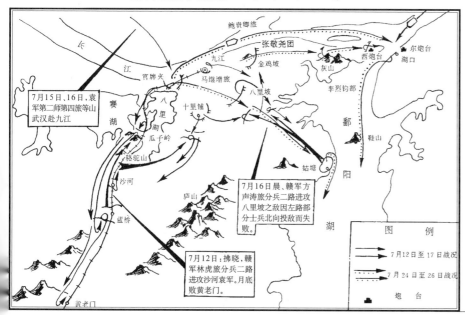

7月15日、16日,袁军第二师第四旅等由武汉赴九江

7月16日晨,赣军方声涛旅分兵二路进攻八里坡之敌因左路部分士兵北向投敌而失败。

7月12日:拂晓,赣军林虎旅分兵二路进攻沙河袁军。月底败黄老门。

图　例

———▶　7月12日至17日战况

‥‥‥▶　7月24日至26日战况

▰　炮　台

图中右上角为偷袭起义军的"江利"、"楚同"、"江亨"、"湖鹏"等舰。(采自《中国近代战争史》第三册附图26,军事科学院编)

二、淞沪之役

7月16日,吴淞炮台首先举义讨袁;18日,驻沪讨袁军总司令陈其美宣布上海独立。袁军首脑原为海军将领,海军警卫队总执事郑汝成策反吴淞已起义的炮台官姜国梁,革命党人居正率兵平叛,扼守炮台。

上海讨袁军总司令陈其美。

原松江镇守使钮永建发起进攻江南制造局不下,后率残部撤往吴淞、宝山,协同扼守吴淞炮台。

钮永建扼守的吴淞炮台。

7月26日,吴淞炮台乘"联鲸"舰进口之际,开炮击毁其烟囱及船头,"联鲸"舰向起义军投降。

上海讨袁军进攻江南制造局不下。

刘冠雄在送陆军上岸后赶赴制造局作战,又集中军舰攻打吴淞炮台。8月11夜出击江湾,炮台无力坚守,经红十字会调解,钮永建、居正撤往嘉定,吴淞讨袁之役至此失败。因攻炮台多日未下,刘冠雄还受袁世凯指责。图为袁世凯的海军总长刘冠雄。

7月28日,刘冠雄率战舰4艘运陆军李厚基部第七旅抵沪,决计水陆夹攻起义军。8月2日起,小战数次,吴淞口外军舰环列,守军开炮轰击,先后击伤"海圻"、"海琛"两舰。图为被吴淞炮台击伤的"海圻"军舰。

三、南京之役

7月15日,黄兴在南京召集第一、第八两师军官会议,宣布南京独立,并命孟慕超统带长江兵舰"湖鹏"和"张"字鱼雷艇。袁世凯一面命冯国璋、张勋率部讨伐,一面派刘冠雄率舰驰往助战。在袁世凯的海陆军合攻下,9月1日,南京起义失败。

江苏讨袁军总司令黄兴。

袁世凯派其心腹大将冯国璋为江淮宣抚使兼第二军军长,并命辫子军头目张勋统一指挥江苏地区的作战。图为冯国璋。

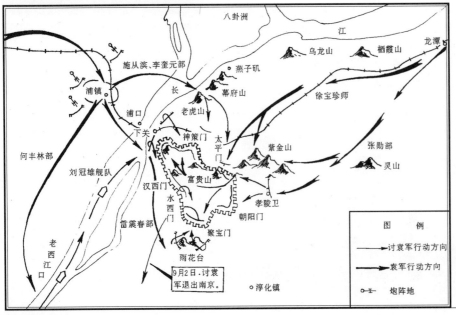

南京之役战争示意图(1913年8月14日~9月2日)。(左下)刘冠雄舰队主要包括"应瑞"、"海琛"、"楚同"等舰。(采自《中国近代战争史》第三册附图27)

在南京独立的"湖鹏"和"张"字鱼雷艇,后被刘冠雄夺回,图为"张"字鱼雷艇。

江苏讨袁军初战失利,黄兴弃职跑回上海,投降派宣布取消独立。国民党文人何海鸣二次、三次宣布独立,被推为总司令并自兼第八师师长。图中为何海鸣。

南京城久攻不下,袁世凯急令海军总长刘冠雄率舰队驰往助战。8月25日,刘冠雄派"应瑞"、"海琛"、"楚同"3舰直驶大胜关,切断了南京和芜湖的联系,并夺回"湖鹏"和"张"字鱼雷艇。次日,复派"永丰"舰与"海琛"等舰会合,掩护冯军渡江。在袁世凯的海陆军合攻下,9月1日,南京讨袁军起义失败。何海鸣仅率10余名官兵突围走脱。图为"海琛"舰。

●第二节　护国战争中的海军

　　"二次革命"失败后,袁世凯集团强迫国会演出了一场先选总统后制宪法的丑剧。1913年10月6日,连选三次才选出他为正式大总统。然后袁又宣布解散国会,并宣布由他炮制的《中华民国约法》以取代《临时约法》,把总统的权力扩大到和君主专制时代的皇帝一样,还接受日本提出的妄图灭亡中国的二十一条。1915年夏天,各省袁党及一些无耻政客公开鼓吹帝制,上书劝进,引起了全国人民的公愤,爆发了护国战争。

一、海军中将、上海镇守使郑汝成被刺

　　密谋在上海首先发难的中华革命党人认为,不先除郑汝成,上海革命难于成功,他们探知11月10日日皇加冕,郑必至日领事馆致贺,遂中途狙击,郑被刺身亡。革命党人王明山、王晓峰慷慨就义。图为郑汝成。

二、"肇和"舰起义

陈其美、蒋介石、杨虎等谋划夺取海军和上海,以杨虎率陆战队夺"肇和"舰,以孙祥夫率陆战队夺取"应瑞"、"通济"舰。原计划12月中旬起事,后因"肇和"舰奉命于6日调赴广东,革命党人以为风声败露,决定提前发难。5日下午杨虎、孙祥夫分率敢死队夺取海军。图为上海起义军海军陆战队司令杨虎。

萨镇冰,辛亥革命后任吴淞商船学校校长。1912年12月由黎元洪推荐为海军上将,二次革命后,被袁世凯起用为督办淞沪水陆警察事宜。1914年5月,袁世凯设陆海军大元帅统率办事处,委萨为办事员,8月,兼江南制造局总办。当上海革命党人活动高涨时,袁命萨赶往上海控制海军。"肇和"被起义军夺取后,萨用重金收买"应瑞"等舰突向"肇和"开炮,导致起义失败。

杨虎率众登上"肇和"舰,舰上见习官陈可钧作向导,夺下"肇和"。另一路孙祥夫受阻,无法占领"应瑞",杨虎才取出炮弹向制造局射击,岸上革命党人听到炮声分头占领电报局等重要机关,但遭到袁军抵抗,杨虎不见还炮,以为制造局已为革命党人所占,不再发炮。图为"肇和"舰,时为在上海3舰中最大的一舰,2600吨。

被萨镇冰用重金收买的"应瑞"、"通济"二舰突向"肇和"舰开炮,锅炉爆炸,杨虎等人弃舰走脱。图为"通济"舰。

自愿留下掩护"肇和"舰的革命党人陈可钧和重伤未能撤走的人员后被袁军俘获,惨遭杀害。图为"肇和"舰见习士官陈可钧,后由南京政府追赠为海军少将烈士。

"肇和"起义失败后,海军总司令李鼎新、练习舰队司令徐振鹏被撤职查办,舰长黄鸣球锒铛入狱。同时撤消海军总司令处,各舰队收归海军总长刘冠雄直接指挥。惟有少校副官陈绍宽得到赏识,12月5日,他在司令处值班,得悉"肇和"起事,及时上报,上下联络,并传令"应瑞"、"通济"两舰炮轰"肇和",为镇压该舰起义出了大力,事后,他被破格晋升为"肇和"舰上校代理舰长。图为任少校副官时的陈绍宽。

三、袁世凯称帝与护国舰队参加讨袁

　　"肇和"舰起义失败,为袁世凯复辟帝制扫除了一大障碍。1915年12月11日,御用机关参政院二次上书推戴袁世凯为皇帝,12日,袁接受帝位申令,次日在居仁堂粉墨登场,接受百官朝贺并定次年元旦,改元洪宪,悍然复辟了帝制。图为称帝时的袁世凯。

袁世凯"登极"之前对海军授爵封侯

受封人姓名	原海军中任职	受封爵位
刘冠雄	海军总长	二等公
汤芗铭	原海军次长、湖南都督	一等侯
林葆怿	海军第一舰队司令	一等男
饶怀文	海军第二舰队司令	一等男

　　注:其他人来不及发表,按当时有"上将军"称号的,被封为公;有"将军"称号的封为侯;有"将军衔"或地位相当的封为伯或子爵。

袁世凯称帝时的"洪宪"国旗。

　　1915年12月,蔡锷、唐继尧在云南宣布独立,组成护国军兴师讨袁。图为护国第一军司令蔡锷。

云南宣布独立时,云南各界举行庆祝独立纪念活动。

护国军出兵贵州、四川和两广,袁世凯派兵入川镇压,不能取胜,被迫于1916年3月22日取消帝制,仍居大总统位,要求停战。图为护国第一军司令部。

1916年5月8日,南方已独立各省在广东肇庆成立军务院,推唐继尧为抚军长,岑春煊为副抚军长,梁启超为政务委员长,蔡锷、李烈钧和西南响应独立省份的督军、总司令等为抚军。海军李鼎新亦为抚军。图为护国军务院司令部。

海军李鼎新被军务院公举为海军总司令,率第一舰队司令林葆怿、练习舰队司令曾兆麟暨各舰长宣告独立并组成护国舰队加入护国军。护国舰队的主要军舰有"海圻"、"海容"、"通济"、"永丰"、"飞鹰"等舰,驻泊吴淞口。

四、"海容"、"新裕"相撞

当两广护国军讨伐袁世凯时,袁命刘冠雄雇用"新裕"等商轮护运第十二师南下救援,派黄鸣球为海军联络官驻"新裕"轮随队南下。1916年4月22日午夜大雾中,"海容"舰与"新裕"相撞,"新裕"立沉,黄鸣球与700多名陆军官兵随船死亡。

被"海容"军舰撞沉前的"新裕"商轮。

五、袁世凯在全国人民唾骂声中死去

军务院成立不久,袁世凯的忠实爪牙湖南将军汤芗铭、四川将军陈宦等宣布独立。他们的倒戈,使袁更加沮丧,1916年6月6日,这个独裁者和卖国贼在全国人民的唾骂声中病死,结束了可耻的一生。

在全国人民唾骂声中死去的袁世凯。

继任总统黎元洪应各方要求,宣布遵行临时约法,并下令裁撤参政院和陆海军大元统率办事处,另荐程璧光为海军总长。李鼎新等宣布海军取消独立,率舰回军,"护国舰队"也宣告解散。图为黎元洪。

● 第三节 海军第一次分裂

一、府院之争

1917年2月,以段祺瑞为首的亲日派为扩充实力主张对德宣战,受到黎元洪为首的亲英美派的反对。5月,段指使督军团强迫国会通过宣战案未遂,就要求解散国会,黎元洪下令将段免职,段即在天津设军务总参谋处,与黎对抗,引起总统府与国务院之争。

国务总理段祺瑞,安徽合肥人。北洋武备学堂毕业后留学德国习军事,历任北京政府陆军总长、参谋总长、国务总理。袁世凯死后,把持北洋军阀政府,向日本大量借款购买日本军火,编练"参战军",专横跋扈,主张对德宣战,遭到黎元洪等反对。

总统黎元洪下令将段祺瑞免职,任李经羲为国务院总理。1917年6月24日复任萨镇冰为海军总长,调程璧光为海军总司令。图为黎元洪。

调任为海军总司令的程璧光。

1917年6月24日,任海军总长的萨镇冰在张勋复辟时被补授为海军部尚书,未就任复辟便失败,刘冠雄重任海军总长,萨镇冰任海疆巡阅使。图为萨镇冰。

二、张勋复辟

　　1917年6月,黎元洪召张勋入京调解。张率兵入京逼黎解散国会后,又驱走黎元洪,于7月1日拥清室复辟,改民国六年为宣统九年,遭到全国人民反对。

扮演复辟丑剧的"辫帅"张勋,江西奉新人。武昌起义时,在南京屠杀民众数千人,败退徐州后,为表示忠于清王朝,所部禁剪辫子,被指为"辫子军"。时任长江巡阅使,不久为安徽督军。复辟失败后,逃入荷兰公使馆,被通缉,后病死天津。

"辫子兵"进入北京城。图为1917年7月1日,张勋宣布拥护溥仪复辟。

张勋以13省盟主身份,利用调停名义带5000名"辫子兵"进攻北京。

张勋复辟时北京街头又悬挂了龙旗。

张勋复辟时溥仪登基复位。

三、马厂誓师

皖系军阀段祺瑞为驱逐黎元洪、解散国会,暗中支持张勋进行复辟。张勋拥溥仪复辟后,段见目的已达,马上打出反复辟旗号,在天津附近马厂誓师,进攻北京,赶走张勋,拥冯国璋代理总统,自己复任国务总理,起用刘冠雄为海军总长。

马厂誓师扮演再造共和的皖系军阀段祺瑞,赶走张勋后复任国务总理。

1917年7月15日,刘冠雄复任海军总长。程璧光被改任为海军总司令,但程仍自认为海军总长。图为刘冠雄。

段祺瑞马厂誓师讨伐张勋。

四、海军第一舰队南下护法

当段祺瑞操纵"督军团"干政时,程璧光曾劝黎元洪南下讨逆。黎犹豫不决,张勋复辟,黎元洪逃往日本使馆。在这反动逆流中,以孙中山为首的革命派号召护法讨逆,决心"以海陆军之力量,为国民争回真正共和"。程璧光、林葆怿不顾萨镇冰的劝阻,于7月22日率第一舰队离沪南下广东,护法讨逆,并通电宣言,"海军仍听命于大总统黎元洪","拥护约法,恢复国会","我海军将士,既以铁血构造共和,即以铁血拥护之"。

率第一舰队南下护法讨逆的原海军总长程璧光。

参加南下护法的舰艇（1917年7月22日）

舰 名	舰 型	舰长姓名	员兵人数	备 注
海 圻	旗舰巡洋舰	汤廷光	450	
海 琛	巡洋舰	程耀垣	250	已先期护送孙中山等赴粤
永 丰	炮 舰	魏子浩	100	
永 翔	炮 舰	陈鹏翔	100	已于去年驻防广东
楚 豫	炮 舰	郑祖怡	90	已于去年驻防广东
飞 鹰	驱逐舰	方佑生	150	
同 安	驱逐舰	梁渭璜(代)	60	舰长吴光宗不在舰上
豫 章	驱逐舰	吴志馨	60	
福 安	运输舰	李国堂	40	
舞 凤	炮 舰	邹宝祥	40	
肇 和	练习舰	林永谟		原属练习舰队次年南下参加

　　注:"联鲸"舰原决定南下,因在修理,不能启行,舰长温树德不久只身到粤,被任命为"同安"舰代理舰长。

南下护法的舰队

　　不顾萨镇冰劝阻,南下护法的海军第一舰队司令林葆怿。

广东各界欢迎南下海军。前排(从右到左):1朱庆澜　2林葆怿
3王正廷　4邹鲁　5吴景濂　6胡汉民,后排(从右到左):1陈炳焜
2总理　3汪精卫　4程璧光。

孙中山欢迎南下海军。

五、南北海军

　　1917年8月25日,孙中山在广州召集国会非常会议,议决成立中华民国军政府。9月1日,孙中山当选为大元帅,次日又选陆荣廷和唐继尧为元帅。9月10日,与北方相对立的南方政权——护法军政府宣告成立,这标志着护法运动的正式开始。中国出现了南北两个对峙政府、南北两个海军部,海军正式分裂为二。

(1)南方海军。

南方护法军政府。

孙中山就任大元帅成立军政府。

护法军政府海军总长程璧光。

护法军政府海军总司令林葆怿。

南下海军参加护法军政府成立典礼。

孙中山任命大元帅府参议、参军的舰长

姓　名	原　职　务	兼　任
毛仲芳	海军舰队参谋长	大元帅府参议
汤廷光	"海圻"巡洋舰舰长	大元帅府参军
程耀垣	"海琛"巡洋舰舰长	大元帅府参军
李国堂	"福安"运输舰舰长	大元帅府参军
魏子浩	"永丰"炮舰舰长	大元帅府参军
郑祖怡	"楚豫"炮舰舰长	大元帅府参军
吴志馨	"豫章"驱逐舰舰长	大元帅府参军
饶鸣銮	"海圻"大副,促海军南下有功	大元帅府参军

(2)北方海军。

　　第一舰队南下护法后,北洋政府免去程璧光的海军总司令职,不久又免去林葆怿的第一舰队司令职,第二舰队司令饶怀文及练习舰队司令曾兆麟经北洋政府派员慰谕笼络,由饶、曾通电"惟有秉承冯大总统意旨,以服从中央为职志"。北方海军人事,作了如下安排,但所属舰艇已不多。

姓　名	职　务	备　注
刘冠雄	海军总长并兼总司令	原是总长,免去程职后,一度暂兼海军总司令。
饶怀文	海军总司令	原海军第二舰队司令调升。
林颂庄	代理海军第一舰队司令	原"海筹"舰长,程璧光派他北上迎黎南下,被段祺瑞劝诱挽留。
杜锡珪	代理海军第二舰队司令	原"海容"舰长,程璧光派他北上迎黎南下,被段祺瑞劝诱挽留。
曾兆麟	练习舰队司令	原职不变但不久调任海军部高等参事,由蒋拯继任。

● 第四节　护法战争中的南北海军

　　北洋政府自南方护法军政府成立后,下令通缉孙中山等人。10月1日,段祺瑞制订了征湘、平粤、讨滇、伐桂同时并举的"武力统一"的纲领。孙中山亦颁令讨伐段祺瑞,亲自制订了计划,开始了护法战争,亦即南北战争。南北战争的主要战场,一在湖南,一在闽粤。

一、在湖南战场的北方海军

　　在攻湘激战中,北方海军第二舰队司令杜锡珪亲率军舰5艘为北军助战,水陆夹攻,窥取岳阳,军舰从洞庭湖发炮,迫使护法联军从岳阳退往长沙。海军又炮轰长沙,长沙又被北军进占。

北军第二次攻湘之战示意图

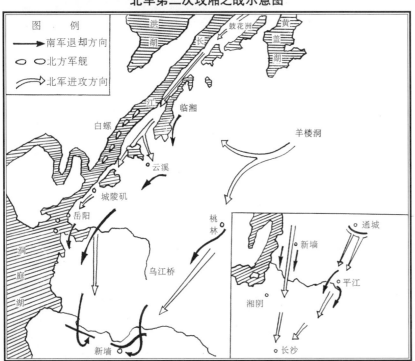

（采自《中国近代战争史》第三册 P238）

　　北方海军在收复岳阳、长沙战役中立下功劳的"勇胜"炮舰(上)和"江鲲"舰(下)。

被北军攻占的长沙城。

二、在广东战场的南方海军

护法战争爆发，段祺瑞任命在琼州的两广矿务督办龙济光为两广巡阅使，令其出兵攻粤。这时，广东护法军正分兵4路进兵福建，龙济光乘虚由琼州越海攻陷高州、雷州半岛。广东督军急令驻粤海军开赴闸坡、崖门等地堵截龙军后继船队。在这次讨龙之役中，南方海军在闸坡俘获龙济光运兵的"平南"舰一艘，在阳江捕获6艘运兵船，还在高、雷一带截获龙军的盐务缉私舰艇多艘，配合粤军把龙军击溃。

讨龙之役示意图

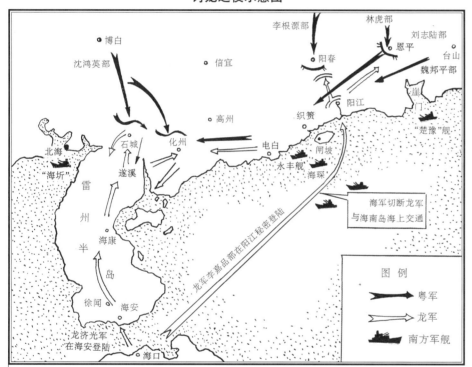

两广巡阅使龙济光。

1917年12月14日，龙济光的第一路司令李嘉品部在阳江秘密登陆成功，龙济光则亲率第二路、第三路从海安登陆并向石城、化州方向发展。南方海军分别开赴闸坡、崖门等地截断龙军后继船队，捕获几艘龙军舰船。在粤军沈鸿英、林虎、刘志陆、魏邦平及靖国军李根源部反攻下，龙军溃败逃走。(参照《中国近代战争史》第三册P278重绘)

在闸坡堵截龙军后继船队的"永丰"、"海琛"舰，俘获了龙军的运兵船"平南"舰一艘，在阳江还浮获6艘运兵船。南方海军还在交、雷一带截获龙军的盐务缉私舰艇。图为俘获"平南"舰的"永丰"舰。

三、在福建战场的南方海军

　　福建督军李厚基主张对南方用兵,广州军政府决定组织讨闽军,程璧光兼讨闽军陆海联军总司令,林葆怿为海军总司令,陈炯明为征闽粤军总司令,林虎为桂军总司令,方声涛为滇军总司令,分4路进兵福建。海军派"海圻"、"永丰"、"同安"、"豫章"、"福安"5舰向潮汕进发。李厚基大败,闽西南地盘尽失,逃回福州,乞援于北京政府。北京政府起用萨镇冰为福建清乡督办,调动海军以抵抗粤军。

攻闽之战示意图

　　原计划由程璧光率舰队袭击福州,后因龙济光出兵攻粤,南方海军则从汕头全部参加讨龙作战。
　　第一阶段:1918年5月10日开始,许崇智部顺利占领武平、上杭并分兵攻克永定,陈炯明部亦攻占柏嵩关。
　　第二阶段:6月4日开始,闽浙联军大举反攻:臧致平旅突破诏安进窥潮汕,童葆暄师进攻柏嵩关进取高陂,唐国谟旅攻取龙岩、永定、上杭,粤军初期攻取要地又全部丧失。
　　第三阶段:8月初,陈炯明大举反攻,由吕公望策动饶平陈肇英起义,童葆暄退往厦门;邓铿部克诏安直逼漳州;许崇智部连占武平、上杭、龙岩等地会攻漳州。9月初,粤军向厦门推进,李厚基逃回福州,11月,双方划界停战。(参照《中国近代战争史》第三册附图34重绘)

讨闽军陆海联军总司令程璧光(左),征闽海军总司令林葆怿(右)。1919年1月,军政府下令追授程并加授林为海军上将衔。

福建督军李厚基响应曹锟的通电,主张对南方用兵,被广州军政府打败。

●第五节　南北内部分裂,战争转为议和,护法战争终结

护法战争开始后几个月,北洋政府内部和南方军政府内部都发生了分裂,北方直皖矛盾尖锐,吴佩孚响应冯国璋提出的"和平统一"主张,发表了"罢战主和"通电,湖南战场呈胶着状态。南方滇、桂军阀对于军政府并不真心拥护。程璧光被刺后极力排挤孙中山,改组原来的大元帅制为七总裁会议制。孙中山被迫辞职,闽粤战场由萨镇冰从中调解,也主张和平解决,双方各守地界,互不侵犯。1919年2月,南北议和在上海进行,护法战争正式终结。

一、北京政府内部矛盾

(1)吴佩孚通电"罢战主和"以对抗皖系的"武力统一"。

段祺瑞在曹、吴攻占长沙后,任命皖系军阀张敬尧为湖南督军,曹、吴大为不满。吴佩孚遂响应直系冯国璋的"和平统一"主张,通电"罢战主和",湖南战场呈胶着状态。

主张"武力统一"的皖系军阀首领段祺瑞。

通电"罢战主和"的直系军阀吴佩孚。

吴佩孚(1874~1939),字子玉,山东蓬莱人,清末秀才出身。1906为北洋军第三镇曹锟部管带,1917年升第三师师长,冯国璋死后,与曹锟同为直系军阀首领。当时皖系主战,直系主和,皖系亲日,直系则亲英美。五四运动中,皖系派军镇压学生运动,直系则表示同情学生,并拒绝对德和约。

(2)徐世昌发布停战令。

1918年9月,冯国璋总统任期届满,皖系操纵国会,改选徐世昌为总统。徐上台后,为顺应国内外的和平要求,免去段祺瑞国务总理职务。11月16日,对北军前线部队发布停战令,并倡议召开南北和平会议。12月3日,进行内阁改组,委萨镇冰为海军总长。

徐世昌(1855~1939),字卜五,号菊人,直隶天津人,光绪进士,清末协助袁世凯创办北洋军。曾任东三省总督、邮传部尚书等职。1911年任皇族内阁协理大臣。1914年任袁政府国务卿。1918年由段祺瑞御用的"安福国会"选为大总统。1922年第一次直奉战后,被直系军阀赶下台,后在天津病死。

(3)闽粤停战。

福建清乡督办萨镇冰,对在闽粤边界的南北军从中调解。1918年11月1日双方停战。12月6日,陈炯明与李厚基达成协议,双方各守地界,互不侵犯。图为萨镇冰。

二、南方军政府内部矛盾

　　滇桂军阀原想利用孙中山的威望来对抗段祺瑞,附和护法,对军政府并不真心拥护。因此粤桂之间、孙中山和西南地方军阀之间的矛盾,也渐趋尖锐。

(1)护法海军炮击观音山督军署。

　　广东督军为桂系军阀,督军署设在广州观音山,视孙中山和军政府为"议和"的障碍,处处予以打击排挤。1918年1月2日,又擅杀大元帅府卫队连排长及士兵,激起了孙中山的愤怒。次日,孙中山以大元帅名义,直接命令"豫章"(舰长吴志馨)、"同安"(舰长温树德)乘夜炮轰观音山督军署,迫使督军莫荣新派代表登舰求和,并亲赴大元帅府谢罪。但程璧光急令"海琛"舰把两舰追回黄埔,并将两舰长调离改委为鱼雷局局长。

观音山,又称越秀山,广东督军署就设在此山上。

广东督军、桂系军阀莫荣新。

当时《时报》的报道。

(2)程璧光被刺。

　　1918年2月26日,程璧光在赴宴途中被刺重伤而亡。一说系旧桂系军阀所为,目的在于离间孙中山和海军关系;一说系莫荣新等所为,以阻海军势力在粤发展;另一说程是被认为背离了护法宗旨,被革命党人朱执信误作锄奸对象,在孙中山不知情之下被误杀的,刺客究系何人,外间猜测纷纭。军政府大元帅及督军均发出缉凶布告,非常国会亦决议予程以国葬,为程建立铜像等。

被刺的南方护法军政府海军总长程璧光。

程璧光被刺的地点:木栅下作○处,对面小舟泊处即海珠小岛,系南方海军部、海军总司令部所在处。

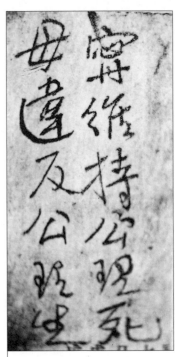

程璧光日记中之遗墨手迹。

程璧光被刺入殓前之遗照。

程璧光铜像立于广州海珠公园东侧。1921年2月26日举行铜像揭幕式,碑文由汪精卫撰写。

当时报纸报道专电。

(3)改大元帅制为总裁合议制,孙中山辞职赴沪。

　　为了排斥孙中山对护法战争的领导权,1918年5月4日,在政学系议员活动下,非常国会通过了《修正军政府组织法》,决定将大元帅制改为总裁合议制。孙中山当即向非常国会辞去大元帅职,并通电指出:"顾吾国之大患,莫大于武人之争雄,南与北如一丘之貉"。5月20日选出唐绍仪、唐继尧、孙中山、伍廷芳、林葆怿、陆荣廷和岑春煊七人为总裁,21日推岑春煊为主席总裁。同日,孙中山愤而离开广州,前往上海。改组后的军政府同北洋军阀妥协议和,护法战争宣告失败。

岑春煊(1861~1933),广西西林人。曾任甘肃布政使、陕西巡抚,后任四川、两广、云贵总督。护国运动任军务院抚军副长。他拥护孙中山护法是为了扩充实力,1918年排挤孙中山,出任七总裁的主席总裁后联合发出通电,响应和平。1920年遭粤军驱逐,退居上海。

陆荣廷(1865~1927),广西武鸣人。曾任广西提督、都督,残杀革命党人。1916年护国战争期间,乘机攻占广东成为桂系军阀首领。他利用孙中山的威望来对付段祺瑞,附和护法,勾结政学系改组军政府,成为七总裁之一。

唐继尧(1882~1927),云南会泽人,滇军军阀。宣统三年(1911年)任新军管带,在昆明参加起义。1912年率滇军占领贵阳,称贵州都督。1913年继蔡锷任云南都督。1915年12月与蔡锷通电护国讨袁。1917年参加护法,反对段祺瑞,但又排挤孙中山。原系军政府元帅不就,改组后任七总裁之一。

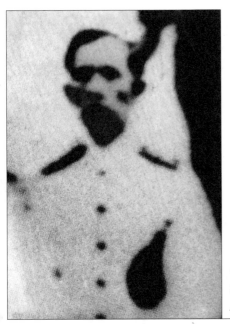

南方军政府海军司令部参谋长饶鸣銮。后代表林葆怿在上海参加南北和谈。

合议制军政府海军人事一览表

姓名	职务	备注
林葆怿	海军总长兼海军总司令	原海军总司令
汤廷光	海军部次长	原"海圻"舰长
饶鸣銮	海军司令部参谋长	兼海军陆战队统领
毛仲芳	参谋部第三局(海军)局长	原海军司令部参谋长
程耀垣	海军部参事	原"海琛"舰长
李国堂	海军部军备司司长	兼"飞鹰"舰长
魏子浩	海军部军务司司长	兼"海琛"舰长
郑祖怡	海军部军衡司司长	兼"肇和"舰长
梁渭璜	海军司令部卫队营长	
林永谟	"海圻"舰长	原"肇和"舰长
周克盛	"福安"舰长	
潘文治	"永翔"舰长	

三、南北和谈,护法战争结束

南北双方通电主和后,徐世昌令海军中将李鼎新、海军总司令蓝建枢及第一舰队司令林颂庄、第二舰队司令杜锡珪、练习舰队司令蒋拯赴汕头传令停战,并要林葆怿开导驻粤海军促成统一。双方商定在上海进行南北和议。12月16日,李鼎新又奉命赴闽粤海疆慰劳海军,会晤葆怿及护法舰队各舰长,商议南北海军联合事宜。1919年2月20日,南北和平会议在上海开幕,标志护法战争结束。

蓝建枢(1854~?),字季北,福州人。同治十三年(1874年)毕业于船政后学堂驾驶第三届。历任枪炮副、管带、烟台海校教习、清海军部二等参谋。民国后历任海军左司令、第一舰队司令、海军参谋处长、海军编史监修。1918年3月升海军总司令、海军中将。曾与林葆怿协商南北海军停战议和,不果而回。1921年7月授"澄威将军",8月辞职。

蒋拯(1865~1931),字印秋,福建长乐人。1887年毕业于天津水师学堂第二届驾驶班,曾参加甲午战争。1912年任烟台海军学校上校校长,次年5月调海军部军衡司司长,不久调任海军行营参议,升少将并兼任马江临时戒严司令。1917年8月兼任海军驻沪特派员,9月继曾兆麟升任练习舰队司令,曾参与南北海军和谈。1921年9月升代海军总司令,次年6月因官兵闹饷去职。

杨敬修(1874~1950),字己三,福州侯官人,威海卫水师学堂毕业。历任"飞鹰"、"海琛"等舰舰长。清末派赴美国监造"飞鸿"军舰,民国成立后归国任"应瑞"舰长。曾护送孙中山入粤成立军政府,后任租船监督处监督。南北和谈时任北洋海军练习舰队司令,谈判数度在鼓浪屿杨家举行。后任闽粤海疆防御使、福建盐运使、闽海关监督等职。

南北议和在上海开幕(1919年2月20日),标志护法战争结束。

●第六节　第一次世界大战中的海军

　　1914年7月28日，第一次世界大战爆发，欧洲是主要战场。8月3日，北洋政府公开要求不得在中国本土，包括在租给英、俄、德、日的中国领土、领海进行敌对行动。6日，中国宣布中立，任命徐世昌和萨镇冰为中国维持中立局局长。日本认为这是实现在中国和太平洋称霸的"天佑良机"，要求德国把从中国租借的胶州湾移交日本，遭到德国拒绝。8月23日，日本对德宣战，着手夺取胶州湾地区和青岛港。

一、中国宣布中立和青岛海军基地的陷落

1914年9月2日，日舰在山东黄县龙口海面集结，准备入侵山东半岛。

　　1914年7月28日第一次世界大战爆发。8月6日，中国宣布中立，任命徐世昌和萨镇冰为中国维持中立局局长。图为徐世昌。

　　9月3日由日本神尾将军率领的运输舰、巡洋舰载运士兵2万人，在德国租借地以外的崂山湾登陆，直趋胶州。

日军在山东崂山登陆后所设的"碇泊场司令部"。9月13日，日军攻入胶州火车站，接管中国海关、邮政局，驻屯中国民房，中国人民备受虐待，甚至惨遭残杀。随后日军又占领济南，中国两次抗议，日本置之不理。

被德舰击沉的日本"高千穗"号巡洋舰。

10月17日夜，德国驱逐舰"S—90"号从青岛港口驶出并击沉日本巡洋舰"高千穗"号，日本28名军官和240名水手溺毙。图为袭击时的情形。

德国驱逐舰"S—90"号逃至中国领海内，旋即搁浅，舰长及水手均被中国拘禁，但日本不顾国际公法中交战国战舰在中立国领海内禁止采取敌对行动的规定强行将该舰攫夺而去。图为"S—90"驱逐舰。

10月31日，日军开始对青岛发起总攻，德国青岛炮台子弹告罄，只得投降。图为青岛德军防御炮台。

11月7日，日军占领青岛，后又占领整个胶州德租借地。图为进入青岛的日本兵。

二、没收德奥商船，成立海军租船监督处

第一次世界大战爆发后，袁世凯曾两次试图加入协约国对德奥宣战，都遭到日本反对。日本不愿中国参战，怕中国要求收回山东，后来由于英法与日订立密约，支持日本对山东的主张，日本才转而同意中国参战。英法之所以需要中国参战，是因己方人力消耗殆尽，须招募华工用于军事行动。1917年2月，中国获知德国击沉法国载运华工赴欧之船，溺毙华人500多人后，宣布对德参战。而北京政府所以参战，其真实目的则在于取得日本贷款，组织参战军以对付南方孙中山领导的革命力量。

北京政府对德宣战。

中国对德宣战后，参战军在南苑大检阅。图中佩剑穿海军服者为海军总长刘冠雄。

海军租船监督处监督杨敬修（晚年）。

没收德国在扬子江的军舰

德国舰名	浅水舰1	浅水舰2	拖船1
中国改名	利捷	利绥	利通

注：没收办事处设在上海汉口路3号。

负责人：海军第一舰队司令林葆怿，后由林颂庄负责。

工作人员：李世甲、韩玉衡。

没收停泊上海的德奥商船

德奥商船	1	2	3	4	5	6	7	8	9	10
中国改名	华甲	华乙	华丙	华丁	华戊	华己	华庚	华辛	华壬	华癸
租船监督处	华甲	华乙	华丙	变卖	变卖	变卖	变卖	变卖	变卖	华癸
海军改编	华安	普安	靖安							定安

注：德奥商船1～10号排水量为2000～10000吨。

华安、普安、靖安、定安4艘军舰改为运输舰，前3艘归海军第一舰队管辖，后1艘归练习舰队管辖。

1920年夏成立海军租船监督处，10艘德奥商船由交通部归海军部管辖，开始经营租船业务，先派杨敬修、吴光宗为正副监督，后由王齐辰、陈毓淳等主持其事。

三、设立海军代将处,参与武装干涉苏俄

　　1917年,正当世界大战打得正酣之时,十月革命胜利。苏俄与德国签订了停战协议,英国等国便公然组织干涉军,出兵干涉。中国也派出边防军一个团,由林建章率"海容"舰抵海参崴设海军代将处,节制边防军宋焕章团参加武装干涉苏俄。

十月革命后苏俄与德国签订了停战协议,英法日美等国组织干涉军出兵干涉。图为俄国起义军舰"阿芙乐尔"号巡洋舰。

日本先后派出"岩见"、"三笠"、"朝日"等舰在海参崴登陆,并与英法等订了密约,也把中国军阀头子拉进反苏阵营。日本和中国又秘密签订了《海军共同防敌军事协定》,由海军中将沈寿堃与日本海军少将吉田增次郎签字。图为日舰开进海参崴。

北洋政府派出"海容"军舰一艘,上校舰长林建章擢升为海军代将,节制指挥边防军宋焕章一个团并在滨海区设海军代将处。图为海军代将林建章。

海军代将处主要成员除林建章(中)外,海军方面有随办委员李世甲、上尉参谋原"海容"舰鱼雷副郑耀恭、上尉副官原海军总司令部差遣员毛镇才、史国贤,俄文秘书傅仰贤,法文秘书游学楷,中文秘书梁能坚,军需官高心源等。图为派驻海参崴的陆海军一部。

北洋政府派驻海参崴的"海容"军舰。右第一人为海军少校严寿华,左第二人为海军少校李世甲。

中国的工人阶级支持十月革命。图为开赴前线的苏俄红军中的中国支队。

四、中日庙街案件

1920年3月12日,日本苏俄两方军队在苏俄庙街地方发生冲突时,中国正有军舰4艘停泊该处。日本于事后指控中国军舰曾炮击日本军民,且供给苏俄军队以武器弹药。中日两国因此发生庙街案交涉。

庙街(今俄国尼古拉耶夫斯克,即尼港),有华侨2000余人。1919年8月中国派陈世英率"江亨"、"利捷"、"利川"、"利绥"4舰赴同江屯防,因封冻在庙街过冬。

日本驻庙街干涉军近千人,海军有驱逐舰4艘,另有巡洋舰"千代田"号1艘在附近巡逻。日军舰在黑龙江上向村庄开炮,居民惨遭杀害,不独苏俄国民恨之入骨,我侨民亦深为痛恨。图为日舰"千代田"号。

"利捷"舰书记官、《庙街事件忆》作者
方沅。

事 件 真 相

　　据"利捷"舰副舰长陈拔和书记官方沅合撰的《庙街事件忆》说，当时红军进入庙街，其中中国人参加者颇多，红军官兵常到中国宿舍闲谈，彼此感情甚为融洽。11月某夜2时，日本领事馆宪兵蜂拥而出占领红军住所，独臂司令被击毙。过数日红军向陈世英借炮2门，后红军攻克洋楼击毙日人数十人。1920年3月开冻，4舰避入马街港。日舰20余艘开到口外，射击示威，指责中国4舰协助红军打击日本，后由双方政府组织委员会审查，日方终因缺乏证据而作罢。不久，允许4舰开往哈尔滨，但要求撤陈世英职，永不叙用。

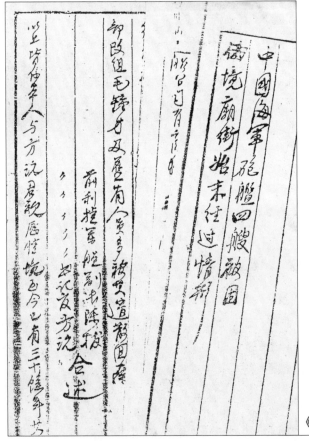

《庙街事件忆》手抄稿原件。

"江亨"舰长陈世英，福州人。撤职后改名季良，南下仍在海军服役，后任"楚观"、"海容"舰长、海军第一舰队司令、海军部政务次长等职。

◉ 第十四章
北京政府的海军建设

●第一节　海军十年发展计划与"理想扩张案"

　　1913年3月海军部制订出"第一次置舰计划",强调中国系陆海交错之国,海军应与陆军并重,呼吁当局重视海军建设与发展,并从战略守势出发,制订了十年发展计划。

第一期守防计划

　　时间:5年

　　重要港湾:大沽、北塘、烟台、扬子江口、江阴、镇江、南京、芜湖、九江、镇海、定海、温州、三都、长门、厦门、汕头、虎门、北海、榆林等19处作重点配置。

　　总计配置:舰艇219艘,营、库、厂、坞66所。

第二期巡防计划

　　时间:5年

　　巡防舰队3队:

　　第一队主用战斗巡舰(每艘26000吨),各等装甲、穿甲巡舰副之。

　　第二、三两队主用一等装甲巡舰(每艘10000吨),二、三等穿甲巡舰(每艘5000吨或3500吨)副之。每队各附有侦察巡舰及运输船。

　　巡防区3个:

　　第一区:扬子江口以北至辽东湾。

　　第二区:扬子江口以南至铜山。

　　第三区:铜山以南至琼州。

　　总计配置:巡防舰队总计配置舰船54艘。这个十年计划完成时,海军舰艇达到323艘,总吨位增到404855吨。

　　《民国三年至十年第一次造舰计划案并理由书》由参谋本部于同年4月5日提出,亦即"理想扩张案"为:

舰　　　种	排水量(吨)	速力(节)	只数	总吨位	总价目(元)
战斗巡洋舰	28000	29	30	840000	865200000
侦　察　舰	3500	28	12	42000	43160000
鱼雷猎舰	1000	30	100	100000	15100000
大潜水艇	740	20	50	37000	122470000

　　由于财力、人力困难,海军部面对现实,又提出了以下谨慎的扩张计划:

舰　　　种		排水量(吨)	速力(节)	只数	价目(元)
战斗巡洋舰		28000	29	8	230720000
侦　察　舰		3500	28	8	28840000
鱼　雷　舰		750	35	40	20824000
航洋潜水艇		740	水上20	12	19848000
			水中14		
小潜水艇	甲种	355	水上15	24	14688480
			水中10		
	乙种	172	水上10	4	1186112
			水中8		

　　由于连年内战,这些计划终成泡影。

● 第二节　海军造船机构

一、福州船政局

停办数年的福建船政,1912年改称福州船政局,一年四易其长,工程实已停滞。1913年10月,刘冠雄入闽,决定收归部管,并购外商土坞一座,定名为第二号船坞。局领导虽提出改革,计划制造小型浅水艇、浅水炮舰,终因经费困难,仍然处于半停产状态,业务日趋衰落。

民国前期的福州船政局。

民国前期福州船政局历任局长、副局长

职 务	姓 名	任职时间	离职原因	出 身	备 注
局 长	林颖启	1912年1月	未就	船政第二届驾驶毕业留英	以海军将领起用
副局长	沈希南	1912年1月	调任	船政第十四届驾驶毕业生	造船专家起用
局 长	沈希南	1912年2月	辞		
参事长	何品璋	1912年2月	辞		
局 长	杨执中	1913年8月	辞	清候补道员	
局 长	翁 浩	1913年10月	辞	原司法行政人员	
局 长	萧奇斌	1913年11月	辞	陆军人员	
局 长	郑清濂	1914年10月	辞	船政第一届留法	清末会办船政
副局长	刘懋勋	1913~1915年	调任	第一届留法艺徒	原总监工升任
局 长	陈兆锵	1915~1925年	调任	船政留英学生	原江南制造局局长
局 长	马德骥	1926~1927年	调任	江南水师学堂毕业	原工务长升任

轮机专家陈兆锵,福州人,船政留英毕业生。1915年升轮机中将,曾任海军江南造船所所长,1915~1925年任福州船政局局长。

福州船政局副局长刘懋勋,海军造舰大监,福州人。

民国前期福州船政局的设备一览表

机构名称	生产任务	机器设备	占地面积（平方尺）	人员数目	备注
工程处	调度管理船政工程事务	图件书报仪器等			表内所列工人数，系指工程最旺时而言。
绘事院	主持船式测绘、设计事项	各种图具仪器		员生50～60	
模子厂	制造造船、造机模型	各种木机器21件	15120	160	
铸铁厂	铸造铜铁机件，化验钢铁	机器、锅炉11座	28875	常定160	表内所列占地，数目前后有所不同。
船厂	制造造船、造机木器	一切机器与模厂通用	156400	最多 15	
铁胁厂	制造钢甲船壳钢钉、泡钉	大小机件15副	78995	800	
拉铁厂	冶炼钢铁、铜等	大小机件57副、炉57座	95000	400	表内种类名目甚多，不及备考。
锅炉厂	制造锅炉、烟筒、管表	大小机件41副	300000	350	
帆缆厂	造运帆索、帆布	专用手工，不设机件	18490	80	表内工作种类，多不胜述，仅简略述之。
砖灰厂	烧炼砖、瓦	只备炉窑工具		不设固定工	
合拢厂	机件装配	机器与各厂通用		不固定	
轮机厂	轮机合拢、较准	大小机件223副	23248	360	
储炮厂	收储各船炮械、炮弹、鱼雷等		2060	2	
船坞处	勘验船舶水底工程	大小抽水机潜水工具		不固定	
电灯厂	供应电力、电灯	150公斤电机2副		固定10多人	
广储所	收发、保存资料	运输工具	50000	约120	
飞机工程处	试验资料、制造飞机	添置工具通用各厂设备		约200～300	
起重机水坪	起吊笨重机件、材料	设备水平(即码头)和30吨起重机			

资料来源：《福建新通志·船政志》卷一；韩玉衡：《福建船政始末记》(见《福州马尾港图志》)。

福州船政局大门前的石狮(原船政衙门前石狮移此)。

民国后扩建的船政局轮机厂。

福州船政局民国前期所造的舰船(1913～1926年)

船名	船型	排水量(吨)	马力(匹)	备注
海 鸿	小型浅水艇	190	300	炮 艇
海 鹄	小型浅水艇	190	300	炮 艇

　　1861年英商在马限莲花潭边天裕船坞,1891年售予美商,改为木坞。1914年郑清濂任局长,向美商购买并派工翻修。图为在坞上修理的"登瀛洲"舰。

海鹄艇。

民国时期福州船政局的钟楼。

福州船政局舾装码头一角。

海鸿艇。

二、江南造船所

1913年2月江南船坞归海军部管辖,改名"江南造船所",仍采取半官半商的经营方针,"获有余利,酌提花红奖赏",调动了全厂员工的积极性,营业日益兴盛,出现了一片繁荣景象。年平均造船23艘,排水量近8000吨,年平均修船量136艘次,工人从原来的3000人增至8000人。

江南造船所。

民国时期首任海军江南造船所长的陈兆锵(晚年照片)。

江南造船所所长刘冠南,福州人,船政后学堂管轮第二届毕业生,海军轮机中将。

江南造船所的西码头。

民国前期江南造船所主持人

职务	姓名	出身	任职年月
所长	陈兆锵	船政留英毕业生	1912～1915年
副所长	邝国华		1912～1925年
所长	王齐辰		1915年
所长	刘冠南	船政管轮二届	1916～1925年
所长	陈兆锵	船政留英毕业生	1925年
所长	邝国华		1925～1927年
副所长	陈藻藩		1926～1937年

江南造船所民国前期所造的舰船(1912～1928年)

船名	船型	船质	建成年月	排水量(吨)	航速(节)	马力(匹)	订货主
CIGA-RETTE	浅水炮艇	钢	1912年	65	11	275	中国海军
REPU-BLIC	巡逻艇	钢	1912年		10	110	中央政府
海凫	炮艇	钢	1917年	140	10	250	中国海军
海鸥	炮艇	钢	1917年	121	10	250	中国海军
	巡艇	木	1917年	16		60	MR.BROWN
海鹰	巡艇	钢	1917年	140	10	250	中国海军
享储	巡艇	钢	1917年	140	10	250	中国海军
官府	运输舰	钢	1921年	14750	13	3430	美国政府
天国	运输舰	钢	1921年	14750	13	3463	美国政府
东方	运输舰	钢	1921年	14750	13	3668.5	美国政府
国泰	运输舰	钢	1921年	14750	13	3668.5	美国政府
威胜	炮舰	钢	1922年	525	15	3149	中国海军
德胜	炮舰	钢	1922年	535	15	3131	中国海军
	小艇	钢	1923年	315	11	85	美国海军
GUAM	长江炮舰	钢	1926年	387	16	2048	美国海军
TUTUILA	长江炮舰	钢	1926年	387	16	2048	美国海军
PANAY	长江炮舰	钢	1926年	475	17.5	3200	美国海军
OAHU	长江炮舰	钢	1928年	475	17.5	3200	美国海军
LUZON	长江炮舰	钢	1928年	608	18	3800	美国海军
MINDA-NAO	长江炮舰	钢	1928年	608	18	3800	美国海军

1919年建成的新造船铁工厂。

1919年建成的新打铜厂。

1919年建成的新电力剪机厂。

1919年建成的扩充铸铁厂。

1919年建成的船坞。

1920年建成的新木模厂。

1921年建成的干船坞。

1918年7月,美国政府向江南造船所订制4艘运输舰,每艘排水量14750吨,这是中华人民共和国成立前中国建造的最大吨位的船舶。图为万吨运输舰轮机之汽鼓主机。

美国订制的"官府"号进坞油漆。

"海鸟"炮艇,江南造船所1917年制成,参加过直奉、直皖战争,1927年加入国民革命军第一舰队,1934年11月报废。

海军江南造船所1926～1928年代造之美国长江炮舰Guam、Panay、Oahu、Luzon、Mindanao。

为美国制造的4艘万吨级运输舰之一"官府"号,船长443英尺(135米),排水量14750吨,为远东所造最大的船,同型的还有"天国"、"东方"、"国泰"3艘。

1922年江南造船所制造的"德胜"炮舰,排水量535吨,航速15节,马力3131匹。

1922年江南造船所为中国海军制造的"威胜"炮舰,排水量525吨,航速15节,马力3149匹。

海军大沽造船所民国前期制造的舰艇

船名	船型	船质	建成年月	排水量	航速(节)	马力(匹)	订货主
镇海			1916年				山东巡按使署
海鹤	炮艇		1917年	227	12	200	海军部
海燕	炮艇		1917年	56	11	60	海军部
/	小型军舰		1928年				

三、海军大沽造船所

1913年2月大沽船坞划归海军部管辖,改名为"海军大沽造船所",委海军部中校视察吴毓麟为所长,全厂职工220人,开始修造浅水船舶和枪炮。但由于军阀混战,领导变动频繁,造船所无甚发展。

民初新建的大沽3000吨级船坞。

"海燕"炮艇。

吴毓麟,字秋纺,曾任海军部视察、海军大沽造船所所长,后升任津埔铁路局局长、交通部部长。

海军大沽造船所民国前期主持人

职衔	姓名	任职年月	备注
总办	董遇春	1910年4月~1912年	升直隶劝业道
管理委员	武文锦	1910年4月~1912年	
管理坞事	武文锦	1912年~1913年2月	
所长	吴毓麟	1913年2月~1922年	升津埔铁路局长
代理所长	寇玉麟	1922年5月~1924年7月	原工务处处长
所长	寇玉麟	1924年7月~1924年11月	
所长	柴士文	1924年11月~1925年10月	原前敌运输司令
所长	李家骥	1925年11月~1925年12月	
所长	李乐滨	1925年12月~1926年1月	原团长
所长	张奎文	1926年1月~1926年3月	
所长	林崇桂	1926年3月~1926年4月	
所长	柴士文	1926年4月~1927年1月	升京汉铁路局长
所长	元善初	1927年1月~1928年6月	原总务处长
所长	刘崇法	1928年7月~1928年7月	
所长	刘笃恭	1928年7月~1928年7月	

四、黄埔船厂

　　辛亥革命时黄埔船局暂时停止修造工程。1914年广东都督龙济光委派刘义宽任黄埔船坞局局长,有石坞2座,泥坞1座,以修船为主。1916年由广东省实业厅接管,改称黄埔船厂。后因粤桂军阀争夺,石坞长期失修,先后停用,1925年厂务停辍。

民国前期黄埔船厂主持人

单位名称	职衔	姓名	任职年月	备注
黄埔船坞局	局长	刘义宽	1914年	
黄埔船厂	厂长	金熔	1920年	
	厂长	黎庆芬		
	厂长	苏从山	~1923年9月	遇难

民国前期黄埔船厂制造的舰艇

船名	船型	船质	建成年月	排水量(吨)	航速(节)	马力(匹)	订货主
东江	浅水炮舰	钢	1916年	200			粤海军
北江	浅水炮舰	钢	1916年	200			粤海军

黄埔船厂鸟瞰图。

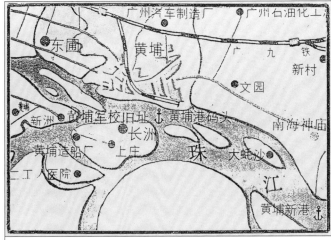

黄埔船厂位置。

在黄埔西河的浅水炮舰及水雷。

五、厦门船坞

　　厦门船坞的前身是英商厦门新船坞公司,建于1858年。光绪十八年(1892年)在厦门厦禾路附近建造石塍船坞始名。民国八年(1919年)由福建省督军兼省长李厚基向英商赎买收回并改名。职工平常有200人,主要是修造轮船。民国十三年(1924年),李厚基出走后,王永泉盘踞厦门,后北京政府派海军练习舰队司令杨树庄率舰进攻厦门,船坞遂移归海军部管辖,派叶芳哲为总办,修理千吨以下军舰和外轮。因经费困难,业务不景气,叶终辞职而去。

至今遗留的厦门船坞。

北京政府时期海军造船所职官年表

海军造船所	所　　长			
福州船政局	魏　瀚	杨执中	萧奇斌	郑清濂
	1912年8月	1913年8月任	1913年11月任	1914年10月
	(副)刘懋勋	陈兆锵	马德骥	
	1913~1915年	1915年9月任	1925年6月任	
江南造船所	陈兆锵	副:邝国华 王齐辰	刘冠南	邝国华
	1913年2月任	1913年2月 1915年9月	1916年1月	1927年9月免
	1925年6月复任			
	马德骥			
	1927年9月			
大沽造船所	吴毓麟	寇玉麟	柴士文	李家骥 李乐滨
	1913年2月任	1920年5月代	1924年9月任	1925年10月 1926年1月
	张奎文		林崇桂	元善初
	1926年2月	1926年5月后复任	1926年3月	1926年7月后
厦门船坞总办	叶芳哲			
	1930年辞			

厦门船坞,中国工人正在修船。

●第三节 马尾海军飞机制造处

福州马尾不仅是中国近代造船工业与近代化海军的发源地,而且是中国近代航空工业的摇篮,中国最早的飞机制造处就设在马尾。

一、美国飞机发明家

1903年12月7日美国莱特兄弟用动力驱动试飞成功,证明人类可以征服大气层。

莱特兄弟制作的飞机正在试飞,试飞高度852英尺(259.7米)。

二、旅美华侨飞行家和飞机设计师冯如

冯如,号九如,广东恩平人,9岁赴美,1906年在美集资创办飞机制造公司,经过两年努力,由他改进的莱特式飞机在奥克兰市上空试飞成功,是中国最早发明飞机的人。后带回2架飞机回国参加辛亥革命,任广东革命军陆军飞机长。1912年8月25日,不幸失事牺牲,年仅29岁。

冯如发明的双帆飞车(即飞机)。

冯如发明的双帆飞车在飞行,飞行高度达2640英尺(804.7米),为中国航空史揭开了光辉的一页。

三、福州船政局附设飞机制造处是中国最早的飞机制造厂

马尾海军飞机制造处大门。

1919年在福州船政局附设的飞机制造处，制造了我国第一批飞机。

马尾飞机制造处工场之一。

巴玉藻(1892～1929)，飞机制造处主任，内蒙古旗人，生于江苏镇江。南京水师学堂出身，先后留学英国、美国，1916年获得麻省理工学院航空工程学硕士学位，后被美国通用飞机厂聘为总工程师，又被寇提司飞机厂聘为设计工程师。1917年毅然回国，力图"科学救国"，在马尾飞机制造处任主任。由他设计制造成中国第一架双梓双翼水上教练机，此后经他改进设计又制造了多架飞机，1929年不幸中毒病逝，年仅37岁。

飞机制造处副主任曾贻经，与巴玉藻、王助、王孝丰等随载洵、萨镇冰出洋考察时带往英国留学，转赴美国后同入麻省理工学院学习航空工程，先入寇提司飞机制造厂，回国后任马尾飞机制造处副主任。

我国自制的第一架飞机——甲型一号(1919年8月)。
　　这是一架拖进式双桴双翼水上教练机。高3.88米,身长9.32米,幅长13.70米,最大时速126公里,空机重量836公斤,载重1063公斤,装油量114公升,飞行高度3690米。可航行3小时,航距340公里,乘员2人,可载炸弹4颗,性能不亚于当时欧美各国飞机。

飞机制造处工人正在制作机体。

停在马江边的飞机。

制成飞机推入马江。

　　1922年,由巴玉藻、王助合作设计建成的水上浮动飞机库,利用竹排,依次叠成,上盖木板,旁系铁链,抛锚江中,形同方舟,上有候机室等设备。这是世界上的第一个飞机浮站,成功地解决了水上飞机的停置难题。

　　王助(1893～1965),字禹朋,河北南宫人。时任海军飞机制造处副主任,与巴玉藻等人同时由留英转入美国麻省理工学院学习航空,并获得硕士学位,回国后立志开创祖国的航空事业。巴玉藻逝世后由王助接任主任。

四、海军制造飞机处（1930年12月改称，移上海）

　　1930年12月31日，海军部决定将马尾飞机制造处移上海江南造船所，改称"海军制造飞机处"。1931年2月正式并入，主任王助愤而辞职，由曾贻经继任。

移设在上海江南造船所内的海军制造飞机处。

海军制造飞机处主任曾贻经（右）与美国技师蒲田（左）。

由马尾制成部件、在上海组装的飞机。

"江鹤"（庚一）号的正面。

　　1931年10月制成的"江鹤"拖进式水陆互换双翼机，马力165匹，水机载重1116公斤，飞高3810米，耐航时间9小时，航距1150公里；陆机载重1038公斤，飞高约4260米，耐航10.64小时，航距1260公里，载炸弹4颗，乘员2人。

1931年10月制成的"江凤"(庚二)号,性能与"江鹤"同。

海军航空处飞行队准备起飞。

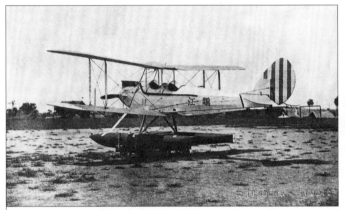

1933年7月制成的"江鹏"号教练机,最大时速106公里。

　　1933年7月制成的"江鹊"号,9月由海军航空处处长陈文麟驾驶自沪飞京,历徐州、济南、天津、北平、保定、郑州、汉口、安庆、杭州、福州等处,再飞回厦门。这是航程最远的一次飞行,在我国自造的飞机航空史上具有重要意义。

海军飞机戊2号由沪飞甬。图为出发前驾驶员林安、陈神护等合影。

"宁海二号"水上飞机在侦察飞行。

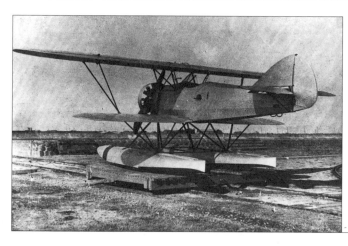

1934年7月制成的"宁海二号"舰载水上双层折合翼侦察机,马力130匹,最大时速168公里,飞高4400米,航距450公里,耐航4小时。

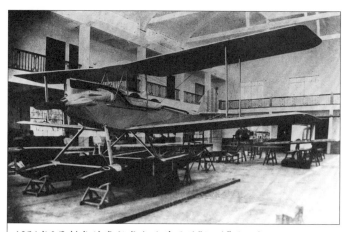

1934年8月制成的摩斯式水陆兼用的"江鹏"号飞机。

1935年7月制成的摩斯式水陆兼用的"江鹅"飞机,双翼折合式,飞行高度6250米,航力7小时,航距896公里,说明我国飞机制造工业已达到相当水平。

1935年7月制成的"江鹳"号摩斯式水陆兼用的飞机。

1937年1月,我国海军飞机制造处制成的最后一架飞机"江鹈"号。

海军制成的飞机"江凫"(戊二)号由沪飞京情形。

马尾海军飞机制造处制造飞机一览表

制成年月	飞机名称	机型	用途	尺度(米)			马力(匹)	最大时速(千米)	重量(公斤)		飞行高度(米)	耐航时间(小时)	航力距离(千米)	武器				乘员人数	附注
				高	身长	宽			空机	载重				炮	机枪	鱼雷	炸弹		
1919年8月	甲型一号	拖进式双桴双翼水上飞机	教练	3.88	9.32	13.7	100	126	836	1063	3690	3	340					4	2	1919年8月15日试飞时机损
1920年5月	甲型二号	"	"	"	"	"	"	"	"	"	"	"	"					"	"	
1921年2月	甲型三号																			1923年3月废
1922年1月	乙型一号		"	3.88	9.20	11.49	"	130	825	1050	3440	"	360							1925年8月废
1924年春	海鹰一号(丁一)		海岸巡逻机				200													1924年6月试飞失事坠水
1924年4月	丙型一号	拖进式飞船双翼	轰炸并施放鱼雷	5.06	12.3	17.67	350	165	1910	1950	3660	6	850		1	1	8	6		
1925年4月	丙型二号	"	"	"	"	"	"	"	"	"	"	"	"			"	"	"		
1926年4月	江鹯(戊一)	拖进式双桴双翼水上飞机	教练	3.75	9.15	11.50	100	130	813	1040	3600	3	390				4	2		1931年2月废
1927年1月	江凫(戊二)	"	侦察兼教练	3.72	7.82	10.80	100	145	700	930	2970	3	450				4	2		"
1927年4月	江鹭(戊四)	拖进式双桴双翼水上飞机	侦察兼教练	3.72	7.94	10.80	120	165	620	920	4260	3	500				4	3		1931年2月废
1927年9月	戊三	"	教练				90													
1928年6月	海鹰二号(丁二)	"	轰炸并施放鱼雷	5.29	21.95	14.06	350	177	1565	2430	4900	6	900	1	1	1	8	6		1931年2月废
1929年3月	海鹘(丁三)	"	"	"	"	"	"	"	"	"	"	"	"			"	"	"		"
1930年8月	江鸿(己一)	莱提式双桴双翼水上飞机	侦察兼教练	3.78	8.29	10.98	165	177	730	1168	4800	8	1230				4	2		"
1930年10月	江雁(己二)	"	"	"	"	"	"	"	"	"	"	"	"				"	"		"

"戊三"水上机,机前为巴玉藻(中)、王助(右)、曾贻经(左)。

马尾海军飞机制造处遗留下的飞机滑道残部之一。

(上海)海军制造飞机处制造飞机一览表

制成年月	飞机名称	机型	用途	高	身长	宽	马力(匹)	最大时速(公里)	空机	载重	飞行高度(米)	耐航时间(小时)	航力距离(公里)	炮	机枪	鱼雷	炸弹	乘员人数	附注
1931年10月	江鹤(庚一)	拖进式水陆互换双翼机	侦察	水3.3 陆3.0	8.2 7.18	9.822	165	水机100 陆机100	750 675	1116 1038	3810 4260	9 10.64	1150 1260				4	2	1935年8月废
"	江凤(庚二)	"	"	"	"	"	"									"	"	1934年4月废
1932年	江鹊	水陆互换拖进双翼折合式	教练	2.75	7.47	9.32	100	144	409	765.8	6250	7	896					2	1934年1月废
"	江鹬	"																	1935年4月废
1933年7月	江鹤						100												厦
1933年12月	江鹏①		教练	8英尺9寸	23英尺11寸		100	106英里											沪
1934年7月	宁海第二号	舰载水上飞机双层摺合式	侦察	2.66	7.00	9.30	130	168	600	806	4400	4	450					1	
1934年8月	江鹏	摩斯式水陆兼用																	沪
1935年7月	江鹦	摩斯式水陆兼用					100												沪
"	江鹬	"					100												沪
1935年12月	(未详)②	陆地教练机																	厦
1937年1月	江鸦						100												厦
1934年至1935年共12架	仿美"弗力提"式双翼陆上教练机						100												

注：本表根据《海军大事记》(福建省政协未刊本)、台湾版《中国海军史》、《交通史谭》、《福建航海》增刊《马尾船政大事记》等记载综合编制的，有的史料因装备性能不详故空缺。另据《海军大事记》1935年12月，厦门海军航空处制成陆地教练机一架，机名不详如上注②，上注①系根据《革命文献》第二十七辑、第二十八辑《抗战前有关国防建设资料》(二)、(三)。

马尾海军飞机制造处遗下的飞机滑道残部之二。

●第四节　海军教育

一、福州海军各学校的沿革

　　辛亥革命时,福州成立"中华民国军政府闽都督府",接管马尾船政。船政附设的学堂仍名为船政前学堂和后学堂,因6年未招学生,遂出示招考,最后录取180名,编入前学堂60名,后学堂120名(驾驶、管轮各60名),学制仍沿旧制。1913年10月,船政归海军部管辖,学堂改名,归海军部直接管辖。

福州海军各校位置图

注:图中海军马尾要港司令部原是船政衙门旧址。

(1)福州海军学校。

　　原船政后学堂,1913年10月改名为福州海军学校。原驾驶班改称航海班,管轮班改称轮机班,直接归海军部管辖,专门培养驾驶和管轮人才。1917年,全屋拆卸,开始扩建,1920年3月新校舍始建成。

福州海军学校校门。

福州马尾海军各学校全景。

福州海军学校课程

航海班			轮机班	
天 文	微积分		算 学	汽理
地 理	驾驶学		几 何	行船汽机
几 何	御风(气象)		三 角	机器画法
代 数	测学(测量)		代 数	机器实习
平弧三角	演放枪炮鱼雷		化 学	外课亦有划船、游泳
重学(化学)	划船、游泳		物 理	
重点	航海指挥操作,校课习毕派登练船习船艺,中文每周二三课时(写作)用英文课本。		备注	校课习毕,先入船厂实习,后上船练习,中文每周二三课时(文章写作),均英文课本。

福州海军学校历任校长

(1926年合并前)

姓 名	出 身
王 桐	船政后学堂管轮三届毕业,留法造舰专家
张斌元	船政后学堂管轮四届毕业
陈兆锵	船政后学堂管轮二届毕业,留英轮机专家

福州海军学校航海班毕业生

第一届　　　　　计23名

陈瑞昌	陈书麟	蒋兆庄	黄剑藩	沈聿新	罗榕荫	官 箴
林家熹	李有鹏	陈慕周	陈 洪	林祖煊	徐奎昭	张振藩
蒋 晋	廖能安	卢诗英	王大恭	李 幹	梁振华(改名剑光)	
杨崇文	陈孝枢	马世炳				

民国十九年五月毕业,
统一改称海校十六年十一月班航。

第二届　　　　　计18名

周伯煮	李寿镛	邵 仑	郭懋来	吕叔奋	林继伯	黄廷枢
赵梅卿	陈镜良	陈祖湘	郑克谦	周建章	张鸿模	陈炳焜
倪锡龄	陈孔铠	陈正望	魏衍藩			

民国二十年三月毕业,
统一改称海校十九年六月班航。

第三届　　　　　计15名

龚栋礼	薛奎光	陈庆甲	刘永仁	郑天杰	高 举	陈祖珂
陈兆棻	李长霖	薛宝璋	江 澜(改名叔安)	刘崇端	孟绪顺
韩兆霖	林 溥				

民国二十二年八月毕业,
统一改称海校二十一年八月班航。

第二届　　　　　计11名

董锡朋	卓韵湘	林 瑨	陈聿夔	许贞谦	林 贾	程又新
陶 敬	许 琦	林韵莹	任守成			

民国十七年六月毕业,
统一改称海校十七年六月班轮。

第三届　　　　　计17名

官 贤	郑海南	柯应梃	张雅藩	周发诚	魏兆雄	陈 昕
郑贞和	阚晓钟	林巽道	陈荫耕	董熙元	林刚(改名子虞)
萨本述	赖祖汉	傅恭烈	高飞雄		

民国二十一年二月毕业,
统一改称海校二十一年二月班轮。

福州海军学校附设军用化学班毕业生

李可同	黄良观	陈宗芳	丁 群	王衍绍	王衍铰	葛世柽
陈振华	郑礼新	林逢荣			

注:1925年7月附设,学习检验军械及化验火药,1928年6月毕业。

福州海军学校轮机班毕业生

第一届　　　　　计23名

李贞可	陈保琦	黄 珽	黄道镤	刘友信	陈日铭	陈正煮
黄 璐	董维鉴	林 璧	张大谋	王学益	俞人龙	何尔亨
杨树滋	郑诗中	施 衍	邓则鉴	杨 弼	陈家镛	李有鑫
林伯宏	陈文田					

民国十五年七月毕业,
统一改称海校十五年十一月班轮。

福州海军学校(后学堂)遗址(今厂堆场)。

(2)福州海军制造学校。

原船政前学堂,1913年10月改名福州海军制造学校。主要培养造船工程人才,直接归海军部管辖。初期学制仍沿旧制,为8年4个月,后定为十年制,分初级、高级、特级3级制,每级各3年,实习1年。各门学科仍沿旧制,均用法文原本讲授。

福州海军制造学校(前学堂)遗址(今厂堆场)。

福州海军制造学校历任校长

姓 名	出 身
陈林璋	船政前学堂制造第一届毕业、留法
陈长龄	船政前学堂制造第三届毕业、留法
曾宗巩	天津水师学堂驾驶第四届毕业、代理校长
沈觐宸(简玉)	船政前学堂制造第六届毕业、留法
陈藻藩	造船专家、留英学习制造船炮

福州海军制造学校学制及课程

级 别	年限	内(或校)课	外(或厂)课	中 文
初级(相当于高中一二年)	3年	数理化为主	体操、器械运动、拳术、射击、	《四书五经》、《官话指南》
高级(有的称中级,相当于中专程度)	3年	校课:专业的普通学科,如高等数学、平弧三角、力学、高等物理、化学、蒸汽机、电机、机械制造	厂课:每天上午进入船政局各工厂实习,计:轮机厂6个月;合拢厂、锅炉厂、木模厂、铸铁厂、拉铁厂、铁胁厂、船厂各3个月;舢舨、帆缆各3个月主要学钳工、木作、造型、锻造、看图、画样,达到设计、制造舰船的一般技术	
特级(一说高级,相当于大学程度)	3年	着重专门学科的学习,如材料力学、化学、水力学、制船、制机等,最后课堂为设计制造		
舰上实习	1年			

沈简玉,福州海军制造学校校长,船政前学堂制造第六届毕业。

福州海军制造学校毕业生

甲班　　　　计12人

廖能容	张 功	魏子烺	张宝麒	叶燕贻	陈立庠	阮兆鳌
陈兆良	杨齐洛	郑寿彭	姚英华	陈自奇		

乙班　　　　计16人

郭仲铮	林家铖	林铿然	丁振槃	吴奋图	江继泗	金廷槐
黄 勋	汪培元	柯文琪	张士森	蒋弥庄	严文福	李毓英
王怀纲	何尔巘					

丙班　　　　计7人

方尚得	郑义莹	何 健	吴仲森	陈世杰	张宗渠	陈声芸

注:甲乙丙三班同时于1921年夏毕业。按传统,为船政前学堂制造班第八届毕业,共35人,因此时船政前学堂名称已不存在。

注:江继泗,一说汪继泗;张士森,一说张森。蒋弥庄,汪培元后留法。

(3)福州海军艺术学校。

原船政艺圃。1913年改名为福州海军艺术学校,艺徒改称学生。其制仍以学为主,以工副之,工学结合,是专门培养技术工人的半工半读的职业学校。后来成为各海军学校的预备学校。

海军艺术学校校门。

这是1915年在马尾前清铜元局旧址盖起的口字形平房,为海军艺术学校新校舍,东西两边24间,前面教室和办公室4间,后面中间为食堂等。

福州海军艺术学校课程

学　制	4年
内课	初级工程课程,甲、乙两班法文课本,其他班英文课本
厂课	分派船政局的轮机、锅炉、合拢、拉铁、铸铁、模型、木工等厂学工艺技术
时间	开办初期,以夜间学习内课,白天上下午几乎是厂课,1917年添招的学生每周厂课规定两天

黄聚华,船政学堂绘事院毕业,福州海军艺术学校首任校长。

刘栋臣(冠同),船政前学堂制造第四届毕业,海军造舰大监,福州海军艺术学校第3任校长。

陈大咸,海军艺术学校第6任校长。

造船专家、海军艺术学校末任校长萨本炘。

福州海军艺术学校历任校长

姓 名	出 身
黄聚华	1897年考入船政绘事院,毕业后任造船设计师
陈德隆	
刘栋臣	船政前学堂制造第四届毕业,海军造舰大监
曾宗瀛	船政前学堂制造班二届毕业,留法
马德骥	江南水师学堂管轮第五届毕业,留英
陈大咸	烟台海校第一届
马翊昌	船政前学堂制造第六届毕业
萨本炘	船政后学堂管轮十二届毕业

福州海军艺术学校毕业生概况

　　自1913年成立起至1935年停办,仅毕业两班,约40~50人(姓名不详),但转入海军航海、轮机、制机、造船、飞潜、无线电各科者不下数百人,转入国内各学校者亦以千计。

　　停办时余下3班120人,后转入私立勤工学校继续学习。私立勤工学校教职员多系海军人员兼职,但不属海军建制,系私立的职业学校。

铜元局遗址,后扩建为海军艺术学校,1918年福州海军飞潜学校成立,拨作该校之用。图为海军艺术学校遗址(今马尾造船厂车场,曾作马尾莲峰小学)。

(4)福州船政局图算所。

　　1913年10月,船政绘事院改称船政局图算所,以陈林璋为所长,画图生改称学生,是专门培养工程制图人才的制图机构。前清留下旧生10余人,另招厂员子弟30余人。1916年因经费支绌,将16人送入海军制造学校肄业,其余遣散,该所停办。

福州船政局图算所(右楼上,今厂史陈列室)。

(5)福州海军飞潜学校。

1918年成立的福州海军飞潜学校，是我国最早培养制造飞机和潜艇专业人才的学校。将海军艺术学校法文甲乙两班学生迁回旧校，英文甲乙两班学生各50人编为飞潜学校甲乙两班，另招50名编为丙班，后又添丁戊两班各50名。不久将丁戊两班归并于福州海军学校。

福州海军飞潜学校遗址之一。

福州海军飞潜学校遗址之一。

福州海军飞潜学校学制与教育课目

学 制	学 科	厂 课	国 文
八年四个月，即100个月	前两年上午上学科，毕业前一段下厂，大部分时间学专业课，课程见另表	前两年下午上厂课，在船厂学钳工、车工、铸工、锻工等。毕业前参加飞机安装、船体放样、副机安装等	四书、白话注解、一些古文选读

福州海军飞潜学校专业课程设置

专业设置	飞机制造专业	潜艇制造专业	轮机制造专业
课 程	热工学、高等数学、蒸汽机、材料力学、热处理、动力学、机械零件、机械原理、流体力学、造船原理、实用造船学、飞机结构、飞机设计、航空发动机、汽体动力学等	材料力学、轮机、电机学、高等数学、锅炉设计、流体力学、造船原理、机械原理、内燃机、实用造船学、船舶设计、制图等	热力学、电机学、高等数学、材料力学、锅炉设计、锅炉构造、内燃机制造、实用水力学、船舶结构、金属构造学、蒸汽机设计、汽机制图、锅炉制图、轮机制造等

福州海军飞潜学校主要领导人和教官

姓 名	职 务	备 注
陈兆锵	校长	船政局局长兼
黄承鼎	总教官，1925年兼代校长	
余笃伍	学监	
巴玉藻	飞机制造教官	船政局飞机制造工程处主任
王孝丰	飞机制造教官	船政局飞机制造工程处副主任
王 助	飞机制造教官	船政局飞机制造工程处副主任
曾贻经	飞机制造教官	船政局飞机制造工程处副主任
陈藻藩	船体制造教官	
叶芳哲	船体制造教官	烟台海军学校驾驶一届毕业
袁 晋	轮机制造教官	江南水师学堂管轮五届毕业
孙 筠	佐理官(中校)，管全校教育	
× ×	学监(上尉)，管学习生活	

兼任海军飞潜学校校长的陈兆锵中将(晚年)。

海军飞潜学校学生在毕业前一段时间参加飞机安装。

海军飞潜学校自1918年创办至1925年4月止,计毕业三届,共56名,1926年5月福州海军学校、海军制造学校、海军飞潜学校三校合并统称福州海军学校,但仍用飞潜学校办完航空班三届,称海军航空处毕业生。

海军航空处毕业生

第一届		计4名				
陈长诚	何健	揭成栋	彭熙			

民国十九年十一月毕业

第二届		计9名				
许成棨	李利峰	林荫梓	苏友濂	唐任伍	梁寿章	许葆光
陈启华	任友荣					

民国二十年七月毕业

第三届		计8名				
傅恩义	庄永昌	黄炳文	陈亚维	傅兴华	何启人	李学慎
许声泉						

民国二十三年十二月毕业

海军飞潜学校毕业生

第一届		机械		计17名		
陈钟新	沈德熊	杨福鼎	黄湄熊	王重焌	郑葆源	王崇宏
陈赓尧	高清澍	刘桢业	丁挺	施盛德	马德树	王宗珠
陈长诚	李琛	揭成栋				

民国十二年六月毕业

第二届		造船		计19名		
郭子桢	周享甫	李志翔	张宗光	杨元墀	王光先	郑则銮
徐振骐	卢挺英	冯钰	施僖	欧德	柯幹	陈久寰
黄履	吴恭铭	游超雄	李有庆	陈学琪		

民国十三年八月毕业

第三届		制机		计20名		
林裒	王卫	王荣璸	陈薰	林若愚	郑兆龄	吴贻经
林泽均	沈毓炳	龚镇礼	陈长钧	傅润霆	陈畴	薛聿聪
刘逸予	沈继	林伯福	陈锡龙	叶可葳	罗智莹	

民国十四年四月毕业

马尾培养的具有工程师水平的第一批飞行员。图为海军飞潜学校第一届毕业生,也是海军航空处第一届毕业生陈长诚。

海军航空处第三届毕业生校课考试。

海军航空处第三届毕业生飞行考试。

二、黄埔海军学校

辛亥革命后,广东水师兼办工业学堂一度中断,不久重行复课,刘义宽继魏瀚为总办。民国元年(1912年)春,改校名为"黄埔海军学校"。民国六年(1917年)由海军部接管,改称"广东海军学校"。在此之前均由广东省主持。民国十一年(1922年)广东内部派系倾轧,被迫停办。

黄埔海军学校主持人

姓　名	职　　　务
刘义宽	辛亥革命时继魏瀚任总办,船政管轮二届毕业
李　田	改总办制为校长制时任校长,船政驾驶一届毕业
萧宝珩	继任校长
罗国瑞	黄埔水师学堂驾驶管轮五届毕业
周　淦	1913年12月任校长,黄埔水师学堂驾驶十一届毕业
邓聪保	1917年改称广东海军学校时任校长,船政驾驶二届毕业

黄埔海军学校学制及课程

学　　制		课　　　程
预科	3年	算术、几何、代数、量积、平三角、物理、化学、国文、英文、历史、地理、绘图(内课) 操练、舢舨、游泳(外课)
正科 (本科)	3年	弧三角、航海、天文、微分、积分、解析几何、高等代数(内课) 运用学、炮术、轮机、水鱼雷等(外课)
舰上见习		毕业后派舰上见习2年

黄埔海军学校校门。

孙中山在广东护法，南北政府对立，黄埔海校校长邓聪保照样向北京政府海军部请示报告，直到1922年北京政府海军部拨不出经费，广东政府也不予维持，学校才停办。图为孙中山与黄埔海军学校师生合影。

陈景芗，福建长乐人，1887年2月生于福州。1909年毕业于黄埔水师学堂驾驶第八届，曾留学日本，回国后任广东水师练营教练官、海军练营副营长、上海高昌庙海军总司令部少校副官、中校副官长等职。

黄埔海校毕业生

从1912年到1922年10年内，共毕业三届136人，另有一届未毕业学生数十人予以遣散。

第十五届　驾驶毕业　计48名　　民国五年十二月毕业

舒琮鉴	梁暄	郑炳	岑侍珰	张德恩	李泽昆	李英杰	郑宗茂
陈启耀	胡应球	俞谦	卢善矩	郑升平	张庆祺	袁良骅	陈祺永
蒋维权	李肇坚	任耀奎	陈策	高鸿藩	黄维崧	陈皓	李贺元
李庆文	郑星槎	陈锡乾	王会杰	傅汝霖	岑泽之	陈天德	张友汉
朱文韶	袁以宏	陈玉书	蒋仲元	黄重民	何子全	熊耿	陈尚尧
招钰琪	江国勋	冯肇铭	林春炘	蔡观涛	符宁粤	黄振兴	陈汉生

第十六届　航海毕业　计50名　　民国八年十二月毕业

黄文田	邓兆祥	许汉元	何纯	黄耀明	吴岳	李锡熙	邱柄椿
任宪治	吴鼎	郑廷馆	官其慎	何兆麟	陈杰	杨耀枢	关秉衡
彭济义	周昌期	江国桢	赖祖沠	李卓元	余华沐	马廷祜	李绍绸
强大猷	徐钦装	吴敏	梁梦周	骆寿松	杨兆赤	吴尚实	李焕元
俞世礼	马骥	潘藻鎏	郑景雄	周济民	张祖昌	庞凤池	黄文澄
陈蒤	李志梓	陈祖达	徐国杰	梁梦藩	许元幹	余恒崆	许崇实
金庭胜	陈世谦						

第十七届　航海毕业　计38名　　民国十年一月毕业

张瑞同	邓鄂	刘庆镝	邵秩猷	廖景山	黄雄	黎尚武
蔡宗海	张家镳	陈谦	陈长文	萧崇敦	邓蒙贤	陈成
范应铺	钱应萱	邓夏	刘荣悢	周泽华	刘开坤	文华宙
林秉德	莫伯衷	赖祖鎏	容达	刘恒	周萱材	陈宝珍
杨潜	梁栋材	黄锐	江宝桢	张国柱	王超	陈子清
梁复基	冯道群	于锡扬				

三、烟台海军学校

　　中华民国成立后烟台海军学堂直属海军部,改称"烟台海军学校",重订章程、学制。民国四年(1915年)海军部接收吴淞商船学校,改名吴淞海军学校,便将烟台海校修完三年普通学科的学生移送该校修习高级专门科目两年。民国九年(1920年)四月,吴淞海校停办,合并于烟台海校,改学制为5年,民国十七年(1928年)停办。

烟台海校全景。

民国时期烟台海校首任校长蒋拯,福建长乐人,字印秋,后调任海军部军衡司长。

1922年烟台海校校长余振兴(二排中坐)与全体教职员合影。

烟台海军学校编制

原名称	改称名称	职　　　　　　能
监　督	校　长	负责全校领导工作
教务长	总教官	负责一切教学事宜
斋务长	佐理官	帮助校长管理一切行政事宜
庶务长	总务长	负责有关总务事宜
	学　监	专门管理学生生活事宜

另设正教官3员、副教官5员、国文教官3员、教练官1员以及书记、军医、军需、司书、号兵、夫役、炊事等若干人

1920年烟台海校校长曾瑞祺(中)调迁时部分师生欢送。

民国时期烟台海军学校历任校长

姓名	任职年月	出身
蒋拯	1912~1913年5月	天津水师学堂驾驶二届毕业
郑祖彝	1914~1915年	天津水师学堂驾驶二届毕业
曾瑞祺	1915~1920年	船政驾驶九届毕业
佘振兴	1920~1922年	烟台海校驾驶一届毕业
林继荫	1922年12月~1924年	江南水师学堂驾驶一届毕业
江忠清	1924~1926年	天津水师学堂驾驶六届毕业
曾宗巩	1926年(未就)	天津水师学堂驾驶四届毕业
许秉贤	1926~1928年	烟台海校驾驶二届毕业

烟台海校学制、课程

学制	主科		次科
堂课	5年(10学期)	数学(算术、代数、平几、立几、解几、三角、弧三角、微积分等)、物理、化学、英语、测量、磁学、船艺、航海术、天文学(均用英文本)，后加设机械学、电学	史地、修身、作文等
船课	6个月	登船学习船课，6个月后有缺即补为初级军官	

北洋军阀时代在烟台海校发起新海军运动，密组新海军社。图为从事国民革命工作的郭寿生(中)、梁序昭(左)、曾万里(右)。郭寿生后于1927年加入了中国共产党。

民国时期烟台海校历届驾驶毕业生

总第八届 计32名 民国二年七月毕业

汪积慈	卢文祥	张锡杰	陈绍基	孙新	熊兆	陈承辉	李国圭
沈德燮	孟慕庄	丁延龄	陈泰植	胡宗渊	萧翊新	卢淦	王北辰
郑畴芳	萨师俊	严陵	陈作梅	张垈	魏朱英	郭泳荣	沈麟金
潘士椿	黄振	王兆麟	陈泰培	蒋瑜	曹明志	蒋元俊	朱宗筠

第九届 计24名 民国四年九月吴淞海军学校毕业

张鸿达	程嵋贤	陈泰炳	陈勋	孙起潜	吴寅	李思沆	伊里布
邹毅	林赓藩	华国良	杨昭	张仁民	吕琳	叶可松	于寿彭
徐沛	吴铁	杨光炘	唐虞	朱树勋	黄道柄	曹杰	叶进勤

第十届 计49名 民国五年十二月吴淞海军学校毕业

陈嘉楙	周宪章	金谷	陈立芬	欧阳格	刘世桢	欧阳璋	王伦钦
苏搏云	胡莜溪	何天宇	吴煦泉	王载	蒋道铤	秦福钧	林景濂
刘孝鋆	胡凌	刘震海(原名振海)	杨道钊	秦庆钧	傅亚魁	董沐曾
陈文裕	徐世端	孙道立	樊锡九	韦庭鲲	张知乐	江绍荣	王福曜
葛世平	颜维翰	李毓藩	张德亨	毕载时	陈天骏	陈甡欢	张泰堃
李申荣	许演新	丛树梅	饶琪昌	江泽树	林浩(昭琪)		汪正第
盛延祺	徐秉钧	傅蔡青					

第十一届 计22名 民国六年十二月吴淞海军学校毕业

梁同怡	谢镜波	王连俊	曾以芟	林叔同	叶裕和	陈长卿	陈耀宗
郑大澄	薛家声	王杰	吴际贤	叶登瀛	罗嘉惠	赵启中	薛民
钟滋沅	叶时	陈长燏	蒋金钟	王孝铣	林植津		

第十二届 计60名 民国九年六月吴淞海军学校毕业

傅成	甘礼经	王致光	翁寿椿	郭友亨	沈树铭	郑震谦	林良镖
曾万青	王希哲	林建生	赖汝梅	林恭蔚	梁熙斗	叶水源	吴侃
何尔亮	贾珂	林聪如	郭汉章	钟子舟	王经	彭祖宣	严传经
杨峻天	高鹏举	王屦中	翁筹	颜锡仪	陈长栋	杜功迈	严智
赵文溶	林康藩	张秉桑	蒋质庄	方济猛	彭景鳌	郑翊汉	陈梃刚
张鹏霄	李廷琨	高秸	陈懋贤	何传永	陈馄	陈迪	刘学枢
倪华鉴	郑祖瑾	卢诚	陈光缓	于鲁峰	林锋	刘公彦	谷源达
陈兆璜	李维伦	杨希颜	饶毓昌				

第十三届 计54名 民国十年三月吴淞海军学校毕业

冯家琪	吴建彝	滕士标	聂锡禹	严以梅	冯凤	曾国奇	林奇
承纪曾	林秉来	威天禧	薛才燊	孙兆麟	黄锈	周应聪	林溥良
沈有瑽	顾树荣	陈时晖	李光邺	许沁(原名怀英)	陈绍弓	潘子腾
王健	梁聿麟	章仲樵	梁磐瑞	安其邦	高澍	郑家玉	刘炳炎
仇奇才	韩国桢	李世锐	严又彬	叶永熊	方均	王挺	林霞
程裕生	叶森章	蒋亨浞	朱邦本	许汝升	林际春	曾国晟	陈桐
林崇鸿	欧瑞荣	常旭	邱昌松	韩廷枫	钟树楠	梁毓骏	

第十四届 计8名 民国十二年四月毕业

吴敏	邓兆祥	陈祖达	黄文田	许汉元	周济民	郑建馏	江国桢

第十五届 计39名 民国十三年八月毕业

冉鸿翮	任毅	姚汝钰	陈启鹏	林百昌	姜炎钟(又名西园)	方联奎
王之烈	曹树芝	李信侯	何典遴	宋乐韶	杨保康	陈香圃	郑礼和
谢崇坚	金荫民	程景周	苏武	邹振鸿	刘赓	田乃宣	黄海琛
翁纪清	徐锡鼟	邹镇澜	梁康年	张鹏霄	卫启贤	宋锷	姜相卿
张介石	俞健	马步祥	马云龙	孟宪愚	刘栋	赵宗汉	吕桐阳

第十六届 计26名 民国十三年十二月毕业

王燕猛	刘铠	王天池(原名王涴)	晏治平	高光佑	刘璞	陈兆麟
温焱森	李之龙	杨茂林(改名王志晋)		杨建辰	马崇贤	王立纲
吴支甫	郝培芸	周耀仁	郭寿生	严怀珍	杨照寨	郑贻郘	时修文
陈嘉谟	陈体贞	曾国遒	韩廷杰	赵秉献			

第十七届　计22名　民国十四年六月毕业

林宝哲	曾万里	梁序昭	吴徵椿	李向刚	刘大丞	林庚尧	欧阳宝
陈澍	陈祖政	姚屿	陈大贤	郭鸿久	许仁镐	叶可钰	梁忻
林家炎	何希琨	谢宗元	张国威	郑国荣	何惠		

第十八届　计30名

陈赞汤	林祥光	林荣	林夔	林淮(改名林遵)	程法侃	高如峰
孟汉鼎	廖德枝	王廷谟	魏应麟	张大澄	李世鲁	张天宏	陈训滢
李慧济	翁政衡	陈寿庄	林克中	江涵	杜功治	程豫贤	陈家柈
沈德镛	郎鉴澄	谢为森	薛臻	吴芝钦	江家驹	刘崇平	

民国十七年九月毕业，
统一改称海校十七年六月班航。

烟台海校第15届师生合影。

注：1927年3月，海军总司令杨树庄率舰队通电归附国民革命军，烟台海校仍属山东军阀张宗昌管辖。后因师生倾向革命，被诬为私通革命军，强行将军医林俊雄、学生林遵、高如峰、林祥光等8人解往济南军法处审问，其余师生被解散，搭船赴沪。革命军攻克济南时，被关押的学生才从监狱出来，杨树庄遂将这批烟台海校师生接回福州，集中于马尾海军学校继续上课。因他们是烟台海校第十八届学生，且行将毕业，便称为烟台海校寄闽班。烟台海校到此即告结束。烟台海校自开办至清末计毕业七届共181名，民国时期自第八届至十八届停办止计毕业十一届共366名。共计毕业十八届共547名。

四、宁、沪各海军学校

(1)南京海军军官学校。

民国元年(1912年)8月,北京政府海军部就南洋海军学堂旧址开办海军军官学校,派海军中将李和为校长、孟慕超为总教官,选烟台海校新毕业学生及舰队初级航海官100余人入学,授以高等学科及战略战术。学制原定2年,后因急需人才,缩短时间,只办两届,于民国三年(1914年)底归并于吴淞海军学校。

南京海军军官学校校长办公室。

(2)吴淞海军学校。

民国三年(1914年)冬,原交通部吴淞商船学校停办,次年由校长萨镇冰与交通部、海军部洽商移交海军部接管,改名为吴淞海军学校。1914年底结束的南京海军军官学校亦归并该校,遂成为海军高级学校。烟台海校学生修习3年后调往该校学习2年高级学科,自1915年直至1920年2月止。1920年4月吴淞海校停办,教员调往烟台海校,校舍归还交通部,续办商船学校。

吴淞海校校门。

吴淞海军学校毕业生

第一届(原商船学校航海一班) 计11名	民国四年三月毕业

徐斌　方莹　蒋志成　蒋遂　周崇道　章臣桐　徐祖藩
钦琳　霍若霖　黄显淇　许建镛

注:1915年夏开始,烟台海校普通科3年后调往吴淞海校学习,计毕业五届,有时称烟台海校驾驶9~13届毕业(名单见前烟台海校毕业生),有时称吴淞海校毕业生,共209名。

(3)海军雷电学校。

　　民国四年(1915年)在南京海军军官学校旧址设立。委海军少将郑纶为校长,派留德、奥专习鱼雷的林献炘任总教官兼鱼雷总操练官。挑选舰队初级军官和烟台海校毕业生入学,名为鱼雷班,不对外招生。另设无线电班,聘挪威无线电工程师萨文生为教授。共办3班,至民国六年(1917年)结束,计毕业84名。

海军雷电学校。

鱼雷班学生在演放鱼雷。

海军雷电学校历届无线电毕业生

第一届 计38名　　　　　　　　　　　　　民国四年二月毕业

潘序伦	高祖楠	伏孔夷	方谟	俞谟	张冰	徐钰	萬昌鼎
王祖龄	吴汝夔	梁继德	陈发乾	董长庆	陈槊	潘炽昌	傅松生
霍道威	李沅	杨育普	李洵	陈泰耀	卢作枢	黄振	陈慎齐
穆广发	萬源深	刘道夷	耿午楼	吴国士	张哲玉	黄复	马学俊
范景星	何承恩	林植	柯薖林	朱长春	李世浚		

第二届 计24名　　　　　　　　　　　　　民国五年十一月毕业

曹肃	申大模	李景杭	石亚魂	陈应麟	李振先	林元鋆	程祖骝
邱赞尧	王广	潘鸿	叶镱	胡光天	许连生	郑国桢	郑传煌
萬芳	杨文龙	陈森凯	赵灏	冯忠恕	林益良	姚逸少	郑崇焜

第三届 计22名　　　　　　　　　　　　　民国六年六月毕业

林继蕴	刘则端	何希源	刘俊业	张启溶	潘汝鎏	林国琪	吴新轫
曾克湜	李复	庄亮采	曾葆濂	王景祥	蓝道埠	任国泰	林衍
林致贤	张在鎏	刘世忠	陈履中	何泯	蒋德孙		

　　注:1927年和1928年南京海军无线电学校毕业的两届学生,因校址设在南京鱼雷枪炮学校旧址,即南京海军雷电学校旧址,这两届毕业生亦为南京海军雷电学校无线电班第四届、第五届毕业生。

(4)海军鱼雷枪炮学校。

　　民国六年(1917年)十月,烟台海军枪炮练习所停办,归并于南京海军雷电学校,改称海军鱼雷枪炮学校,专门训练烟台、福州、黄埔各海校航海毕业生。设鱼雷、枪炮两个班,时间6个月,学生必须兼习鱼雷、枪炮。民国十六年(1927年)停办。两班共毕业21届,计400余人,名单不另附录。

海军鱼雷枪炮学校主要负责人

姓名	职务	出身
郑纶	校长	海军少将,天津水师学堂驾驶一届毕业
林献炘	总教官	留德、奥专习鱼雷,黄埔水师学堂驾驶八届毕业
郑滋槱	正教官	留英制炮专家,天津水师学堂管轮六届毕业
金轶伦	枪炮教官	留英专习枪炮,烟台海校驾驶二届毕业

　　1917年停办的烟台海军枪炮练习所后归并于南京海军雷电学校,改称海军鱼雷枪炮学校。

海军鱼雷枪炮学校。

郑纶(1859～?),字雅村,福州人,天津水师学堂驾驶一届毕业,历任"致远"舰三副,"虎威"、"建威"等舰管带,南京海军雷电学校校长等职,时任海军鱼雷枪炮学校校长。

郑滋樨(1869～1944),留英制炮专家,号露湘,福州人,天津水师学堂管轮六届毕业。1901年赴英入格林尼茨皇家海军学院进修,曾参加英国研制350海里远射程岸炮制造工作。回国后历任海军部技正、造械大监、总监,授海军中将。抗日战争时拒绝出任日伪海军要职,无以为生,变卖家什衣服,终因贫病交加病逝上海,享年76岁。

班别	时间	修习课目	实习
鱼雷班(科)	六个月	黑头鱼雷、白头鱼雷、鱼雷厂课实习、电学原理等	毕业后由鱼雷操练官带往象山港或湖口等处鱼雷艇,演放鱼雷,实地演习
枪炮班(科)	六个月	弹道学、射击学、各种弹药和引信、舰炮和机关枪炮之拆装与操练等	毕业后由技正郑滋樨带往上海兵工厂或汉阳兵工厂、海军军械所等处参观学习

学生必须兼习鱼雷、枪炮两科。

(5)南京海军无线电学校。

民国十六年(1927年)以后,海军增添了一些舰艇,急需无线电通讯人才,遂在南京海军雷电枪炮学校旧址开办海军无线电学校,至1928年秋结束,毕业两届。

第一届(亦称海军雷电学校第四届)毕业生36名　民国十六年三月毕业

丁　杰	陈守中	史立松	陈尔堃	李世亨	黄霁峰	林天霖	李建朴
林荫中	金　鉴	程步超	林　圻	曾慎菁	郭海清	江金林	何重柯
陈天策	彭　熙	梁芳纫	张正亮	黄玉藩	陈保钊	梁佳年	邹长奇
陈澜田	陈　燊	杨瑞祺	刘敬业	苏奋扬	程国钧	江尚韬	何睿源
游允午	吴鼎芬	赵　璧	马世鋆				

第二届(亦称海军雷电学校第五届)毕业生33名　民国十七年八月毕业

沈维炯	李秉正	陈　震	林伯逸	陈守农	郑文达	吴元钊	林俊翰
黄赞罴	黄景根	周　钧	郑长玄	杨永龄	陈祖炎	张声涛	许宏琛
许由钰	薛任贵	林焕庚	王治华	陈正廉	林鼎训	姚祥妫	张大沅
叶孟清	李必成	郑　琼	吴毓文	马长康	陈英坤	林翰年	陈钟英
任东璧							

南京海军无线电学校。

五、大沽海军管轮学校

民国九年(1920年)四月,在大沽造船所海神庙附设大沽海军管轮学校,考取3班,学生60名。后因程度尚欠完备,部令改为"大沽海军艺术学校",由大沽海军造船所所长吴毓麟兼校长。同年10月,吴毓麟辞职,由陈杜衡代理。1922年2月,大沽艺术学校观音阁失火,学校随即停办。

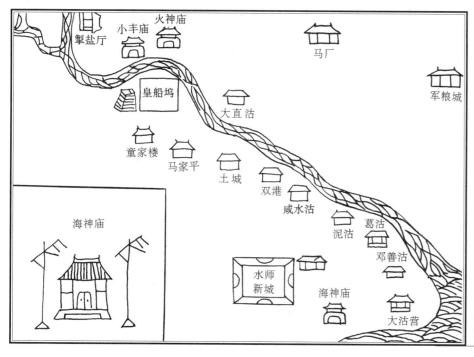

大沽海军管轮学校在天津的海神庙。图为乾隆《天津县志》中海神庙位置,左下角为同治《续天津县志》之海神庙绘图。

继吴毓麟代理海军大沽管轮学校(后改艺术学校)校长的陈杜衡。

六、海军军医学校（天津）

民国四年（1915年）10月，北洋医学堂收归海军部管辖，改名为"海军军医学校"。

海军军医学校(天津)。

海军军医学校学制、课程及毕业去向

学制		学 习 内 容	毕业后去向
预科	一年	中文、外文、物理、化学和部分医科基础知识	见习半年后，由海军部补授军医官职，到军舰上或海军机关服务
本科	四年	除继续学习中文、外文外，还要全面学习与医学有关的基础理论，如解剖学、生理学、病理学、药物学、医化学、细菌学、海军卫生等，进而进入内、外、五官、妇、产、儿、皮肤、花柳、精神病等各学科的学习。学校附设医院，学生按日轮班随同教员赴院分科诊治历练	
见习	半年	毕业后派赴海军医院及各舰队见习	

民国二十二年（1933年）天津市长周龙光擅与驻津法国领事签订有损主权的协约，竟将校地产让与法租界，许其拆除以改筑马路，后经海军部部长陈绍宽据理力争收回。

海军军医学校民国时期计毕业六届，1931年因经费支绌停办。

总第十一届计14名
徐齐嵩　王崇先　施纬常　林兰森　魁文山　沈鸿翔　陈敬安
池博　邓贤祥　江汝楫　刘瑞华　张凤藻　胡世良　陈琪英
第十二届计11名
吴慕先　王大澜　陈静　刘占鳌　朱家楣　朱世英　许绍翰
翁文澜　徐维华　潭鋈　孙绍裘
第十三届计15名
张玉堂　陈煦　黎宗尧　伍伯良　陈冠峰　储义明　李碧
霍启章　闻方志　沈祖垚　俞祖光　阎世华　池石青　方家则
林仁义
第十四届计24名(1922年5月毕业)
尚文基　宋维藩　瞿俊升　蔡鸿　陈崇德　潘树勋　王祖祥
王会杰　徐仲吉　罗华杰　王祖德　阎锡靖　田大文　林天心
马粹　邓广熙　孙玉瑸　魏毓麟　叶树菜　陈云韬　石蕴珍
余有庆　邓宇清　刘勋选
第十五届计21名
熊科贤　任允中　陈绍贤　沈嘉善　张化民　凌世德　杨延龄
周柏龄　陈章宪　王德风　景恩堿　葛南撄　李飔廷　潘为杜
徐长锐　戴芳渊　张江槎　从鸿藻　许启良　吴祥骥　高景勋
第十六届计21名
叶宗亮　王鹏万　崔德富　吴伟权　王鸿勋　林柏章　蔡修敬
葛馥庭　张忠信　蔡方进　王嘉祥　贾富文　张苪槎　翁文渊
卢则民　梁树芳　冯英镇　王楷　章名鸿　俞维新　康德

被天津法租界当局拆毁的海军军医学校遗址。

注：天津海军军医学校(包括北洋医学堂)自开办之日起至1931年停办止，共毕业16届计218名。

七、海道测绘人员的训练

　　北京政府海军部、外交部认为领海划界事关重大,决定设立海道测量局训练测量人才,自行丈量经纬度及测绘外海、内江图,以便收回被帝国主义控制的海关所窃取的测量制图主权。民国十年(1921年)10月设立,局长先由陈恩焘兼任,次年由京移上海,暂借吴淞商船学校旧址为办公地点,派许继祥为局长,并照会各国驻华使团;嗣后未经我国政府许可,各国不得自由测绘中国领海。

海道测量局暂借吴淞商船学校旧址办公。

"甘露"测量舰员兵测量时竖立水尺之景况。

测量队学员正在竖立水尺测量。

吴振南(1882～1961)，江苏仪征人。江南水师学堂驾驶第三届毕业，留学英国海军，历任舰长、参事。辛亥革命后任镇军海军处处长，民初任军衡司司长，升海军少将，1927年后任海岸巡防处处长兼海道测量局局长，抗战胜利后接收日寇海军仓库，解放初任上海市府参事。1961年3月18日病逝。

"青天"测量舰。

"庆云"测量舰。

海道测量局测绘训练班学员姓名

陈 志	陈有根	周文炳	邵 钟	刘德浦	谢为良	郭治铿	冯彦图
叶可松	黄道炳	陈嘉楸	刘世桢	蔡道铤	顾维翰	陈姓欢	张寿堃
李申荣	梁同怡	曾以芨	叶裕和	陈长卿	薛家声	罗家惠	陈长煽
林植津	叶登瀛	赵启中	翁寿椿	吴 侃	王 经	翁 筹	颜锡仪
陈长栋	方济猛	彭景铿	何传永	陈 焜	刘学枢	陈兆璜	林 镴
冯家琪	沈有瑺	陈绍弓	梁聿麟	刘炳炎	方 钧	欧瑞荣	林 震
谢为森	薛 臻	黄剑藩	罗榕荫	林祖煊	徐奎昭	李 幹	陈孝枢
陈沪生	林祥庆						

上列学员均由各海军学校航海毕业生中挑选而来，共58名。

"甘露"测量舰。

八、海军海岸巡防处无线电报警传习所、观象养成所及引港传习所

　　我国海岸线漫长,岛屿众多而无观象台及无线电报警台传播气象、风警,不利航行。民国十三年(1924年)成立海岸巡防处,并于处内附设无线电报警传习所,又于民国十五年(1926年)附设观象养成所,招收学生培训,毕业后派赴各观象台、无线电报警台服务。过去,我国引港事业为帝国主义所把持,民国十一年(1922年)七月设立引港传习所,培育引港人才。后因抗日战争爆发,1938年各所先后停办。

海军海岸巡防处东沙岛无线电观象台。

海军坎门无线电报警台。

海军嵊山报警台。

海军厦门无线电报警台。

(1)无线电报警传习所

第一届　计16名　　　　　　　　　　　　民国十四年五月毕业

| 郑守廉 | 郑国英 | 陈在衡 | 黄肇名 | 林家璋 | 黄景湘 | 陈忍生 | 林凤翥 |
| 陈 言 | 陈扬镛 | 黄道乾 | 阮宝贤 | 金文水 | 陈孟心 | 林熙熙 | 郑鼎奇 |

第二届　计16名

汪绍曾	许世馥	叶葆芳	高宗洪	黄文宽	齐上钰	林智臣	廖德恒
郑葆忠	袁鼎训	潘兆坦	陈以铭	金伯丁	任佑海	马士荣	陈瑞荣

民国十四年七月毕业

(2)观象养成所

第一届　计17名

顾厚模	李载华	成荣光	萧　涟	陈凤岐	何昌士	华　斌	杨人璠
吴毕舜	沈士骃	哈弼功	冯华众	李国良	解永思	李维煮	陈才新
龚式文							

民国十六年四月毕业

此外，尚有海军航海军官及无线电员转习观象者，此处从略。

(3)引港传习所

(甲)扬子江引港

第一届　计12名

朱　哲	苏懿文	刘镇谟	王　伦	戴　仁	顾久宽	徐资访	汪廷榆

李志琦(以上9名列优等，余3名列乙等，姓名略)

第二届毕业引港人员241名

正式引港216名　　学习引港25名　姓名从略

民国二十年一月毕业

(乙)汉宜湘区引港

合格者160名，姓名从略

海军扬子江引港传习所结业合影。

曾瑞祺，1915~1920年任海军烟台学校校长，船政驾驶九届毕业。

北京政府海军院校校长任职年表

海军院校	校　　　长		
南京海军军官学校	李　和 1912年8月任 1913年5月调	饶怀文 1913年5月任 1913年8月免	郑　纶 1913年11月任
吴淞海军医院	许世芳 1913年3月任		
福州海军学校	王　桐 1913年10月任	张斌元	陈兆锵
福州艺术学校	黄聚华 1913年10月任	陈德隆	刘栋臣
福州海军制造学校	曾宗瀛 1920年冬任 陈林璋 1913年10月 沈觐宸 1922年2月免	马德骥 1921年免 陈长经 1919年7月免 陈藻藩 1922年2月任	陈大成 1922年夏 曾宗巩 1919年7月代
天津海军军医学校	经亨咸 1915年10月任	张廷翰	
广东海军学校	邓聪保(其前身黄埔海军学校，先后任校长的有李田、 萧宝珩、罗国瑞等，1913年12月改任周淦为校长) 1917年2月任		
福州海军飞潜学校	陈兆锵 1918年4月任	黄承眖 1925年6月任	
南京鱼雷枪炮学校	郑　纶 1917年10月任		
烟台海军学校	蒋　拯 1912年~1913年5月 曾瑞祺 1915年任	余振兴 1913年5月任 余振兴 1920年任 林继荫 1922年12月任	郑祖彝 1914年~1920年2月 江忠清 1924年任 许秉贤 1926年任
大沽艺术学校	吴毓麟 1920年3月	陈杜衡 1920年10月	
海军飞机制造处	主任：巴玉藻　副主任：王　助　王孝丰　曾贻经 1918年1月任		

上海徐家汇天文台，法人于1873年创办，海军观象养成所、无线电报警所等学员到此实习。

余振兴(1889~1963)，山东福山县(今烟台市)人。烟台海校第一届驾驶毕业，曾留学日本、英国。历任教练官、科长、副官及"楚有"等舰舰长、烟台海校校长、扬子江引港传习所(后改为海军引港传习所)上校所长、编译处少将处长。1946年任海军总司令部第一署少将副署长。1949年1月去台，1963年病逝于台湾。

九、北京政府的海军留学生

北京政府统治时期,海军派出留学生与晚清有显著区别。清政府派出是成批的,前期主要是赴英法,日俄战后又大批派往日本。北京政府由于军阀混战,经费用于内战,根本无力成批派出,虽然对世界先进军事技术,如飞机、潜艇、无线电等仍颇重视,间有派出学习,但人数不多。

北京政府派遣的海军留学生

时间	派出人员	派出国家	备注
1913年3月	林献炘、常朝干	奥地利	学习新式水雷
1913年9月	程锡庚、周恭良、陈可潜	英国	程、周系监督随员,陈可潜原为自费改为官费
1915年春派赴美国,1916年10月返国	魏瀚(带队)、魏子浩、韩玉衡、俞俊杰、陈宏泰、李世甲、丁国忠、郑耀恭、梁训颖、程耀垣、卢文湘、韦增馥、姚介富	美国	学习飞机、潜艇
1916年2月	陈绍宽	美国	调查海军设备、飞机、潜艇
1916年7月	沈鸿翔(天津医校毕业生)	法国	法国海军医校学医
1916年12月	陈绍宽、郑礼庆	欧西各国	参观战事(第一次世界大战)
1917年8月	李景曦	美国	考查海军教育及军械
1917年11月	陈绍宽	英国	调查英国战时实用飞、潜
1918年9月~1922年1月	郑礼庆、刘田甫、张楚材、朱伟	日本海军大学留学	
1918年10月派赴英国,1921年转美国费城1921年6月回国	郑耀恭、郑世璋、刘焕乾、任光海、李葆祁、王俊宗	英国后转美国	学习鱼雷
1919年6月赴英1921年10月转德国	傅德同	英国后转德国	在英伦敦马可尼公司实习无线电,转德国工厂续习

时间	派出人员	派出国家	备注
1920年3月	沈德燮、江元瀛、蒋遽	英国	实习制造飞机
1920年5月~1921年10月	吴健、谭刚、吴湘、陈德芳、陈棨、沈琳	日本无线电工厂及电台	学习无线电
1920年10月~1921年1月	王孝丰、曹明志、吴汝夔、陈泰耀、刘道夷	菲律宾	学习航空
1922年8月	孙玉滨、王祖德、蔡鸿、阎锡堉	法国	孙等4人系天津医校毕业生赴法留学医科
1925年4月	朱伟、顾诒燕、傅德同	日本	参观工厂
1925年6月	葛南楼、张红槎、景思域(自费改半费生)	法国	葛、张系天津医校毕业生
1925年10月~1926年1月	陈志、叶可松、梁同怡、陈绍恭	日本	研习制绘、测量

注:1913年3月曾派驻英海军留学生监督施作霖,1915年10月施病卒,由魏瀚兼代。同年12月派王崇文为监督,1916年6月裁。1917年8月又派叶可梁兼理英美海军留学生事务。

◉ 第十五章
军阀混战中的中央海军
（闽系海军）

●第一节　军阀割据与海军派系

　　袁世凯死后,中国出现了各派军阀割据和混战的局面。为首的一是控制安徽、陕西、山东、浙江、福建等省,以安徽合肥人段祺瑞为首的皖系军阀;一是控制江苏、江西、湖北三省并占据长江流域,以直隶河间人冯国璋为首的直系军阀;一是占据东北,以奉天海城人张作霖为首的奉系军阀。此外,山西的阎锡山、徐州一带的张勋以及以云南会泽人唐继尧为首的滇系军阀和以广西武鸣人陆荣廷为首的桂系军阀都是中小军阀。海军游弋海上,没有地盘,但亦分为三派:一是依附于北京政府自命为正统的中央海军,实即闽系海军;一是归属于奉系的东北海军;一是归属于广东的粤系海军。

冯国璋死后军阀割据形势

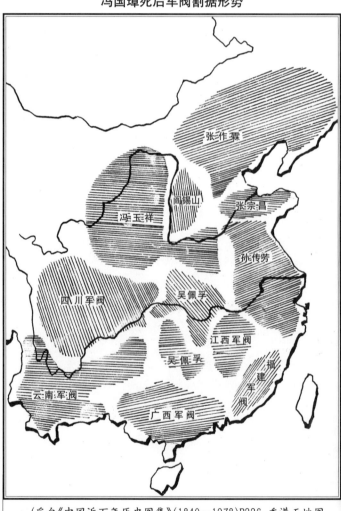

(采自《中国近百年历史图集》(1840～1978)P226,香港天地图书有限公司出版)

袁世凯死后军阀割据形势

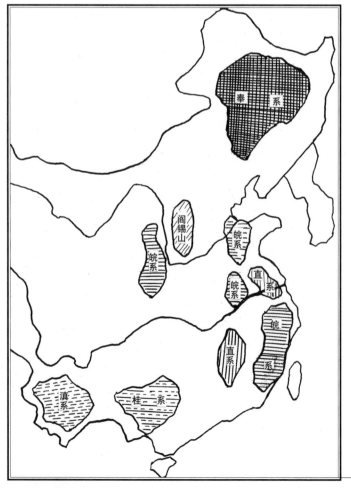

海军派系

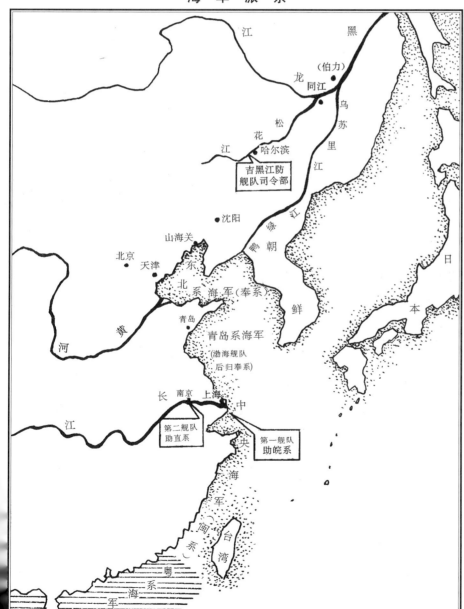

注:1.1919年7月特设吉黑江防筹备处;
　　1920年5月改称吉黑江防司令公署;
　　1922年5月改归奉系。
　　渤海航队原属直系,第二次直奉战争,直
　　败奉胜,后归附奉系,统称东北海军。
2.中央海军(闽系海军)在军阀混战中第一
　　舰队助皖,第二舰队助直,实力在长江以
　　南、广东以北为第一舰队,第二舰队则在
　　长江内。
3.广东舰队自护法舰队北上归附直系后,
　　实力不大。

● 第二节 直皖战争中的海军

　　冯国璋死后,曹锟、吴佩孚便成为直系军阀的新首领。徐世昌虽继任总统,但实权仍掌握在皖系段祺瑞手里。1920年5月国务总理靳云鹏辞职,徐世昌任命海军总长萨镇冰兼代国务总理。这时曹、吴联合奉系与皖系对抗,要求罢免徐树铮,恢复靳云鹏职,皖系则要求罢免吴佩孚。萨欢迎张作霖入关调解,双方终不肯让步,7月14日爆发了直皖战争。杜锡珪的第二舰队原准备协同南线直军作战,因战争仅进行4天就结束,海军未及参加。直胜皖败,段辞职,直奉把持北京中央政权。萨辞去国务代总理,仍由靳云鹏任国务总理,萨仍任海军总长。1921年5月靳云鹏辞职,由李鼎新继任海军总长。

曹锟(1862～1938),字仲珊,直隶天津人,北洋第三镇统制。历任北洋军第三师师长、直隶督军、直鲁豫三省巡阅使等职。冯国璋死后成为直系军阀新首领,1923年贿选总统。在1924年冯玉祥发动北京政变时被赶下台,后在天津病死。

1920年5月兼代国务总理的海军总长萨镇冰。

1921年5月继任海军总长的李鼎新。

直皖战后海军人事调整

姓　名	职　　　　务
李鼎新	以曜威将军继任海军总长
蒋拯	以练习舰队司令继任海军总司令
林建章	代理海军第一舰队司令
杜锡珪	仍任海军第二舰队司令
杨敬修	以海军租船处监督调升练习舰队司令

● 第三节　直系用兵湘川，第二舰队协同作战

　　湖北王占元因侵吞军饷，激起兵变，鄂省各界决定驱王自治，南北奔走寻求支援。湖南赵恒惕在广州军政府敦促下于1921年7月乘机北进，吴佩孚率军南下，杜锡珪 率第二舰队协同作战。在白螺矶，7艘军舰以猛烈炮火突破湘军封锁，炮轰岳阳，迫使赵恒惕屈服，在"江贞"舰上向吴佩孚请罪。吴遂移师西向，乘"楚泰"舰抵宜昌，水陆联合把川军击退并赶回到巫山以西。

湖北军阀王占元。因侵吞军饷激起兵变，鄂省各界决定驱王自治，寻求支援。

湖南军阀赵恒惕。

被任命为两湖巡阅使的吴佩孚率军南下向湘川进军。

赵恒惕向吴佩孚请罪的"江贞"舰。

8月28日直军在7艘军舰协助下炮轰岳阳南门，赵恒惕屈服。湖南复听命于直系。图为岳阳城。

● 第四节 第一次直奉战争海军助直攻奉

　　1922年1月5日，围绕梁士诒内阁的去留问题，直奉展开了所谓"电战"。11省直系军阀大小头目云集洛阳商讨对奉作战计划，奉军亦开始入关，集中军粮城，战事一触即发。海军因饷糈无着，派舰艇8艘开赴扬州十二圩，截留盐税，引起驻京公使团的警告。后来杜锡珪率第二舰队投靠直系，而第一舰队司令林建章则与皖系勾结，皖系对直奉之争采取中立态度。4月25日蒋拯、杜锡珪通电反对奉军入关，林建章则声明坚守中立。直奉开战后，杜请萨镇冰到沪劝告第一舰队所属"海筹"等舰舰长助直讨张，后由萨亲率4舰北上，炮轰山海关，迫使奉军出关。张作霖等路经秦皇岛时，又被萨的军舰从海上追击，几被击中。战争以奉军失败告终，北京政权遂为直系独占。

　　第二舰队主张助直讨张，第一舰队则主张中立，杜锡珪派人游说第一舰队的"永绩"等舰弃皖助直，遭到拒绝。图为"永绩"舰长蒋斌，福建长乐人。

　　直皖战后，直奉军阀之间暂时合作，但两派都急剧扩张自己的势力。1922年4月9日，奉军开始入关，11日11省直系军阀大小头目500余人云集洛阳，托词祝贺吴佩孚生辰，实即商讨对奉作战计划，战事一触即发。图为吴佩孚(右)、张作霖(左)。

◉海軍索餉風潮近誌
▲蒋拯電陳苦衷
▲齊燮元論截艦税

各回原防以重責守立盼　間斷務望轉勷艦隊同入共體時艱取消截留鹽歀之餉　盡于陰歷年終發清嗣后另籌之歀按月匯拨不使稍有　素抱愛國熱忱擁護中央所欠軍餉現由本部急切籌劃　動是否反對新閣抑系欠餉間題獨立抵制我海軍將士　慰外又電致上海海軍總司令咨詢意見并詢問此次奉　涉异常焦灼除派軍法司長鄭寶菁南下分赴各艦隊宣　前報海軍總長李鼎新聞信后以鹽余抵押外債恐起交　州十二圩等處監視鹽廠截取鹽歀以充軍餉等情迭誌　海軍各艦隊全體同人因餉糈無着派艦前往大通及揚

　　在直奉战事一触即发之际，海军动向关系甚大，海军舰艇官兵因饷糈无着，派8艘舰艇赴扬州十二圩截留盐税。这是《大公报》1922年1月16日有关报道。

▲又電　華人方面可靠消息中國海軍中
第二艦隊司令杜錫珪主張祖直第一艦隊司
令林建章主張助奉而總司令蔣拯却持中
立態度内部意見極爲紛歧傳聞目下海軍
決按杜錫珪之主張行動其計畫即使第一艦
隊之海籌海容二艦開往北方外由杜司令
派江元江利楚同楚謙四艦開往江犀湖鵬
湖鷹、湖鶚四艦開往武昌援助直派然中
國海軍之現狀能否出于積極的行動尚爲
疑問隨戰爭之經過如何更改變態度抑不
可知則海軍之向背未必有何等影響也

这是《大公报》1922年5月3日对直奉战争海军内部派系态度之报导。

◎ 蔣拯之通電
▲ 反對張使統一政策

北京大總統統國務總理海軍總長鈞鑒。各部總長各
衙門各巡閱使各省督軍省長總司令各都統護軍使
各師旅長各省議會農教商工各會各報館公鑒。
奉軍入關。號曰以武力爲統一后盾。效果如何。
姑且勿論。國計民生。實受影響。況轉輸軍隊。且
亂人心。殊爲可憾。既礙商務。因之
中廢。惟太會力爭而得之撤兵條約。
現蒙古尚未
收回。應由張使先籌統一滿蒙。然后由國中碩
德名流公同討論全國統一。悉泯糾紛。言歸于
好。否則非拯之愚所能解也。謹布區區。伏惟垂
察。蔣拯有(二十五日)印。

这是海军总司令蒋拯反对奉军入关之通电。

第一次直奉战争只经过6天，以奉军失败告终。杜锡珪以助战有功，擢升为海军总司令。图为杜锡珪。

第一次直奉战后海军人事调整

姓名	职务
李鼎新	仍为海军总长
杜锡珪	原第二舰队司令，调升海军总司令
陈绍宽	原"通济"舰长调升海军总司令部参谋长
周兆瑞	原"海容"舰长调升海军第一舰队司令
甘联璈	原"海筹"舰长调升海军第二舰队司令
陈季良	原"楚观"舰长调升"海容"舰长
许建廷	原"靖安"舰长调升"海筹"舰长
林建章	原海军第一舰队司令，免职
萨镇冰	以在野之身，授将军府肃威上将军
蒋拯	原海军总司令改授威威将军

注：本表以1922年6月内阁改组为准。
　　练习舰队司令杨敬修不变，1923年1月被他调，由杨树庄升任，遗缺"应瑞"舰长由陈绍宽继任。

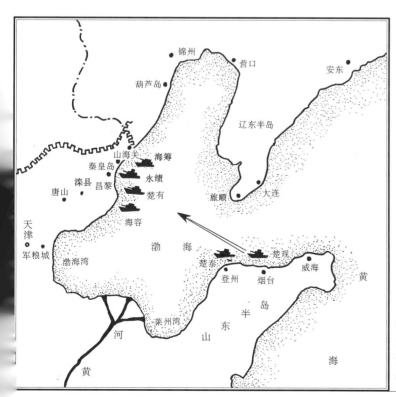

　　第一舰队拒绝助直，杜锡珪亲自求助于萨镇冰，萨虽已卸海军总长职，仍到沪召集第一舰队大舰舰长会议，用各个击破方法，使"海容"、"海筹"等舰不敢拒绝。萨遂亲率各舰北上烟台开赴秦皇岛一带，切断奉军归路，迫使张作霖弃滦州、昌黎，仓惶出关，在秦皇岛几被萨镇冰率领的军舰击中。

● 第五节　反直三角同盟中的海军

　　第一次直奉战争后,直系掌握了北洋政府中央政权,曹、吴妄想以"武力统一"中国,皖系、奉系则标榜"联省自治"以抵抗直系的吞并。南方护法军政府已取消政务制,孙中山亦就任非常大总统大举北伐,后陈炯明叛变,孙中山被迫离粤赴沪,北伐军受阻驻闽赣边境。段祺瑞派徐树铮与孙中山联络,孙中山则派汪精卫赴奉天结成孙中山、段祺瑞、张作霖反对直系的三角同盟。

第一次直奉战争奉系战败后,张作霖被免去东三省巡阅使及奉天督军等职,但奉天省议会却宣布东三省实行自治,并举张为东三省总司令兼省长,仍割据东北,主张"联省自治"。图为奉系首领张作霖。

南方护法军政府取消政务总裁制,孙中山就任非常大总统,大举北伐。图为在桂林设立北伐大本营,准备北伐的孙中山。

只剩下浙江和淞沪地盘的皖系首领段祺瑞与奉系同标榜"联省自治",以对抗直系的吞并。

陈炯明背叛孙中山,勾结福建督军李厚基、江西督军蔡成勋,提议三省合力,消灭退入江西、福建的孙中山北伐军许崇智部。图为陈炯明。

退入江西、福建的孙中山北伐军许崇智部经徐树铮策动与闽北镇守使王永泉联合向福州进军。图为许崇智。

徐树铮亲赴闽北，策动原是其手下的镇守使王永泉与许崇智联合共同讨伐李厚基，并宣布成立"建国军政制置府"。图为自任统领的徐树铮，后遭各界反对离闽。

1922年10月12日北伐军李福林、黄大伟部占领福州。图为粤军第五军李福林军长。

李厚基部史廷飏反攻福州，福州复为李部夺回。但次日史部被孙本戎部夹击败退永泰，福州为北伐军复占。图为警务处长史廷飏。

孙本戎，同盟会会员，后任孙中山大元帅府侍从武官，时任讨贼军卫队司令，适黄大伟、李福林进攻福州被困，孙舍白沙直驱福州，攻史廷飏一师乘胜克福州。

李厚基。福州被占后李厚基避入日本领事馆，由日领事保护离城入马尾海军联欢社，后被马尾船政局局长陈兆锵和练习舰队司令杨敬修软禁在军舰上，令其清算积欠，终由李母史氏函恳萨镇冰缓频请释，以50万元了事，李乘"靖安"舰离闽。

福建督军兼省长李厚基被逐后福建各界协商推举林森为省长。图为林森省长，省长公署设城内督军署。

直系为夺取福建地盘，派第二师师长孙传芳、第十二师师长周荫人从湖北、江西屯兵于闽赣边境。粤军离闽后，王永泉自知实力不敌只得去电欢迎孙、周两部入闽，后王被驱投靠浙江卢永祥。图为督办福建军务事宜后为闽粤边防督办的孙传芳。

粤军离闽后林森被罢职，各界推萨镇冰为省长。

北洋政府派孙传芳为闽粤边防督办，但孙不就，却联合齐燮元攻浙，自行向浙江进兵，北洋政府便任命周荫人为福建军务督办。图为周荫人。

▲ 李厚基老母促李离闽

李厚基军溃败后。现尚留居海舰。昨基母史氏。特自沪致电马尾萨镇冰云。比闻福州陷落。儿子厚基迎战失利。避入领馆。后经尊处。迎至军舰暂住。数日以来。消息隔绝。不知小儿踪迹究在何处。南望榕城。忧心如焚。衰年遭此。寝馈难安伏念儿子厚基。身为统帅。专阃多年。一旦变起。萧墙祸生。曾不能为。肘腋一日之守。椎心饮痛。如何可言。惟有引咎北归。束身司败。自请处分。藉以稍盖愆尤。务乞我省长俯鉴老妇之愚诚。传语厚基准其即日离闽赴京请罪。不胜迫切待命之至。临电神驰。伫盼电复。李史氏谨上箚。

1922年4月22日《民国日报》刊载李厚基之母致电萨镇冰缓颊请释，引咎北归。

反直三角同盟中的海军态势示图

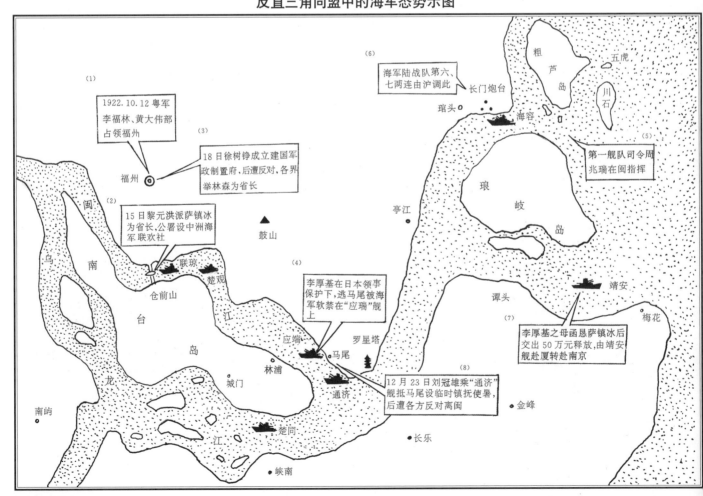

(1) 1922.10.12 粤军李福林、黄大伟部占领福州

(3) 18日徐树铮成立建国军政制置府，后遭反对，各界举林森为省长

(2) 15日黎元洪派萨镇冰为省长，公署设中洲海军联欢社

(4) 李厚基在日本领事保护下，逃马尾被海军软禁在"应瑞"舰上

(8) 12月23日刘冠雄乘"通济"舰抵马尾设临时镇抚使署，后遭各方反对离闽

(6) 海军陆战队第六、七两连由沪调此

(5) 第一舰队司令周兆瑞在闽指挥

(7) 李厚基之母函恳萨镇冰后交出50万元释放，由靖安舰赴厦转赴南京

● 第六节　海军占领福建沿海岛屿，采取筹饷措施

一、海军三打厦门

海军本来是靠掌握中央政权的陆军军阀提供饷糈给养，由于军阀连年混战，时常欠饷，甚至达数月之久。练习舰队司令兼海军马尾警备司令杨树庄看到军阀割据一方，可以任意截留税收，便想如法炮制，认为沿海岛屿非陆军所必争地盘，乃海军囊中之物，而厦门最为富庶，可供搜刮，且可兼领金门、东山，遂决定攻取厦门。

海军攻打厦门示意图

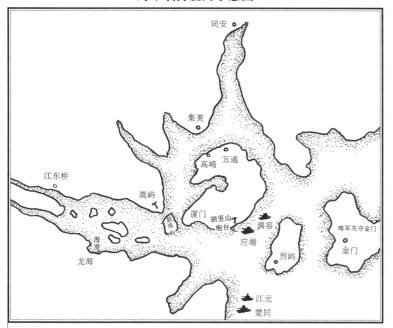

第一次攻打厦门时，杨树庄率"应端"、"海容"二舰，但因陆战队不敢从禾山登陆，胡里山炮台又有28厘米大炮2门，臧致平军在嵩屿又布置山炮多门，舰队进入厦门港仅一日即退出。第二次由林永谟率"江元"、"楚同"二舰，先夺取东山，再由杨树庄率舰对胡里山炮台出击，因臧军战斗力强，围而不下。第三次是在通过林知渊等游说臧致平退出厦门后顺利进入的。

杨树庄，海军练习舰队司令兼海军马尾警备司令。杨树庄看到军阀割据一方，可以任意截留税收，认为占领岛屿是人弃我取，与陆军矛盾不大，遂决定攻取厦门。图为杨树庄。

守卫厦门的北军臧致平。属皖系段祺瑞第四师团长，与浙江督军皖系卢永祥关系甚深，后脱离北洋政府与福建自治军张贞合作，改称闽军，自任总司令。此时孙传芳节节向闽南压迫，又受海军包围，被困孤岛。(图片缺)

协助许崇智部作战的福建自治军林知渊部失败后回厦门鼓浪屿，知臧致平被围厦门想伸手解救，遂在臧杨间斡旋，订下三条密约，卒使海军策动各界筹措巨款送臧部赴浙。海军遂兵不血刃地占据了厦门、金门、东山、长乐、连江、平潭等地，所有盐务、税收、财政等收入皆归海军处理，筹饷问题得到解决。图为林知渊。

二、设立海军支应局

海军占据厦门、金门、东山等沿海岛屿及闽东一些县城后，为了控制割据地盘内的经济命脉，在马尾设立海军支应局，直辖福清、长乐、连江、平潭、永泰5县，并在厦门、三都澳设立分局。三都澳辖福安、福鼎、寿宁、霞浦、宁德、罗源6县，各县都设办事处，专司征收捐税，解送海军闽厦警备司令部，作为统筹饷糈的支应。

三都澳，海军三都支应局就设在这里，征收苛捐杂税、种烟苗、包鸦片捐是支应局的主要工作。

张日章，字吾毅，福建闽侯人。江南水师学堂第七届驾驶班毕业，时任三都支应局局长。据他回忆，苛捐杂税，应有尽有，特别烟苗捐一项毒害最大。各县县长都是由闽厦警备司令部委派，贪污腐化，剥削中饱，农民、渔民饥寒交迫，无以为生。

三、海军勒收水费引起农民反抗

海军在马尾曾设有"银元局"(铸币厂),铸造辅币,盈利40余万元,后经陈兆锽建议将此款创办长乐莲柄港溉田局,征收水费,收益将很可观。1928年海军当局初步完成工程,但由于层层侵吞剥削,工程质量很差,渠道常漏水,有的乡天旱得不到水,农民意见很大。1929年夏因急于收回投资,海军陆战队进驻沙京等乡,向农民强征水费,不交的被陆战队绑在盐馆里,释放时又勒索"上绑费"和"解绑费",于是群情愤激,引起13乡成立民团"抗交水费,武装自卫,一乡有事,各乡支援"。1932年9月终爆发了战斗,民团击毙陆战队官兵50余人,不久乘势占领长乐县城,终因内部互相猜忌,发生内讧,陆战队卷土重来进乡镇压。

海军当局决定在长乐莲柄港设立溉田局,估计可灌溉6万亩,年收水费18万元,5年即可收回成本,但因层层剥削,工程质量很差,渠道时漏水。天旱得不到水,农民意见甚大。图为莲柄港第一厂屋之蓬架。

1929年夏,因急于收回投资,海军派陆战队进驻沙京等乡,向农民强征水费。不愿交的被绑在盐馆里,释放时又勒索"上绑费"、"解绑费",于是群情激愤,引起13乡成立民团,海军陆战队官兵被击毙50余人。图为莲柄港溉田局之室内内燃机。

后来民团乘势占领长乐县城,提出"驱逐乱军出境"的口号。终因民团内部互相猜忌,彼此争权夺利,发生了内讧,海军陆战队遂卷土重来,大肆焚杀。图为莲柄港柚水机之一部。

●第七节　驻沪舰队独立，海军第二次分裂

正当反直三角联盟在福建展开激烈斗争之时，在上海的几艘北洋军舰发出通电，反对杜锡珪，拥护林建章为领袖，并宣布独立。在海军史上称做"沪队独立"，也是中央海军第二次分裂。1923年4月9日，已下台的原第一舰队司令林建章发出通电，表示接受拥戴，在上海高昌庙原海军总司令公署旧址成立海军领袖处，自任领袖。杜、林双方的倾轧是直皖两系斗争的反映，海军领袖处只维持到齐卢战争结束。

●高昌庙海军同人通电　各报馆鉴，今日吾国政治紊乱极矣、强藩擅权，道德沦丧，祸机伏迭为乘除，中央守府，不能任其横，地方汛争，无以攀其股，全国寂然。吾闽为甚，李逆祸闽，已经九稔，客岁我海军与王威两军及自治军粤军树自治之旗帜，以去李为职志，困苦艰难，始得自治之志，不谓中央无横，鹜为军阀，与浙粤各乡同树联省自治之甘，方冀脱军阀之羁绊，竟以孙传芳为管理，资无劳货，何堪茶毒，以贪激闽人治闽之宗旨，兹国闻项，闽本瘠贫，我海军将士闽籍居多，率各舰周驻高昌庙为集合地点，林少将建章公正廉明，澄清有志，即於本日公推为海军领袖，以维全局，邦人君子鉴此情形，海军轮机课长严海华，列字艇艇长彭澄，江南造船所长刘冠南，永翔舰长蒋溥斌·翼宸·军需课长王际辰·军械课长张溆清·电务课长陈·沪署轮机课长严海华·率全体官佐士兵同叩庚印。

上海几艘军舰和海军总司令公署几个课长宣布独立，拥戴林建章为海军领袖的通电电文。

●周兆瑞通电　各报馆鉴，许舰长技器若庚电备悉，联省自治既陈本国多数之同情，且踵北美合众之崇轨。湘粤提倡闽浙赞同，川滇黔青黑均以此为自治省外，横肓，我海军同人断难违反民意之理，闽为自治和平统一之宣，被武力摧残，我同人凡属闽籍者，固宜同心抵拒，即非本此旨以遵行，则和平统一翘首俟之。周兆瑞叩佳印。

海军第一舰队司令周兆瑞通电拥护。

●林建章通电　各报馆鉴，国家之有海军，所以卫国保民，原非供二三人政争之武器，频年以来，我海军袍泽，惨为二三强横所利用，嘘血争锋，毫无主义，既无益於国家，复府怨於人民，良此不已诚恐为人痛病，无以自容，辄一念及，慨用寒心，兹率我海军同人应时势之潮流，顺葦萃之意志，本联肓自治主旨，以闽人治闽，为联治之先河，藉解纠纷之时局，既可洗涤刷枪从人之积习，又以树和平统一之先槃，庶几公推建章设置海军之本意，承刞之下，欣怍羹者，复承公推建章主持一切，自维德薄能鲜，惟是救国义驱，乌敢自耽眼退，谨承之，拟暂任此艰，维持秩序，一俟大局粗定，即当退譲贤路，倘蒙我袍泽同心戮力，共策进行，愿以和平统一之实现为息壤，隔此心，希骑鉴焉。林建章佳印。

接受拥戴之林建章(1874～1939)，字增荣，福建长乐人。1896年毕业于江南水师学堂，历任"宿"字艇艇长、"南琛"、"海容"等舰舰长及第一舰队少将司令。时反对直系"武力统一"，主张"联省自治"、"闽人治闽"，被拥为海军领袖。第二次直奉战后，段祺瑞执政，林建章继李鼎新为海军总长。

林建章接受拥戴之通电。

根据华盛顿《九国公约》，日本将山东主权交还中国，"海筹"、"永绩"二舰奉命在青岛驻防。在皖系曾毓隽之弟曾以鼎策动之下，二舰驶回上海，与"建康"、"列"字等舰艇一起宣布独立，成立了海军上海领袖处。图为"永绩"舰。

策动"沪队独立"的曾以鼎(1887~1957)字省三，福州洪塘乡人。1906年毕业于烟台海校，曾任"江利"、"永健"舰长，时任海军领袖处参谋长。第二次直奉战争后，林建章升海军总长，曾以鼎升"海容"舰长、鱼雷游击舰队司令和第二舰队司令。

海军总司令杜锡珪引咎辞职，后被挽留。

海军部派员南下调查。

阁议申斥3舰1艇通电干涉宪法，查办林建章。

海军上海领袖处

机构名称	领导人姓名	职务	原职务
海军领袖处	林建章	领袖	曾任第一舰队司令
驻沪舰队	周兆瑞	司令	原第一舰队司令
参谋处	曾以鼎	参谋长	
副官处	林焕铭	副官长	原杜锡珪的副官
秘书处	王君秀	秘书长	
轮机处	王齐辰	轮机长	原沪署轮机课课长
江南造船所	刘冠南	所长	原所长
	张澜清		原沪署军械课课长
	陈翼宸		原沪署电务课课长
	许世芳		原沪署军医课课长
"海筹"舰	许建廷	舰长	原职
"永绩"舰	蒋斌	舰长	原职
"建康"舰	严寿华	舰长	原职
"列"字雷艇	彭瀛	艇长	后投杜锡珪，任"江犀"舰长
"靖安"舰	朱天森	舰长	原属杜，后投沪队
"辰"字雷艇			原属杜，后投沪队

杜锡珪(海军总司令)。

◎林建章之谈话

林建章反对直系、反对孙传芳入闽之谈话内容。

◎章太炎赞助沪海军主张

沪队独立，受到了反直系军阀各方的响应与支持。当时孙中山主张和平统一，反对各省借名"自治"实行割据，但对沪队独立还是表示欢迎，主张联省自治的章太炎更是赞成沪队海军的主张。

由于第二舰队司令甘联璈与林建章关系密切，不久以军学司司长李景曦调换。图为新任第二舰队司令李景曦晚年照片。

●第八节 齐卢战争中,宁沪海军各助一方

　　1924年9月3日,直系江苏军阀齐燮元向皖系残余势力浙江军阀卢永祥发动进攻,史称"齐卢战争"或"江浙战争",是第二次直奉战争的前哨战。

　　直皖战后,杜锡珪升海军总司令,将司令部移设南京,而将第一舰队司令部移驻于上海海军总司令部原址。齐卢战争爆发后,杜锡珪命练习舰队司令杨树庄率闽厦海军舰艇及陆战队赴沪,同时命驻泊南京的第二舰队司令李景曦布防于吴淞至江阴,准备助直作战,而在上海的海军沪队则协助皖系。

向皖系残余势力浙江军阀卢永祥发动进攻的江苏军阀齐燮元(直系)。

浙江皖系军阀卢永祥。

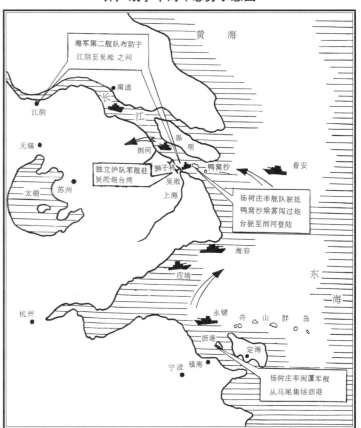

齐卢战争中海军态势示意图

练习舰队司令杨树庄率闽厦海军舰艇及海军陆战队赴沪助直作战。

沪队"北归"

　　由于杨树庄的舰队和海军陆战队参加浏河战斗,齐胜卢败之势已定,沪队司令周兆瑞在"海筹"、"永绩"舰长不在的情况下,致电杨树庄商讨海军统一问题,双方便在"海筹"舰上谈判。不久"海筹"、"永绩"宣告"北归",寄泊南通州,投靠直系军阀。

　　齐卢战争以皖系卢永祥、何丰林失败退出浙、沪而告终,沪队海军在上海被占后,遗留下的"靖安"、"建康"、"辰"、"列"4舰艇,也归北洋海军杜锡珪接管。图为"建康"舰。

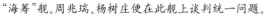

"海筹"舰。周兆瑞、杨树庄便在此舰上谈判统一问题。

齐卢战后海军人事更动情况

姓　名	原　职　务	奖惩情况
杨树庄	练习舰队司令	海军副总司令兼授胜威将军
周兆瑞	原第一舰队司令后沪队司令	免予议处,调海军总部军需总监
李景曦	第二舰队司令	淞沪海军司令
饶涵昌	原"建安"舰长	调升"海筹"舰长
李孟斌	原"楚同"舰长	调升"永绩"舰长
李世甲	练习舰队中校参谋长	调升"楚同"舰长
林建章	海军上海领袖处领袖	递缉
许建廷	原"海筹"舰长	递缉
蒋　斌	原"永绩"舰长	递缉
曾以鼎	原沪队参谋长	递缉
朱天森	原"靖安"舰长	递缉
张日章	原副官、"列"字鱼雷艇长	递缉

"列"字鱼雷艇。

●第九节　第二次直奉战争中的渤海舰队

　　齐卢战争不久，张作霖乘机组成镇威军司令部，自任总司令，率25万大军出兵山海关，分6路进攻直系。吴佩孚则自任讨贼军总司令，率20万大军分兵4路迎战。1924年9月17日，两军在热河、山海关一带展开激战，爆发了第二次直奉战争。在这次战争中，杜锡珪统率的北洋海军正在参加淞沪、浏河之战，遂没有派舰助战，吴佩孚只好利用他所收买的从广东军政府分裂出来、由温树德率领投北的原护法舰队改成的渤海舰队助战。

齐卢战争不久，乘机组织镇威军自任总司令的张作霖，率25万大军出兵山海关，分6路进攻直系。图为奉系军阀张作霖。

渤海舰队司令温树德。

自任讨贼军总司令的吴佩孚，率20万大军分兵4路迎战。图为在山海关前线督战的直系军阀吴佩孚。

原护法舰队，后由温树德率领投北的渤海舰队，这时助直对奉作战。

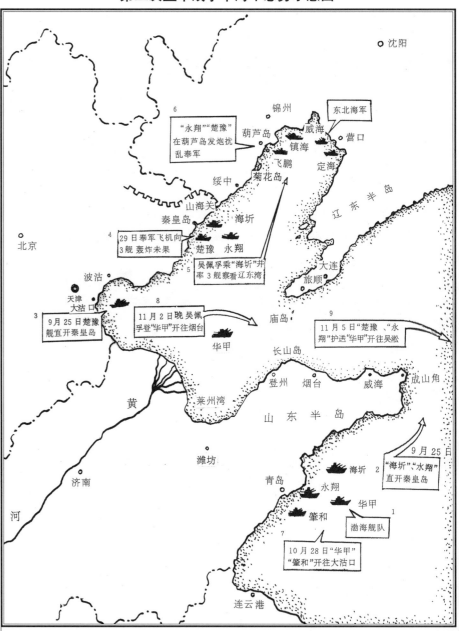

第二次直奉战争中海军态势示意图

沈阳

锦州
葫芦岛
绥中
山海关
秦皇岛
海圻

6 "永翔""楚豫"
在葫芦岛发炮扰
乱奉军

东北海军
威海
镇海 营口
飞鹏 定海
菊花岛

辽东半岛

大连
旅顺

北京
波沽
天津
大沽口

4 29日奉军飞机向
3舰 轰炸未果

5 吴佩孚乘"海圻"并
率3舰察看辽东湾

楚豫 永翔

3 9月25日楚豫
舰直开秦皇岛

8 11月2日晚吴佩
孚登"华甲"开往烟台

庙岛

华甲

长山岛

9 11月5日"楚豫"、"永
翔"护送"华甲"开往吴淞

成山角

黄

河

济南

潍坊

莱州湾

登州 烟台 威海

山东半岛

青岛

海圻

2 9月25日
"海圻""水翔"
直开秦皇岛

永翔
肇和 华甲 1 渤海舰队

7 10月28日"华甲"
"肇和"开往大沽口

连云港

(按图中序号阅读。)

在山海关前线督战的少帅张学良。

日本帝国主义全力支持奉系,小型驱逐舰2艘驶至秦皇岛为
奉军侦察渤海舰队行动。图为秦皇岛日军之兵营。

山海关长城附近有英国根据《辛丑条约》侵占的驻军兵营,也
为直系海军拍发灯号,指示炮击目标。说明直奉双方都有帝国主
义支持。图为山海关长城附近英国兵营。

冯玉祥回师,直系溃败。当直系两军在山海关酣战之时,直系军检阅使兼第十一师长、新任第三军军长冯玉祥(左图)和胡景翼等突然回师北京发动政变,囚禁曹锟,使吴佩孚腹背受敌,迅速溃败。

11月2日吴佩孚由天津转塘沽,登上"华甲"舰至烟台,由烟台商会及蓬莱同乡会赠送米面于5日由"永翔"舰护送至吴淞口,转往武汉,在英美帝国主义保护下待机重来。图为护送吴佩孚逃往吴淞口的"永翔"军舰。

第二次直奉战后,北京政府由奉系和冯玉祥国民军联合控制。11月24日,段祺瑞被推组织临时执政府,任临时执政,内阁改组,林建章继李鼎新为海军总长。1925年2月,杜锡珪去职,杨树庄继任为海军总司令。图为临时执政府成立时摄影。

第二次直奉战后继李鼎新出任海军总长的林建章。

继杜锡珪升任海军总司令的杨树庄。

第二次直奉战后海军人事更动情况

姓名	原职务	新职务
林建章	原海军领袖处领袖递缉	海军总长
杨树庄	海军副总司令	海军总司令
陈季良	原"海容"舰长	第一舰队司令兼闽厦海军警备司令
许建廷	原"海筹"舰长,递缉	第二舰队司令
李景曦	原淞沪海军司令	练习舰队司令
曾以鼎	原沪队参谋长,递缉	"海容"舰长
李鼎新	原海军总长	免职
杜锡珪	原海军总司令	免职

●第十节　直奉联合进攻国民军后的海军

民国十四年(1925年)10月,另树一帜的浙江直系军阀孙传芳分兵进攻奉系军阀,占领上海,接着奉系内部又发生了郭松龄反奉战争。民国十五年(1926)年初,直奉联合进攻冯玉祥的国民军。国民军被迫放弃北京、天津、郑州、开封等地,退往西北。北京政权又在直奉两派控制之下,内阁改组,段祺瑞下台,杜锡珪出任海军总长。

自称浙闽皖赣苏五省联军总司令的孙传芳,分兵进攻奉系军阀,占领了上海。

奉系军阀郭松龄与冯玉祥订了密约联合倒张作霖,发出通电,要求张作霖下野。后由于日本干涉,郭失败被杀。图为郭松龄。

民国十五年(1926年)初,直奉联军进攻冯玉祥的国民军,国民军被迫放弃北京、天津、郑州、开封等地,退往西北,北京政权又落入直奉两派控制之下。图为进入北京城后的直奉联军将领。

吴纫礼(1875-?),字佩之,安徽合肥人,北洋威海水师学堂驾驶班毕业。历任海军协参领、二等参谋。民国后任海军部军械司长等职,时任海军次长。吴纫礼在杜锡珪尚留上海期间曾代行部务。

内阁改组,段祺瑞下台后,杜锡珪出任海军总长,林建章为高级顾问,从此闲居上海。图为1925年12月～1927年6月任海军总长的杜锡珪。

谢葆璋(1866～1940),字镜如,福建长乐人,天津水师学堂第一届驾驶班毕业。民国十五年(1926年)6月继吴纫礼任海军次长。

原属林建章的海军第二舰队司令许建廷不得不"因病辞职",以"应瑞"舰长陈绍宽继任海军第二舰队司令。图为新任第二舰队司令陈绍宽。

● 第十六章

政局动荡中的
广东海军

●第一节　辛亥革命前后的广东海军

　　广东在清代设有水师提督,掌管全省江海防务。水师行营设在广州南堤,甲午后在黄埔设立鱼雷局(后改称水雷局)。辛亥革命时,末任提督李准率水师反正,后怕清算逃出广州。广东军政府遂设海军司,接管水师提督行营,管理全省江海各舰艇。1913年裁海军司,设海防办事处和水上警察厅,直至1923年初。

清代末任的广东水师提督李准。辛亥革命时率水师反正,后怕清算逃出广州。

清代广东水师行营建在广州南堤。图为广东海军基地之一的澳头湾。

辛亥革命时广东军政府海军系统表

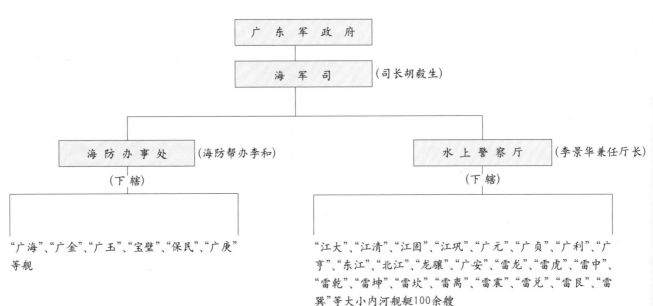

广东军政府海军司司长胡毅生。

二次革命失败后,袁世凯亲信龙济光率军入粤,进占广州,任广东都督,派其兄龙觐光为广东海军司令,不久改委其亲信黄伦苏为海防帮办,蔡春恒为水上警察厅厅长。

二次革命后广东海军系统表

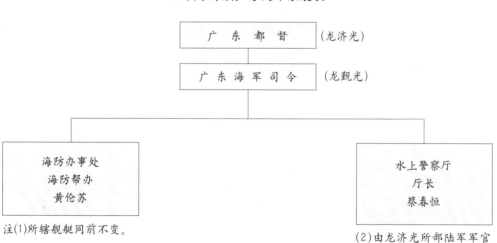

注(1)所辖舰艇同前不变。

(2)由龙济光所部陆军军官充任舰长、艇长,副舰长以下照旧留用。

● 第二节　护国运动中的广东海军

　　袁世凯称帝后,两广组织护国军,合力讨伐龙济光,共推岑春煊在肇庆设立都司令部主持其事。革命党人朱执信派魏邦平到广东策动海军参加讨伐龙济光行动。委魏兼广东江海防司令,统领一部分舰艇,集中西江。时在省河的"宝璧"舰副舰长周天禄杀死舰长木全忠,响应魏邦平。接着"江大"舰亦响应魏,集合了十七艘舰艇加入护国军,由莫荣新任都司令部江防司令。后由魏率舰攻广州,迫使龙济光接受琼崖矿务督办,率带"保民"、"广元"两舰驻扎海南岛。自此,广东归桂系军阀掌握。

革命党人朱执信派魏邦平到广东策动海军参加讨伐龙济光,并委魏兼广东江海防司令。图为朱执信。

袁世凯称帝后,两广组织护国军,合力讨伐龙济光,共推岑春煊在肇庆设立都司令部,主持其事。莫荣新任都司令部江防司令(3排左4)。

护国军广东海军任职人员

姓　名	职　　　务	备　　　注
陆荣廷	自任广东督军	原广西都督,护国军军务院抚军,乘机攻占广东
莫荣新	广惠镇守使兼广东海防司令	原桂军第三军军长、都司令部江防司令
周天禄	广东海防副司令	原"宝璧"舰副舰长
魏邦平	广东警察厅长	革命党人
莫荣新	1917年升任广东督军	原广惠镇守使兼广东海防司令
周天禄	1917年任海防帮办	原广东海防副司令
	水上警察厅长管江防	未详

　　由桂军莫荣新和魏邦平所率的护国军舰队向广州进军,龙济光败退海南岛,任两广矿务督办虚职。

　　时在省河的"宝璧"舰副舰长周天禄杀死舰长木全忠,响应魏邦平。接着"江大"舰亦响应魏邦平,遂集合了十七艘舰艇加入了护国军。图为"宝璧"舰。

●第三节 护法运动中的广东海军

程璧光、林葆怿率舰南下护法后,广东海军实力大增,统归护法军政府领导。在讨伐龙济光之役中,广东地方海军也派出"广亨"、"宝璧"、"广海"、"雷虎"等舰截击龙济光的运输船只,使龙军溃败。程璧光被刺,孙中山离粤后,护法军政府已为滇桂军阀所掌握,性质改变。此后广东政局和随政局变化的海军发生了以下事件。

一、援闽粤军回师广东

民国九年(1920年)八月,援闽粤军奉孙中山命回师广东,将桂系军阀赶回广西。11月孙中山重返广州恢复军政府,宣言继续护法。林葆怿迫于海军形势不稳,通电离粤,军政府任命汤廷光为海军部长,林永谟为海军总司令,毛仲芳为海军参谋长。

民国十年(1921年)5月5日在广州非常国会宣誓就任大总统的孙中山。

军政府海军部长汤廷光,广东花县人,黄埔水师学堂第一届毕业。曾任"海深"、"海圻"舰长、大元帅府参军、海军次长、广东督军兼省长等职。1919年授海军中将衔,1933年病逝。

民国十年(1921年)在广州成立的护法军政府。

1921年6月,孙中山派粤军平定广西。广东江防舰艇"江大"、"宝璧"、"广金"等大小30余艘,水兵千余人溯江直上,迫使桂军沿江弃守,陆荣廷逃往上海。图为"广金"舰。

海军参加孙中山受职典礼。

二、南下海军内讧

程璧光被刺、林葆怿弃职造成南下海军混乱,内部分化加剧。闽系军官不安于驻粤护法,闽籍与非闽籍人员矛盾尖锐化,"海圻"舰首先发生一场群殴。1922年4月27日孙中山决心改组海军,密令长洲炮台司令陈策和海军参议温树德负责收回军舰,以鲁籍力量为首,缜密计划驱逐闽人,夺舰成功。

民国十一年(1922年)阴历三月三十日,各舰发饷,"肇和"副舰长田士捷把发饷地点设在自己房中,只准一人进出,凡闽籍士兵只给饷款,非闽籍另加一支手枪,使闽籍士兵无武器。图为"肇和"舰。

次日"海圻"舰"三号例船"由海珠返"海圻",中途被鲁籍士兵劫持,"海琛"航海副张其先及例船上卫兵突被枪中毙命。另来一艘黑色小轮,靠拢例船,上来数十个武装水手,驾例船向"海圻"驶去,例船中有"海圻"协长田炳章。图为海珠岛。

当全副武装的被掳例船靠近"海圻"时,舰上还以为渡船回来,忙放下绳梯,众人立时奋勇上登,一跨上舰即开枪射击。舰上闽籍士兵因无武器被击毙20余人,"海圻"舰被夺。

"海琛"见"海圻"舰上火拼,要开炮轰击"海圻",被副舰长叶心传阻止。不久,"海圻"将炮口指向"海琛""肇和","肇和"升白旗,炮口也指向"海琛","海琛"被迫也挂白旗,其余各舰也被劫夺了。

被拘禁的军政府海军舰队参谋长毛仲芳，闽人，黄埔水师学堂第八届毕业。曾任"应瑞"舰长，北京政府海军总司令部参谋，广州军政府大元帅府参议，参谋部第三局(海军)局长，"永丰"舰长等职。

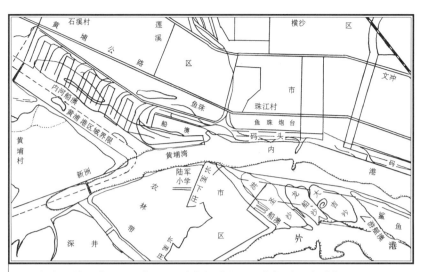

各舰闽籍士兵约1100余人，被关在长洲陆军小学内，海军参谋长毛仲芳、"海圻"副舰长叶心传等人也被监禁，海军司令林永谟被拘捕(后由许崇智保释)，未在舰上的闽籍士兵及被关在长洲陆军小学的闽籍士兵后被成批送到香港遣回福州。图为长洲陆军小学位置。

"夺舰事件"后广东海军人事的变动

姓　名	职　　　　务	姓　名	职　　　　务
温树德	海军舰队司令	吴志馨	"海圻"舰长(先由温树德兼)
陈　策	广东省海防司令	赵梯昆	"海圻"副舰长
孙祥夫	海军陆战队司令	李毓藩	"海圻"舰协长
常光球	海军舰队司令部参谋长	田士捷	"肇和"舰长
高福生	海军舰队司令部秘书长	何瀚澜	"海琛"舰长
郭　朴	海军舰队司令部军需长	舒宗鎏	"飞鹰"舰长
任治龙	海军舰队司令部轮机长	潘文治	"楚豫"舰长
胡文溶	海军舰队司令部副官长	欧阳琳	"同安"舰长
丁竹庚	海军舰队司令部参谋	欧阳格	"豫章"舰长
袁方乔	海军舰队司令部副官	其他各舰均由广东地方海军人员充任舰长	

新任广东省海防司令陈策，字筹硕，广东省琼山县(今属海南省)人，黄埔水师学堂第十五届毕业。曾任广东省江防、海防舰队司令、广州军政府大元帅府参议、广东长洲要塞司令、海军陆战队司令、抚河船务管理局局长，1949年8月30日在广州海军联谊社寓所自杀身亡。

新任广东海军舰队司令温树德，字子培，山东益都人，烟台海校第一届毕业。曾任"联鲸"舰长、广东水鱼雷局局长，后任广东舰队司令、渤海舰队司令、北京政府海军副总司令、将军府将军、海军署次长。

三、孙中山"永丰"舰讨逆,第二次护法失败

孙中山在桂林设立北伐大本营后,屡电陈炯明出师北伐,但遭陈反对,粤军从此分裂为拥护孙中山的北伐军与拥护陈炯明的"陈家军"。不久,留守广州的粤军参谋长兼第一师师长邓铿被陈炯明亲信部属暗杀,陈所辖叶举部又擅自率部进驻广州,孙中山遂先行秘密回师广东。6月16日,陈炯明公开叛变,围攻总统府,孙中山先得密报登舰号召讨逆,在"永丰"舰坚守55天,在得知北伐军回师失利后,由香港赴沪,第二次护法失败。

当孙中山在桂林设立北伐大本营,屡电陈炯明出师北伐,但陈反对,粤军从此分裂,一部分拥护孙中山,一部分拥护陈炯明。图为被陈炯明围攻的总统府,今改建为中山纪念堂。

1922年3月21日,留守广州的粤军参谋长邓铿,被陈炯明亲信刺伤,23日逝世。

陈炯明所辖部属叶举擅自率部进驻广州北郊一带布防,并在白云山郑仙洞召开军事会议,部署武装叛乱。

1922年6月16日,陈炯明公开叛变,炮轰孙中山在观音山住所粤秀楼。孙先得密报离开总统府避入军舰。图为陈炯明。

被陈炯明炮轰的粤秀楼的遗址,即在总统府后面,今立有"孙中山读书治事处"石碑,为孙中山办公起居处所。

孙中山先登上"宝璧"舰,后转至"楚豫"舰,手拟电报,号召讨平陈逆,次日到"永丰"舰,并通令温树德泊在白鹅潭的7舰准备向叛军开火。图为"永丰"舰。

孙中山率舰由黄埔驶经省河,沿途向大沙头、白云山、沙河、观音山、五层楼等处叛军据点开炮射击。

因陆上无友军响应,孙中山只得率舰再停泊白鹅潭。海军司令温树德又被陈炯明收买,率最大的3舰附逆。孙中山只得率"永丰"、"楚豫"、"豫章"、"广玉"、"宝璧"等舰突围驶往省河,等待北伐军回师。图为孙中山、蒋介石率舰突围,驶往省河。

粤海关英国税务司登"永丰"舰(左图)会见孙中山,竟以白鹅潭为通商港口和毗邻沙面为借口,要孙中山和舰队驶离白鹅潭,遭到孙中山严词驳斥。孙中山捍卫了国家的主权。

温树德率舰附逆后,孙中山任命欧阳格为海军临时总指挥。欧阳格即发出就职讨陈通电。图为孙中山、蒋介石(左)、欧阳格(右)在"永丰"舰上指挥。

孙中山在"永丰"舰得知北伐军回师失利,乃决定于8月9日乘英舰"摩汉"号到香港,翌日坐俄国"皇后"号赴沪。这就是历史上所谓的"孙中山广州蒙难"事件。

1925年4月13日,为纪念孙中山,"永丰"舰改名为"中山"舰。

"白马会盟"后,滇、桂、粤联军在广西藤县誓师讨陈。1923年3月以孙中山为大元帅的陆海军大元帅大本营正式组成,8月14日孙中山及夫人宋庆龄躬临"永丰"舰慰勉官兵,并合影留念。

四、"护法舰队"北投与"渤海舰队"命名

　　孙中山再返广州成立大元帅府时,对温树德一度与陈炯明合作并未深究,独其左右认为绝不可靠,谣言四起,使温不安于位,后温为陈炯明收买,但尚未公开叛变。第一次直奉战争直系胜利,控制北京政府,吴佩孚派员南下收买温树德北归。温终为其收买,率舰北投,"护法舰队"转化为"渤海舰队"。温树德被任为渤海舰队司令后,再升为北京政府海军副总司令。

"白马会盟"后,孙中山函促在福建的许崇智等东路讨贼军迅速回粤讨陈。孙中山及护法国会议员又发布声讨陈炯明通电及檄文。陈见大势已去,通电下野。孙中山任命许崇智为粤军总司令。图为新任粤军总司令许崇智。其司令部内设舰务处,不久接管广东所有舰艇。

第一次直奉战后,直系控制北京政府,吴佩孚乃以同乡关系派员携巨金南下收买温树德率舰北投,经暗中讨价还价,吴佩孚对所提条件均复电同意。图为晚年的吴佩孚。

孙中山在大本营任命的海军人员

姓　名	任免日期	职　　　务
汤廷光	1923年3月2日	陆海军大元帅大本营海军部长
盛廷祺	1923年3月12日	"肇和"舰长,原汕头临时舰队总指挥,后被叛军杀害
欧阳琳	1923年3月12日	"永丰"舰长
潘文治	1923年3月12日	"楚豫"舰长
周之武	1923年3月12日	海军总轮机长
陈　策	1923年3月14日	广东海防司令
杨廷培	1923年3月14日	广东江防司令
苏从山	1923年3月14日	长洲要塞司令
谢铁良	1923年3月14日	鱼雷局局长
田士捷	1923年4月29日	大本营参军,原汕头临时舰队司令,后辞职
温树德	1923年5月31日	免海军舰队司令职,因谋叛潜往香港
赵梯昆	1923年5月31日	任海军舰队司令部参谋长,原"永翔"舰长

广东海防司令陈策,后来成为粤系海军首脑。

1923年12月17日,温树德率"海圻"、"海琛"、"肇和"、"永翔"、"楚豫"、"同安"、"豫章"等舰及商船改装的运输舰两艘,由汕头启航北投吴佩孚。当航至红海湾海面时,"豫章"舰因机器损坏,折回修理。

北投舰队遂分为两队,第一队为"海圻"、"永翔"、"同安"3艘,第二队为"肇和"、"海琛"、"楚豫"3艘。预定第一站为福建铜山湾,第二站为浙江普陀湾,然后直驶青岛。第一队先抵青岛,第二队因"楚豫"出故障在普陀湾休整10天,于1924年1月13日续到。图为第二站的普陀湾。

北投舰队抵青岛后,被命名为"渤海舰队"。司令部设在青岛莱阳路,直属直鲁豫巡阅使吴佩孚指挥,北京政府海军总长李鼎新亦不得干预。图为渤海舰队基地——青岛。

1924年3月,北京政府任命温树德为渤海舰队司令,5月授海军少将,9月再升为海军副总司令,对北投出力人员李国堂、吴志馨等12员亦分别给奖。南下护法舰队至此已完全转化为直系控制的渤海舰队,后来成为青岛系海军。

"豫章"舰返回汕头修理后,正拟单独北航,适北京政府的"应瑞"舰长陈绍宽率舰南巡至汕头,即旗令其归降,并下令舢板出军。"豫章"舰上官兵见状仓皇逃走,陈绍宽乃夺得"豫章"舰,驶回东山,归北京政府海军第二舰队建制。图为"应瑞"舰下令舢板出军,夺得"豫章"舰。

护法舰队叛离孙中山后,留下未走的"永丰"、"飞鹰"、"舞凤"、"福安"等舰编为练习舰队,委潘文治统带,归粤军总司令节制调遣。图为"飞鹰"舰。

●第四节　孙中山灵柩由"威胜"舰运抵南京

　　北京政变后,冯玉祥同情广东革命政府,电邀孙中山北上,共商统一全国大计。把持北京政府的段祺瑞、张作霖也表示欢迎孙中山北上。孙中山决定应邀北上,公开主张废除不平等条约、召开国民会议。12月30日抱病赴京,但段祺瑞却召开了"善后会议",抵制破坏孙中山的主张。1925年3月12日,伟大的民主主义革命先行者孙中山与世长辞,其灵柩后由"威胜"舰运抵南京浦口。

孙中山在北京灵柩停放处。

恭迎灵柩至南京的海军"威胜"军舰。

　　1929年5月28日孙中山灵柩由"威胜"军舰运抵南京下关码头。图为灵柩由码头抬入中山陵情景。

● 第五节 海军局成立与"中山舰事件"

　　1924年孙中山与中国共产党建立了统一战线,创立了黄埔军校,组建了军队,工农革命运动空前高涨。孙中山逝世后,广东的大元帅府改组为国民政府,各系军队统一改编为以共产党员和国民党左派分子为政治骨干的国民革命军,同时撤销建国粤军总司令部和舰务处,成立海军局。伪装左派的蒋介石攫取了军政大权,以总政治部主任周恩来为首的共产党员在军队中威信日高,标榜拥护联俄、联共、扶助农工三大政策的汪精卫尚有一定政治声誉。蒋介石为打击共产党员和汪精卫,于1926年3月20日在广州制造了"中山舰事件",又称"三·二〇"事件。

以总政治部主任周恩来为首的共产党员在黄埔军校和国民革命军中的威信日高。阴谋篡权的蒋介石日益恐惧,千方百计寻找机会,借以打击和排挤共产党员。

李之龙,共产党员,海军局政治部主任、代局长、参谋厅长。蒋介石诬指"共产党阴谋暴动",把他逮捕,宣布戒严并命令第一军亲信扣押部队党代表中的共产党员。

一心想谋取海军局局长的海军学校副校长欧阳格造谣说:"中山舰开进黄埔,想劫去蒋校长,送往莫斯科。"利用兵舰大做走私生意遭李之龙制止的虎门要塞司令陈肇英借机推波助澜。于是在蒋的指示下,李之龙被逮捕,"中山舰"被欧阳格劫夺。图为"中山"舰。

伪装左派的蒋介石攫取了黄埔军校校长、东征军总指挥、广州卫戍司令等职,为了打击黄埔军校和国民革命军中的共产党员,制造了"中山舰事件"。

欧阳格，拘捕李之龙的黄埔海校副校长，江西宜黄人，1895年生，烟台海校第十届毕业，广州右派组织孙文主义学会的骨干。为谋取海军局长和中山舰的职务，利用广州国民政府内部矛盾，制造谣言，分化离间。李之龙被捕后，欧阳格即被蒋介石委任为舰队司令，掌握海军舰艇的控制权。当蒋了解真相后对他予以"保护性拘留"。"四·一二"政变后即被释放，后任电雷学校教育长。

校长命令着，通知海军局迅速派得力兵舰二艘开赴黄埔听候差遣等因奉此想应通知。责局速派舰二艘赴黄埔为祷此致
海军局大鉴
四十
值日官　李光业
中央军事政治学
校驻省办事处
三月十八日

海军局值日官当晚之记录
（此记录除钞呈会官外原册开海军局丝务保存）
十八日下午七时四十分有黄埔听候差遣因李代书记长电话不通无从请示办法故却看传令带同该员面见李代局长面商一切矣十时宝璧黄舰长到局面称奉传令带同该科长电话不通李代局长签字盖印故欲知李氏局长公馆住址以便前往请示等语当经查明该住址告知黄舰长矣。
值日官　吴国权

1926年3月18日蒋介石调中山舰迅速开赴黄埔令。

蒋介石之呈文

『爲呈報事，本月十八日酉刻，忽有海軍局所轄中山兵艦，駛抵黄埔中央軍事政治學校，向教育長鄭演達聲稱，系奉校長命令調遣該艦特來守候等語。其時本校長因公不在省，得此項報告，深以爲異，因事前並無調遣該艦之命令，中間亦無傳達之誤，而該艦露械升火，亘一晝夜，停泊橙前，及十九日晚又深夜開省城，無其處置非常，事前未及報告，一面令派海軍學校副校長歐陽格暫行權理艦隊事宜，並將該代理局長李之龍扣留嚴訊，一面派出軍隊以防不測，幸賴政府聲威，尚稱安堵。惟此事起于倉卒，中正防其擾亂政府之舉，爲黨國計，不得不施行迅速之處置，幫升火達旦，且中正稍縱即逝，臨機處決實非得已，應自請從嚴處分，以示懲戒而肅紀律。記將此次事變經過及自請處分之緣由，呈請察核。謹呈軍事委員會。蒋中正。中華民國十五年三月二十五日。』

经几次审讯，李之龙坚不承认劫持蒋介石，并一再申明"中山舰开进黄埔是由于黄埔军校驻首办事处主任朱一鸿亲自来海军局传达蒋校长口头命令"。后蒋又加派第二军法处长会审，仍无所得。图为李之龙写的专门报告。

"中山舰事件"后广东人事调动情况

姓　名	调　动　情　况
汪精卫	事件中被"软禁"，事件后称病出国。
李之龙	经蒋介石亲自审讯后释放
欧阳格	免去职务并予扣留
潘文治	任代理海军局局长
章臣桐	任海校副校长，原"中山"舰代舰长
吴铁城	免广州市公安局局长兼独立师师长并改编独立师为第17师
吴　嵎	任"中山"舰舰长，浙江奉化人，东洋海军班出身
王相龄	解除第一军第二师师长职务
陈肇英	免去虎门要塞司令职务。

蒋介石达到了制造事件的目的

1.第一军及黄埔军校中的共产党员被迫退出。

2.时任国民政府主席兼国民党中央政治委员会主席、军事委员会主席的汪精卫称病秘密赴港转赴法国。

3.国民党中央二中全会通过了蒋介石等人提出的"整理党务案"，担任国民党中央部长的共产党员全部辞职。

4.国民政府特任蒋介石为国民革命军总司令，改选蒋介石为国民党中央常务委员会主席、国民政府委员、军事委员会主席等职。至此，党、政、军大权为蒋介石所控制，蒋所制造的"中山舰事件"的目的已完全达到。

蒋介石于事件后假惺惺自请处分的报告。

●第六节　广东海军船坞及海军实力

一、广东海军船坞

前身是广南船坞,由谭氏父子于1914年创办。1924年让与孙中山领导的军政府,改名海军船坞,坞址设在白鹅潭西南方的芳村对面、车歪炮台之西、土名大黄滘的地方,占地24.6万多平方米,兴建两座船坞,一长83米,宽20米,深5米;另一座长60米,宽13.3米,深4.66米。1915年建成。

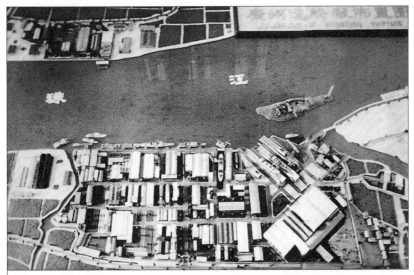

1914年由谭氏父子兴建的广南船坞,1924年由孙中山革命政府征购,改名为广东海军船坞(亦称海军广南造船所)。图为坞址(今广州造船厂)。

至今遗留的广南船坞

广南船坞1914~1917年建成的船

船　名	排水量(吨)	建成年月	时速(节)	备　　　注
南　和	1000	1915年冬	7	购200多匹旧发动机改装的海船
北　合	1800	1916年	8	购320匹新发动机改装的海船
东　成	1200	1916年	7	海船航行天津、青岛、西贡等处。
西　就	1200	1916年	7	海船航行上海、海口、河内等处
内河轮船	30~40	1917年	4艘	航行于北江、西江、
内河轮船	50~60	1917年	5艘	东江、四邑和北海等处
内河轮船	100~250	1917年	3艘	

注:1922~1923年间,孙中山出师北伐曾征调该坞30~100吨的轮船20多艘,后全数给孙中山作为军用。1924年孙中山的革命政府购下广南船坞,改名海军船坞。

二、广东海军的实力

"中山舰事件"后,海军局改为军事委员会海军处,委林振雄任处长,迁办公地点于黄埔(即长洲)蝴蝶岗。人员大部调动,舰长改委黄埔陆军学校学生充任。由于陆军人员对于河道不熟悉,常发生事故,林被撤职,改委潘文治为处长。至民国十五年(1926年)底,广东海军拥有大小舰艇共约60余艘,计8136吨,此后广东海军又统归陈策指挥,从此自成一系,被称为"粤系海军"。

军事委员会海军处,址在黄埔(长洲)蝴蝶岗。

广东海军舰艇实力表(1926年12月)

舰名	火炮门数	排水量(吨)	备 考
中山	10	780	航海炮舰
飞鹰	6	850	航海水雷炮舰,因无汽锅不能行动
福安	4	1700	航海运输舰,只能在内河缓行,其船底及各处均需修理
武丰	1	200	航海快艇,不能行动
自由	4	450	航海炮舰
广兴	2	400	保卫舰,在大修中
武平	5	400	运送小炮舰,在海面只行4海里,现下不能行动必须大修理
江来	6	120	内河炮舰,不能在海面航行
江昆	6	120	内河炮舰,不能在海面航行
江亨	7	120	内河炮舰,不能在海面航行
江古	5	120	内河炮舰,不能在海面航行
留兴	1	40	鱼雷艇
陆顺	4	100	内河小座炮舰,在船厂修理
同江	2	80	内河小座炮舰,在船厂修理
旅信	1	40	鱼雷艇,需入船厂大加修理
广安	4	80	内河小舰,不能行动,须入船厂修理船底
广威	1	80	内河小舰,不能适用航行
海丰	1	40	船底部分需加修理,适用短距离航路
固安	2	26	内河小舰,不适于航行
安南	4	40	内河小舰,不适于航行
通远	1	80	内河小舰,不适于航行
安顺	1	40	内河小舰,不适于航行
远武		20	内河小舰,不适于航行
旅海	2	40	鱼雷艇,如旅信鱼雷艇同
旅达	1	40	鱼雷艇,如旅信鱼雷艇同
永远	1	20	鱼雷艇,如旅信鱼雷艇同
广鸿	2	160	安放鱼雷水雷,已经成为废舰
广吉		20	内河小舰
鸿升	2	30	内河小舰
流利	1	40	鱼雷艇,如旅信鱼雷艇同
安顺	1	40	内河小舰,不能适用航行
宿江	2	30	内河小舰,不能适用航行
隆孟	2	30	内河小舰
发同	1	30	内河小舰
平南	4	120	航海炮舰,需修理
安坡	2	400	航海炮舰,需修理
发平	2	120	内河小舰
江顺	2	30	内河小舰,需入厂大修
宜江	1	80	内河小坐舰

舰名	火炮门数	排水量(吨)	备　　考
庚健	1	30	内河小舰
利顺	2	40	内河小舰
江平	1	40	内河小舰
福海	1	40	内河小舰
江顺	1	40	内河小舰
潮江		30	内河小舰,不能行动,需大修理
广波	2	240	内河小舰
金茂	2	60	内河小舰
城直		60	不能适用航行
鲍安	1	30	内河小舰
路新	2	30	内河小舰
江脱		20	内河小舰
永兴		20	内河小舰
直隶	1	40	快艇,系缉土匪用归编舰队
鹏古	3	40	快艇,系缉土匪用归编舰队
发顺		40	快艇,系缉土匪用归编舰队
永腾		50	快艇,系缉土匪用归编舰队
永亨		30	快艇,系缉土匪用归编舰队
报来		40	内河小舰
茂发	1	40	内河小舰
西兴			不能行动需入船厂大修

上表系据《革命文献》第15辑第40～44页编制,统计不全,表中"武丰"系"舞凤"之误,"江古"系"江固"之误。

粤系海军首脑陈策(右)。

1928年,李济琛回粤掌握了广东军政大权,委陈策为广东海军司令,舒宗鎏为副司令兼"飞鹰"舰长,陈锡乾为参谋长,袁柳溪为秘书长。陈策成为粤系海军首脑。

广东海军职官年表

广东省海军司令长：胡毅生
1911~1913年
海防办事处海防帮办：
李和　黄伦苏　周天禄
1912年任　1913年任　1916年任
水上警察厅厅长：
陈景华　蔡春恒　申葆藩　陈永善
1912年任　1916年任　1921年冬任
广东省江海防司令：魏邦平
1915~1916年任

广东护法军政府
海军总长：程璧光　汤廷光
1917年9月10日任　1918年5月任
海军总司令：林葆怿
1917年9月10日任
1920年10月弃职
林永谟
1920年10月9日任
1922年4月免
参谋长：饶鸣銮　毛仲芳
1917年9月任　1920年12月任
1922年4月任

广东军政府海军总司令部
总司令：温树德　赵梯昆
1922年9月任　1923年5月暂代
1923年5月免
参谋长：常光球
1922年4月任
秘书长：方福生
1922年4月任
军需长：郭朴
1922年4月任
副官长：胡文溶
1922年4月任
轮机长：任治龙
1922年4月任
广东省海防司令：陈策
1922年4月
广东省江防司令：麦胜广
1923年1月任

广东江海防司令：陈策　杜若时
1923年任　1924年3月任
参谋长：陈庆云
1923年任
广东海军陆战队司令：孙祥夫
1922年任
广东舰务处处长：招桂章
广东海军练习舰队司令：潘文治
1924年5月任
广东国民政府海军舰队临时总指挥
欧阳格1926年
海军局局长：
斯美诺夫　李之龙　欧阳格
1925年7月任　1926年代　1926年代
军委会海军处长：林振雄　潘文治
1926年夏任　1926年秋
冯肇铭
1927年任

广东海军司令：陈策　邓龙光
1928年　1931年5月任
副司令：舒宗鎏
1928年任
参谋长：陈锡乾　黄仲珍　陈鼎
秘书长：袁柳溪
1928年任
虎门要塞司令：陈庆云
海军部第四舰队司令：陈策
1929~1932年
第一集团军海军第一舰队总司令
陈策　李庆云
1932年5月3日任　1932年5月任
张之英
1932年7月任

广东绥靖主任行署舰务处长：黄文田
1938年11月~1939年4月
军委会桂林行营江防处长：徐祖善　副：黄文田
1939年4月任　1939年4月任
军委会桂林行营江防司令：徐祖善　黄文田
1940年8月任　1941年5月任
军政部粤桂江防布雷总队长：陈锡乾
1940年7月任
1946年2月裁

在黄埔军校前的"福安"军舰。

● 第十七章
独树一帜的东北海军

●第一节　东北海军的形成

　　依据《爱珲条约》，黑龙江、乌苏里江、松花江只准中、俄行船，不准其他国家船只行走，但三江航权早为沙俄独占。1907年中国始购置一艘轮船"齐齐哈尔"号，但也只限在松黑二江的交叉口同江航行。十月革命后，白俄船主廉价出卖船只，中国商人集资购买经营，计有42家，共有轮船106艘，3.5664万吨，但常受到俄国军舰干涉。1919年7月，中国海军部为保护航权，特设吉黑江防筹备处，并由上海海军总司令公署派出"江亨"等4舰赴同江屯防。因中日发生庙街事件，延至1920年5月才正式组成吉黑江防舰队，东北海军初步形成。

黑龙江、乌苏里江、松花江三江航权早为沙俄独占。图为帝俄轮船在江上行驶。

吉黑江防舰队人员表

姓　　名	职　　　　　　　　　务
王崇文	司令、海军少将、海军部视察
林志瀚	吉黑江防海军陆战队队长
沈鸿烈	中校参谋长
陶友凤	秘书
陈世英	"江亨"舰长(庙街事件后改名陈季良)
林培熙	"利捷"舰长
毛钟才	"利绥"舰长
林天寿	"利川"舰长

　　1919年7月，中国海军"江亨"、"利绥"、"利捷"、"利川"4舰，由"靖安"统率，在哈尔滨附近同江屯防。图为庙街事件后，4舰解冻进入松黑二江的交叉口同江。

　　海军部为保护航权，特设吉黑江防筹备处，因庙街事件延至1920年5月才正式成立吉黑江防舰队。

吉黑江防舰队司令部设在哈尔滨道外十七道街。

吉黑江防舰队舰船及实力

吉黑江防舰队司令王崇文,原名兆斌,福州人,天津水师学堂驾驶第五届毕业,曾任海军部少将视察。

舰 名	舰 种	排水量（吨）	速 率（节）	主 炮	副 炮
江 亨	炮 舰	550	13	12厘米炮1门 7.5厘米炮1门	4.7厘米炮4门
利 捷	炮 舰	266	14	6磅快炮2门	机关炮3门
利 绥	炮 舰	170	13	3.4英寸(吋)炮1门 4磅炮1门	机关炮2门
利 川	拖船武装	375	13		
利 济	炮舰	250	15	5管机关炮1门	机关炮2门
江 平	商船武装	250	14	4.7厘米炮2门	机关炮4门
江 安	商船武装	250	14	4.7厘米炮2门	机关炮4门
江 通	商船武装	120	14	4.7厘米炮2门	机关炮4门
合 计	8艘	2 231			

注:"利济"以下4艘系1920年4月王崇文拨借或添购商轮配以小炮及重机枪编入军籍的。

图中一层为吉黑江防舰队司令部遗址,上面三层后来加盖,今为黑龙江航运管理局。

●第二节 吉黑江防舰队归附东北和航警处的设立

第一次直奉战争,直胜奉败,北京政府免去张作霖的本兼各职,但奉天省议会却宣布东三省实行联省自治,并举张作霖为东三省保安总司令兼省长,旋改镇威上将军公署,又改称东北边防司令长官公署,继续割据东北。这时吉黑江防舰队经费困难,张作霖亦不允许在自己地盘内存在一支中央舰队,王崇文在张的总参议游说下,接受张的改编,归附东北,改称东北江防舰队。未几,王崇文因报销不实而被撤职,东北江防舰队改组。

东北江防舰队人事

职 务	姓 名	出 身
司 令	毛钟才	原"江亨"舰长,闽人,黄埔水师学堂驾驶八届毕业
参谋长	王 烈	陆军人员
副官长	林舜藩	原"利绥"舰长,闽人,船政学堂驾驶十九届毕业
轮机长	吴 超	鄂人,湖北海军学堂轮机毕业
参 谋	曾广钦	豫人,沈鸿烈留日同学
副 官	郭咏荣	闽人
"江亨"舰长	林培熙	闽人,原"利捷"舰长升
"利捷"舰长	宋式善	湘人,沈鸿烈留日同学
"利绥"舰长	尹祖荫	河北人,烟台海校驾驶六届毕业
"江平"舰长	尹祚乾	湘人,沈鸿烈留日同学
"江安"舰长	吴敏仁	闽人
"利济"舰长	陈 拔	闽人,烟台海校驾驶三届毕业
"江通"舰长	王兆麟	南京人,烟台海校驾驶八届毕业

注:吴敏仁、陈拔不久因案撤职,林舜藩、郭咏荣自行请假回南方。

张作霖,右为其子张学良。

第一次直奉战争奉军失败后,张作霖率高级将领路经秦皇岛(左图)时被萨镇冰率领的舰队从海上追击,几被击中,从此,张作霖有了建立海军的想法。

吉黑江防舰队归附张作霖后,1922年8月张又设立航警处,委任江防参谋长沈鸿烈为处长,主管江海防务,所有水警、渔业、航运以及吉黑江防舰队均归其领导,直属东三省镇威上将军公署。吉黑江防舰队改编成东北江防舰队即东北海军的前身。图为东北航警处处长沈鸿烈。

沈鸿烈的"亲信集团"

沈鸿烈掌握东北江防舰队后又罗致了许多留日同学,号称"亲信集团"。另有一批烟台海校毕业生投效,东北海军员兵得到了补充。

东北海军人员的补充

沈鸿烈的"亲信集团"	刘华式、谢刚哲、吴志馨、凌霄、宋式善、尹祚乾、方念祖、刘田甫、黄绪虞、曾广钦、王时泽、陈华森、吴兆莲、姜鸿滋等人。以上均光绪三十二年(1906年)派赴日本留学海军人员。
投效的烟台海军学校毕业生	姜炎钟(西园)、赵宗汉、孟宪愚、李信侯、徐锡鲍、冉鸿逵(以上烟台海校驾驶第15届毕业生)和以下第16届毕业生:马崇贤、王浣(天池)、晏治平。

东北海军。

●第三节 东北海军的发展

一、东北海防舰队的建立

1923年7月奉军向烟台政记轮船公司购入2700吨商船1艘,次年续购2000吨的废商船1艘,武装成功,分别命名为"镇海"、"威海"军舰。1924年11月接收1100吨的破冰船1艘,改装成舰,命名为"定海"舰。1925年秋又购日本200吨旧鱼雷艇1艘,命名为"飞鹏"。由此4舰组成东北海防舰队,其战斗力极差。

东北海防舰队职官

舰　队　长：代将凌霄
"镇海"舰长：前凌霄,后方念祖
"威海"舰长：宋式善
"定海"舰长：冯涛
"飞鹏"舰长：谢渭清

"飞鹏"舰。

二、东北江防舰队的改组

1925年冬,奉系郭松龄在滦县起兵反张。江防舰队司令毛钟才(福州人)因与郭的总参议萧其萱有乡亲之谊,被嫌附郭,东北江防舰队司令部遂被撤销,改组为东北江防舰队舰队部,人事作了变动。

改组后的东北江防舰队职官

舰队长：尹祖荫

中校参谋：王时泽

少校参谋：三人(略)

军务科(略)、军需科(略)、军学科(略)

"江亨"舰长：尹祚乾

"利捷"舰长：黄绪虞

"利绥"舰长：陈华森

"江安"舰长：盛建勋

"江平"舰长：李宝英

"利通"舰长：于寿彭

"利川"舰长：(停驶,仅派士兵看船)

"利济"舰长：赵竞昌

"利绥"舰。

三、东北江海防总指挥处的成立

　　1925年冬,在沈阳成立东北江海防总指挥处,调航警处处长沈鸿烈专任东北江海防总指挥,统领江防、海防两支舰队。1926年春,东北江海防总指挥处又更名东北海军司令部,由沈鸿烈任司令,从此,正式出现了"东北海军"。

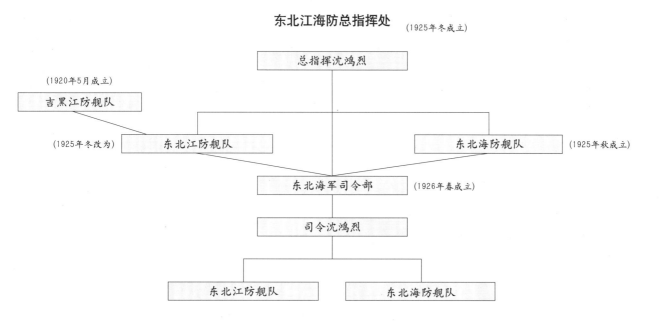

四、东北海军兼并渤海舰队的过程

　　第二次直奉战争,吴佩孚败退武汉,渤海舰队不得不蛰居于青岛。一连数月,军饷无着,温树德转而投向奉系将领、山东督军张宗昌。改隶将告成之际,不愿与东北海军合并的渤海舰队中下级官兵,借欠饷闹起风潮,温树德避居天津,张宗昌乘机接管,拨出巨款将风潮平息并将温树德免职,委毕庶澄兼渤海舰队司令,"海圻"舰长吴志馨升任副司令。

新任渤海舰队司令毕庶澄,不久转任上海护运使,打算把舰队带到上海去,消息泄露,被张宗昌处决。

继毕庶澄升任为渤海舰队司令的吴志馨。

●第四节 全盛时期的东北海军

东北海军兼并了渤海舰队后,实力大增,有舰艇20余艘,18800余吨,且拥有中国最大的军舰如"海圻"等,战斗力较强,与闽系海军形成了南北对峙的局面。

一、东北海军总司令部的设立

渤海舰队被并入东北海军后,张作霖令沈鸿烈在青岛设立海军总司令部,自任海军总司令,沈鸿烈任副总司令兼代总司令。1928年6月4日张作霖在皇姑屯被炸死后,少帅张学良自兼海军总司令,沈鸿烈任副总司令,重新改组舰队。

东北海军总司令部。

继张作霖自任东北海军总司令的少帅张学良。

东北海军副总司令沈鸿烈。

(1)海防第一舰队(驻青岛)
舰队长凌霄 下辖：

队别	舰名	舰种	排水量(吨)	航速(节)	主炮	副炮
海防第一舰队	海圻	巡洋舰	4300	24	8英寸炮2门	4.7英寸炮10门,4.7厘米炮12门
	海琛		2950	19.5	15厘米炮3门	10.5厘米炮8门
	肇和		2600	20	6英寸炮2门	4.7英寸炮4门
	同安	驱逐舰	395	32	12磅炮2门	3磅炮4门
	镇海	水上飞机母舰	2708	10.8	4.7英寸炮2门	7.5厘米炮4门

(2)海防第二舰队(驻长山岛)
舰队长 袁方乔 下辖：

队别	舰名	舰种	排水量(吨)	航速(节)	主炮	副炮
海防第二舰队	永翔	炮舰	780	13.5	10.5厘米炮1门	7.5厘米炮1门,3磅炮4门
	楚豫		780	13	12厘米炮2门	7.5厘米炮2门
	江利		550	13	12及7.5厘米炮各1门	4.7厘米炮4门
	定海		1100	10	7.7厘米快炮6门	机关炮4门
	海鹤	炮艇	162	9		小炮4门,机关枪4门
	海鸥		170	9		小炮4门,机关枪4门
	海青		170	9		小炮4门,机关枪4门

(3)江防舰队(驻哈尔滨)
舰队长尹祖荫　下辖:

队别	舰名	舰种	排水量(吨)	航速(节)	主　炮	副　炮
江防舰队	江亨	炮舰	550	13	12厘米炮1门, 7.5厘米炮1门	4.7厘米炮4门
	利捷		266	14	6磅快炮2门机	机关炮3门
	利绥		170	13	3.4英寸炮1门, 4磅炮1门	机关炮2门
	利济		250	15	5管机关炮1门	机关炮2门
	江平		250	14	4.7厘米炮2门	机关炮4门
	江安		250	14	4.7厘米炮2门	机关枪4门
	江清		255	14	4.7厘米炮2门	
	江泰		255	14	4.7厘米炮2门	机关炮2门
	江通		120	14	4.7厘米炮2门	机关炮4门

渤海舰队的主力舰"海圻"号驶至旅顺口入日本船厂修理,沈鸿烈密派凌霄、黄绪虞等多方诱惑,终使"海圻"修好出旅顺口时,通电归附东北。

"海圻"编入东北海防舰队后,沈鸿烈为显示力量,消除张宗昌对他的不满,命凌霄率"海圻"、"镇海"二舰南下吴淞口偷袭已加入国民革命军的杨树庄舰队,并夺得"江利"舰,驶回烟台,取得了张宗昌的信任。图为"江利"舰。

海鸥炮艇。

沈鸿烈向张作霖建议在青岛成立海军联合舰队,推直鲁联军总司令张宗昌(左)兼联合舰队总司令,沈鸿烈被任为副总司令,辖领东北海防舰队和渤海舰队。后因张宗昌无暇兼顾,决定将渤海舰队归并东北海军统一领导。

"镇海"舰,由政记公司之"祥利"轮改装。曾作为东北海军学校之练习舰,后成为东北海防第一舰队之飞机母舰,舰上搭载1~2架水上飞机随行,是中国第一艘编制的飞机母舰。后在对抗北伐军中曾派出一架飞机由海上起飞轰炸上海。抗日战争与第三舰队其他各舰同沉于青岛阻塞航道,当时舰长为汪于洋。

二、东北海军的基地

图为海防第一舰队基地——青岛。

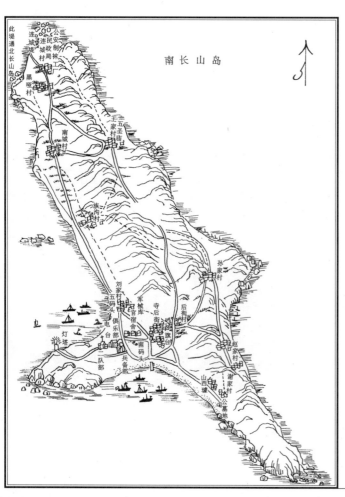

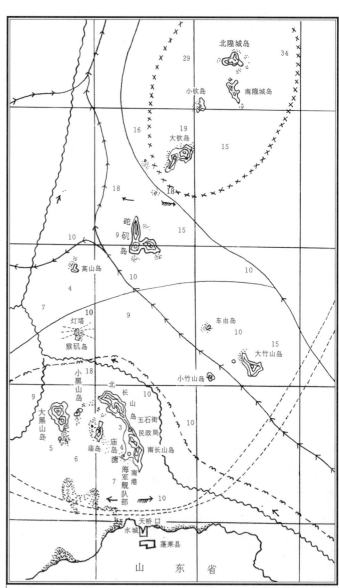

海防第二舰队基地——长山岛。(采自东北海事编译局《四海》第1卷7期,民国十九年十月(1929年11月)出版)

海防第二舰队基地——南长山岛。(采自《国闻周报》第8卷33期,松年《华北港口参观记(续)》)

东北江防舰队基地——哈尔滨港。

张学良新筑的东北海军基地——葫芦岛。

葫芦岛筑港时张学良登山举行开幕礼。

葫芦岛筑港奠基,张学良、吴铁城出席。

张学良登上"海圻"了望台检阅。

三、东北海军在渤海阅操

东北海军在渤海演习。

张学良在"海圻"军舰上阅操。

张学良登上"海圻"了望台检阅。

张学良在舰上检阅水兵。

●第五节　葫芦岛海军学校

　　东北海军人才除招收和投效外,于1923年1月开办葫芦岛航警学校。1927年改名为葫芦岛海军学校,1933年春至刘公岛海校授课,同年冬再移青岛,并改名为青岛海军学校。先后毕业3期。

葫芦岛海校主持人

姓　名	职务	出　　　　　身
凌　霄	校长	留日学习海军,上校
方念祖	教育长	留日学习海军,中校
陈华森	佐理官	留日学习海军,中校
戴修鉴	学监	留日学习海军,少校

培养东北海军人才的航警学校设在辽宁省葫芦岛上。

葫芦岛海校航海班学制、课程

学　制		主　　课	辅　课
堂课	三年半	航海、船艺、陆战、枪炮、鱼水雷、弹道学、海战术、海战史、海洋气象、轮机、通信等	高等数学、电学、力学、物理学、化学、国文、英文
舰课	一年	以"镇海"、"威海"舰上实习,航行渤海、黄海沿岸,遍历各港湾	

注：招收高中毕业生。

葫芦岛海校轮机班学制、课程

学　制		主　　课	辅　课
堂课	三年半	军舰的各种机器、锅炉、电气、力学、工具、化学、陆战、枪炮、鱼水雷等	航海、船艺、气象、高等数学、国文、英文等。
实习	一年	工厂实习与课堂并重,以"肇和"、"镇海"实习机器、锅炉、电气、枪炮等科,并专习航海、船艺、气象二个月,航行长江以北及朝鲜沿海一带	

注：招收高中毕业生。

葫芦岛海校(后称青岛海校)历届毕业生

第一届(期)　航海班(将校班)　　毕业42名

丁其璋	王世愚	朱　苐	李和春	李宝琳	宋世英	俞锡洲
高富年	马瑞图	唐静海	殷耀宇	陆欣农(原名陆升)		陶中相
许世钧	张　森	张　崐	张英奇	张峙华	张振育	张春国
张连瑞	张义忠	张凤仁	康肇祥	黄玉珍	黄戴康	傅作人
冯志中	溥　洽	杨光武	杨超伦	叶幽民	赵希培	刘　威
刘睿儒	蒋祖耀	鲍长义	穆鸿猷	萧宝森	魏振刚	关宝森
关　镛						

注：纯属航警学校毕业,民国十二年四月入学,民国十五年九月毕业,统一改称海校十五年九月班。

第二届(期)　轮机班　　毕业33名

王文奎	池步洲	李　浩	李一匡	李宗瑶	李质捷	李兴豪
吴云鹏	沈瑞麟	江显世	金在华	邱崇明	英占敖	常翔波
胡　霖	高　嵩	徐利溥	徐肇文	陆德霖	陈精文	陈碧华
冯永治	黄崇德	曾昭琼	孙辅元	满连芳	赫道逵	刘金亨
郑广秀	阎金銮	萧绍何	聂鸿洞	苏永信		

注：1927年航警学校改称葫芦岛海校,民国十六年二月入学,民国十八年十二月毕业,统一改称海校十八年十二月班轮。

第三届　航海甲班(将校班)　　毕业28名

王正经	王丕绩	牛世禄	尼庆鲁	田樾曾	江金铭	江淦三
池敬樟	李凤台	周季奎	周厚恒	范辛望	郁宝杜	高道先
陈连珂	陈继统	曹仲周	曹毓健	崔重华	杨元忠	杨之光
董鸣岐	赵志麟	蒋　谦	刘宜敏	聂长孚	哈鸿文	李若林

注:1929年12月从哈尔滨东北商船学校已读二年半航海科学生插入。
　　民国二十年八月毕业,统一改称海校二十年八月班航。

　　　　以上属葫芦岛航警学校计毕业航海班42名,属葫芦岛海军学校计毕业轮机班33名,航海甲班28名。航海乙班因1933年冬改名为青岛海军学校于1934年4月毕业,应属青岛海校,但主要在葫芦岛海校,因此,属葫芦岛海校毕业的应航海3期93名,轮机一期33名,合共126名。此外,该校还培养海军学兵、水兵队和轮机兵队各200名,未计其内。

第三届　航海乙班(将校班)
(或称青岛海校将校班航海学生)　　毕业23名

石　硕	李春馥	李斌元	李寅尧	李连墀	宋庆贺	周凤祥
俞柏生	马纪壮	陈文惠	张恒谦	张舒特	张殿华	陆维源
杨汝霖	温进化	刘茂秋	刘广超	刘广凯	卢东阁	罗世厚
关世杰	谭以清					

注:1932年4月已解散的东北商船学校未毕业的驾驶乙班学生作为插
　　班生,1933年冬葫芦岛海校改名为青岛海校。民国二十三年四月
　　毕业,统一改称海校二十三年四月班航。

葫芦岛商船(后改为专科)学校。葫芦岛海校曾从该校接收不少插班生。首任校长王时泽,"九·一八"事变后并入威海海校,后移青岛。

青岛海校第三届将校班毕业合影。

● 第六节　东北海军造船机构

一、东北造船所

　　1928年3月,东北江海防副司令沈鸿烈将沙俄在松花江畔建立的江北船坞,与原属戊通公司的圈儿河机器厂合并成立东北造船所(今哈尔滨船舶修造厂)。首任所长邢契莘。"九·一八"事变后该所被日本占领,改名哈尔滨造船所。日本投降后被苏联接管,重要设备被当作战利品运往苏联。1946年4月由松江省政府接管,恢复东北造船所旧名。

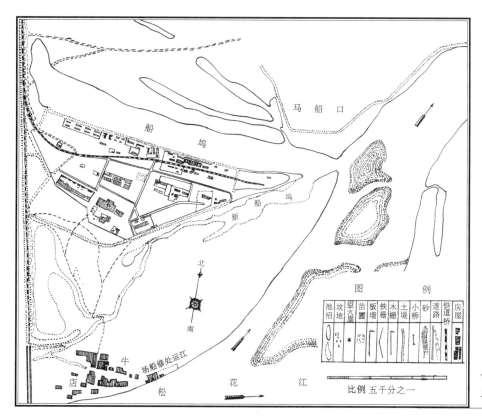

东北造船所的前身江北船坞,系1898年沙俄在松花江畔建立,1928年由沈鸿烈将该坞与戊通公司所属的圈儿河机器厂合并成立的。

东北造船所(今为哈尔滨船舶修造厂)。

东北造船所冰上作业。

东北造船所钟楼。

东北造船所船台施工情形。航行期以造船为主,封冻期以修造为主。

二、青岛船机工厂

　　1897年德租胶州湾,次年修建船厂,1900年称青岛水师工厂、青岛船坞工艺厂,1907年改名为青岛造船厂。1914年日军炮击青岛,造船厂遭到严重破坏。日本侵占青岛后,造船厂改称港工局、港工事务所。1922年12月交还中国后,改成船机工厂,后并入港政局改称胶澳商埠港政局船机工厂,1929年归属青岛港务局。1938年日本第二次占领青岛将之并入日商青岛浦贺船渠株式会社,抗战胜利后恢复船机工厂旧名。该厂曾为中国近代舰艇工业的发展做出一定贡献。

1898年由德国造船技师奥私他之在青岛前海(今莱阳路段)建立修船所,系青岛船机工厂前身。

该厂自开办至1914年,先后造成舰船近40艘,承修大小舰船约500艘。图为"舞凤"舰,即由该厂自行设计、承建,于1910年12月竣工,1912年编入海军第一舰队。

青岛船坞工艺厂竣工的1.6万吨浮船坞。1903年始建,1905年竣工,当时被称誉为亚洲第一大浮船坞。坞长125米,外宽39米,内宽30米,深13米,浮力1.6万吨,可容纳145米长的舰船进坞修理。第一次世界大战时被沉入海底,日本占领青岛后被打捞劫运回国。

与1.6万吨船坞相配套的150吨重型起重机同时建成交付使用。此机可将49米长、排水量150吨的新造船只直接吊放到水面,当时被称为东亚第一大机器。

三、海军青岛造船所

　　1931年,东北海军副司令沈鸿烈在德国1898年建立的青岛水雷枪械修理厂的基础上,创建青岛海军工厂,1934年建成万吨级海军船坞。1938年日本侵占青岛,将该厂与其他3厂合并成立青岛工厂。抗战胜利后,收回改名为海军青岛造船所。

海军青岛造船所鸟瞰图。

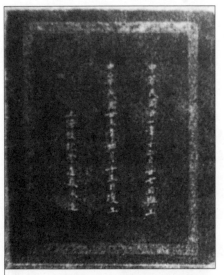

上海馥记营造厂受沈鸿烈委托聘请顾问工程师、挪威人穆勒设计海军船坞,立碑"中华民国廿一年十二月廿七日兴工,中华民国廿三年四月十三日竣工"。

1934年4月在青岛小港太平湾建成的海军船坞。坞底全用崂山花岗石,坚实无比。坞长157米,宽29米,高潮时高8米,低潮时为5米。坞呈梯形,共16级。抽水机2台,3小时可排尽坞内所容水量。可容万吨级以下舰船进坞修理。

沈鸿烈兼青岛市长时于1934年3月5日为该坞题词:"泱泱表海,航运是资,艨艟云萃,剞刲咸宜。爰辟斯坞,利济修治,鸠工勒石,永莫丕基。"

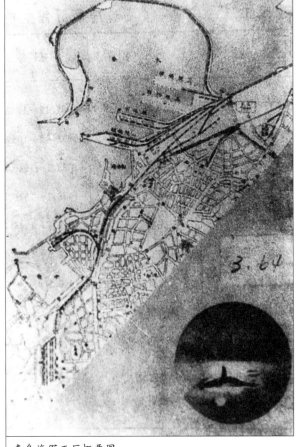

青岛海军工厂概要图。

青岛海军工厂——海军青岛造船所历任主持人

单位名称	职务	姓名	任职年月	备注
青岛海军工厂	厂长	高凤华	1931年12月～1937年12月	
	副厂长	王超	1931年12月～1937年12月	
青岛工厂	厂长	木幡行(日)	1938年1月～1945年8月	日本占领
	厂长	陈精文	1946年1月～1946年5月	
	副厂长	王先登	1946年1月～1946年5月	
海军青岛造船所	所长	陈精文	1946年5月～1949年1月	
	副所长	王先登	1946年5月	
	副所长	夏新	1946年5月～1949年2月	
	副所长	杨珍	1946年12月～1947年5月	
	副所长	高世达	1947年5月～1949年2月	
	所长	邱崇明	1949年2月	

海军青岛造船所1946～1948年修造舰船情况

年份	修舰艇		修商船	
	艘数	万吨	艘数	万吨
1946年	74	7	92	8.9
1947年	103	9.5	113	7.5
1948年7月前	64	7.6	72	5.7
造船	"天运"号货船一艘340吨,航速7节(1946);拖船2艘,航速9节(1948年4月下水)			

●第七节　中苏同江之战

　　1929年10月，中苏因中东铁路和奉系军警搜查哈尔滨苏联领事馆逮捕所谓华俄共产党人数十人事件，在同江爆发战事，双方舰艇都遭受损失。战争结局以中国失败被迫签订城下之盟告终。

　　中东铁路虽在中国境内，但股权全由俄国国库支出。中苏曾订协定两国共管，奉系张作霖按日本意旨宣布不承认，拒绝开除在中东铁路上供职的白卫分子。而苏联在执行时对其承诺的用人方面中俄对等和中俄文字并用等亦未完全照办，从而使双方纠纷不断发生。图为中东铁路管理局。

中苏同江之战位置图

中东铁路白俄首领谢米诺夫。

张作霖军警对苏联驻北京大使馆、天津领事馆等进行袭击。1929年5月军警以哈尔滨苏联领事馆开秘密会议为藉口，前往搜查逮捕所谓华俄共产党人数十人，苏联宣布对华绝交，边境冲突迫在眉睫。图为东北当局搜查哈尔滨领事馆情景。

中东铁路督办吕荣寰下令驱逐中东铁路局局长叶穆善诺夫及苏联人员，这等于以武力收回中东铁路。图为吕荣寰。

同江之战前中苏双方海军实力对比

实力 \ 国别	中　　国	苏　　联
大型舰	无	旗舰"雪尔洛夫"号，1200吨，6吋炮8门，高射炮1门。
中型舰	无	炮舰4艘，其中2艘950吨，各有4吋7炮6门，高射炮1门；2艘500吨，4吋7炮2门。
小型舰	"利捷"266吨，"利绥"170吨，各有3吋炮2门；"江平"、"江安"、"江泰"各200余吨，系商船改装，各有小炮2门。	小炮舰4艘，各约100余吨，各有3吋炮各2门。
武装快艇	无	4艘，各装3磅炮1门。
活炮台	"东乙"拖船改装，有4吋7炮2门，迫击炮6门。	无
海军陆战队	共300余人，有3吋炮2门，迫击炮6门。	无
飞机	无	25架

总		中	苏
	舰数	5艘	9艘
	炮数	11门	37门
其中：	6吋炮	无	8
	4吋7炮	2	16
	3吋炮	6	8
	磅炮	2	2
计	高射炮	1	3

注：据《东北年鉴·军事·海军》。

沈鸿烈于事前秘密自海防运来4.7吋炮2门装于"东乙"拖船，作为活炮台藏于芦苇深处。俄军未觉察，所以后受重创。图为沈鸿烈视察海军陆战队(中立者)，左为大队长李润青(泗亭)。

"江平"、"江泰"被苏机炸沉，"江安"被炸成两段，舰长范照申足部受伤，三舰死伤甚众。图为被击毁之"江安"舰。

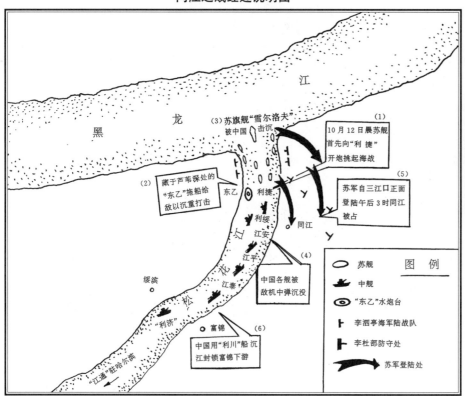

同江之战经过说明图

（1）10月12日晨苏舰首先向"利捷"开炮挑起海战

（2）藏于芦苇深处的"东乙"拖船给敌以沉重打击

（3）苏旗舰"雪尔洛夫"被中国击沉

（4）中国各舰被敌机中弹沉没

（5）苏军自三江口正面登陆午后3时同江被占

（6）中国用"利川"船沉江封锁富锦下游

图例
- ⬭ 苏舰
- ⛴ 中舰
- ⊚ "东乙"水炮台
- ⊬ 李泗亭海军陆战队
- ⊢ 李杜部防守处
- ➡ 苏军登陆处

海军陆战队大队长李泗亭。

在三江口的苏联军舰共9艘，被中国舰炮击沉旗舰1艘、中型舰2艘，击伤其小舰4艘，舰队司令等4人及海陆军70余人被击毙。

被击毁退出战斗的"利绥"舰。

同江役之捷利舰锁门

被东北江防舰队击沉之苏旗舰"雪尔洛夫"号。

中国江防舰队临时旗舰"利捷"在5架敌机围攻下被炸重伤旋即沉没。

同江之战中苏双方损失比较

国别	舰 艇 损 失	官 兵 伤 亡	备　　　注
中 国	"江平"、"江安"、"江泰"、"利捷"、"东乙"被炸沉没；"江亨"、"利绥"、"利川"受创自沉于江。	伤亡官兵500余人，被俘70余人。	1."江亨"驻泊富锦，10月30日苏舰再次进犯同江后西进富锦时遭"江亨"等舰猛烈抗击。"江亨"受创后与"利绥"、"利川"自沉于江。
苏 联	旗舰"雪尔洛夫"及中型炮舰2艘被击沉，另有小型炮舰4艘被击伤。飞机2架被击落。	被歼海陆军70余人，其中有舰队司令官及指挥官4人。	2."江泰"一说"江清"，待考。

新中东铁路督办莫德惠。

以铁路局局长被逐后复任副理事长的叶穆善诺夫。

城下之盟

　　1929年11月17日，苏联远东特别军击败白卫部队和东北军阀军队，取得了军事上的胜利，东北当局和南京政府不得不请求停战，后来中苏在伯力签订了"伯力草约"10条，主要内容：

　　1.恢复中东铁路冲突前状态。

　　2.立即释放因搜查哈尔滨苏联领事馆而逮捕的苏联侨民。

　　3.苏联政府释放冲突时逮捕的华人及被俘官兵。

　　4.双方撤兵，恢复和平状态。

　　……

中苏签订《伯力协定》。

东北海军江防舰队人事变动

姓 名	职 务	备 注
谢刚哲	东北海军江防舰队舰队长	原东北海军参谋长
王兆麟	东北海军参谋长	原东北海军司令部军需处长
尹祖荫	东北海军江运处处长	原东北海军江防舰队长
尹祚乾	东北海军补充大队大队长	原"江亨"舰长
张衍学	"利绥"舰长	
赵竞昌	"利济"舰长	
汪于洋	"江清"舰长(后改胡筱溪)	
范照申	"江平"舰长	
吴 铁	"江通"舰长	

注:"江亨"、"利捷"两舰于"九·一八"事变后打捞出水,无法修复废去。其他舰系1930～1931年打捞修复的,但实力微不足道。

原东北海军参谋长、新任东北江防舰队舰队长谢刚哲。

东北海军职官年表

吉黑江防筹备处处长:王崇文
　　1919年7月任
　　1920年5月免
吉黑江防舰队:
　司令:王崇文
　　1920年5月任
　　1923年7月免

参谋长:沈鸿烈
　　1920年5月任
　　1922年3月免
东三省航警处长:沈鸿烈
　　1922年8月任
东北江防舰队司令部
　司令:毛钟才　　尹祖荫
　　1923年5月任　1926年1月任
　　1925年冬免　1927年3月免
　参谋长:王烈　　尹祖荫
　　1923年5月任　1925年冬
　副官长:林舜藩
　　1923年5月任
　轮机长:吴超
　　1923年5月任

东北海防舰队舰队长:凌霄
　　1924年11月任
　　1927年3月免

东北海军司令部
司令:沈鸿烈(中将)　参谋长:谢刚哲
　1926年1月任　　1925年任
　1927年4月免　　1927年4月免
海军联合舰队司令部
　总司令:张宗昌　参谋长:谢刚哲
　1927年4月任　　1927年4月任
　1928年6月免　　1928年6月免

副总司令:沈鸿烈
　　1927年4月任
　　1928年6月免

海防第一舰队舰队长:袁方乔(少将)
　　1927年7月4日任

第一舰队(原渤海舰队)舰队长:凌霄(少将)
　　1927年7月4日任
江防舰队舰队长:尹祖荫
　　1927年4月任
　　1928年7月免

东北海军总司令部
　总司令:张学良(兼)
　　1928年6月任
　副总司令:沈鸿烈
　　1928年6月任
　参谋长:谢刚哲　　注:"九·一八"事
　　1928年6月任　　变后改称海
　　1933年7月免　　军司令部,
海防第一舰队舰队长:凌霄　司令沈鸿烈。
　　1928年夏任
海防第二舰队舰队长:袁方乔
　　1928年夏任

江防舰队舰队长:尹祖荫
　　1928年夏任
葫芦岛航警学校:青岛海军学校:
　校长:凌霄　校长:刘襄
　　1923年1月任　1923年7月免
　教育长:方念祖
　　1923年1月任

海军部第三舰队司令部
　司令:谢刚哲
　　1933年7月11任
　　1938年1免

江防要塞守备司令部　青岛防区指挥部
　司　令:谢刚哲　　总指挥:沈鸿烈
　1938年1月任　副总指挥:谢刚哲
　1938年10月免　　1937年7月任
　参谋长:孟宪愚　　1938年1月免
　　1938年1月任

副官长:马崇贤
　　1938年1月任

军需长:汪于洋(后马云龙)
　　1938年1月任
第一守备总队长:唐静海
　　1938年1月任
第二守备总队长:鲍传义
　　1938年1月任
第三守备总队长:康肇祥
　　1938年1月任
　　关铺
　　1938年10月任
军事参议院参议:谢刚哲
　　1938年10月任

(江防要塞司令部裁撤后)
　　1941年10月卒

● 第十八章
北伐战争与海军"统一"

●第一节　北伐战争的历史背景

　　1926年2月，以共产党员和国民党左派分子为政治骨干的国民革命军肃清了广东境内的军阀势力。7月1日广东革命政府正式发表《北伐宣言》，9日开始大举北伐，计划第一期分隔孙传芳、吴佩孚，各个击破，平定长江流域；第二期渡黄河直取幽燕，完成统一。因广东海军实力薄弱，对北洋海军则采取争取其归附国民革命军的方针。

军阀分布及北伐路线图

①注：主要军阀3支：
(1)拥兵武汉一带的吴佩孚兵力约20万人；
(2)雄视东南5省联军总司令孙传芳兵力约20万人；
(3)为吴、孙作后援的奉系张作霖兵力约35万人。

▰▰▰▰▶ 北方军阀的退路　　━━━▶ 第一次北代的路线
　　　　　　　　　　　　　　　　　　　(1926～1927)

(采自《光复彩色百科大典》8,《世界历史》II p377,台北光复书局股份有限公司1982年12月出版)

国民革命军北伐誓师大会阅兵式。

北京政府海军实力

海军总司令：杨树庄

第一舰队司令：陈季良下辖：

舰　名	舰　长	排水量(吨)	舰　名	舰　长	排水量(吨)
海容	王寿廷	2800	普安	李孟斌	4500
海筹	陈训泳	2800	华安	贾勤	7600
永绩	高宪申	950	定安	周思贤	1900
永建	陈永钦	950	海鳧	李宝郉	120
联鲸	林镜寰	600	海鸥	沈彝懋	120
豫章	严以庄	600	海鸿	郑礼慈	120
建康	杨树翰	600	海鹄	卢慕贤	120

第一期北伐进展图

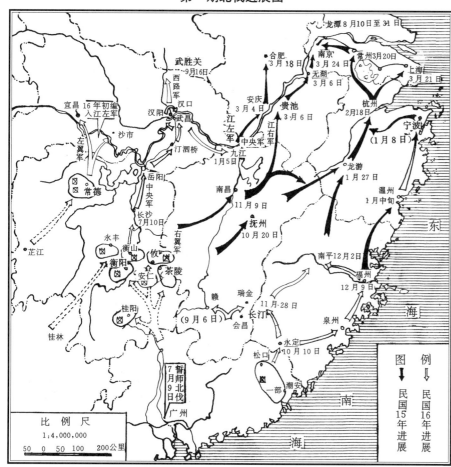

第一期国民革命军分兵三路：

1. 东路由何应钦指挥，经福州、杭州至上海；
2. 中路由蒋介石指挥，经九江、安庆到南京；
3. 西路由唐生智指挥，经长沙到武昌、汉口。

注：西路是主要一路，在第四军中以共产党员为骨干的叶挺独立团担任北伐军的先遣队，在湖北咸宁汀泗桥、贺胜桥击溃吴佩孚主力，使吴逃向四川，依附杨森。北洋海军主要在东路，经策反归附国民革命军，在福州瓜山一役海军陆战队略有伤亡。

(采自张之杰主编《环华百科全书》第一册p275，台北环华出版事业股份有限公司，1988年5月出版)

第二舰队司令：陈绍宽下辖：

舰 名	舰 长	排水量(吨)	舰 名	舰 长	排水量(吨)
建威	萨夷	1100	建中	陈祖琪	240
建安	桂宋凯	1100	湖鹏	张兆宣	150
江元	欧阳绩	850	湖鹗	史国贤	150
江亨	彭瀛	850	湖鹰	杨隽声	150
江贞	陈宏泰	850	湖隼	陆杰	150
楚泰	林秉衡	900	辰字	俞俊杰	180
楚同	李世甲	900	宿字	黄忠景	180
楚有	林元铨	900	列字	曾冠流	150
楚谦	杨庆贞	900	张字	孙维城	150
楚观	严寿华	900	甘泉	王崇毅	200
江犀	罗致通	300	利通	周勋	200
江鲲	陈天经	300	福清	叶宝骏	120
拱辰	高宪龄	240	福鼎	舒传谈	120
永安	王济世	240			

练习舰队

原司令：李景曦

后司令：陈训泳下辖：

舰 名	舰 长	排水量(吨)	吃水(米)
应瑞	萨福畴	2800	4.5
通济	任光宇	1200	5.5
靖安	余振兴	3600	5.2

●第二节 第一舰队在闽归附

　　1926年10月北伐军东路军分兵3路进入福建,北洋军队只有福建陆军第一师师长张毅部驻漳州,不敢应战,向福州退却。此时闽厦北洋海军由第一舰队司令陈季良指挥,他表示愿与北伐军合作。福建国民党人宋渊源、林知渊又从中联络海军,杨树庄在上海又暗中与国民党元老钮永建、林森等联系,陈季良首先发难。海军陆战队在南港瓜山截击张毅部,海军陆战队死伤惨重。12月3日张部终向北伐军投降,6日福州易帜。

漳州公园张毅军司令部所在。

方声涛,策动海军易帜。

宋渊源。当东路军进入福建时,福建国民党人宋渊源、林知渊等先后向何应钦等表示愿引导各路民军并联络海军,在闽响应。

陈季良。在闽厦的北洋海军由第一舰队司令陈季良指挥。陈驻在马尾,代行闽厦警备司令,指挥闽厦舰艇和海军陆战队以及长门、厦门要塞。陈季良表示愿与国民革命军合作,负责在福州附近截击各敌归路。

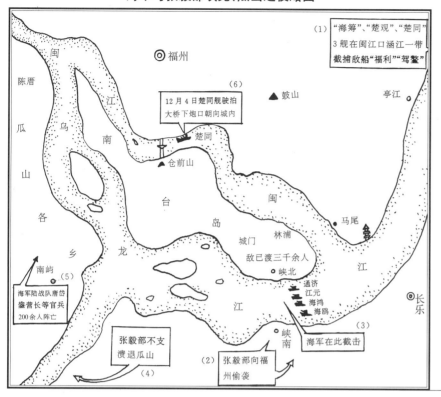

海军与张毅部峡兜、瓜山之役略图

(1) "海筹"、"楚观"、"楚同"3舰在闽江口涵江一带截捕敌船"福利"、"驾鳌"

(6) 12月4日楚同舰驶泊大桥下炮口朝向城内

(5) 海军陆战队唐岱鳌营长等官兵200余人阵亡

(4) 张毅部不支溃退瓜山

(2) 张毅部向福州偷袭

(3) 海军在此截击

敌已渡三千余人

1. 张毅部有万余之众弃漳向泉州退却，11月21日又弃泉州向莆田、福清逃窜。北伐军乘胜追击，张乃向福州偷袭，在峡兜强渡遭海军阻击，溃退瓜山各乡。

2. 张毅部困兽犹斗，作战甚力，海军陆战队阵亡营长等官兵200余人。

3. 萨镇冰恐靡烂桑梓，派员劝张缴械，张部被北伐军收编。

4. 在峡兜的海军引渡国民革命军向福州城压迫，大桥下的"楚同"舰炮口朝向福州城内，迫使省防司令李生春部投降。12月6日福州易帜，18日何应钦部进驻福州。此时海军总司令尚未公开易帜，但第一舰队已在暗中归附北伐军了。

瓜山战后，日本水雷战队"夕张"舰长本田新平大佐及"23"号驱逐舰舰长省三中佐、水雷战队机关长本金平中佐参观张毅战地坑柄乡狮子山。图为萨镇冰海军上将在山上欢迎并介绍情况。

受兵灾严重破坏的南港狮子山安康路。

张毅部被困瓜山，大肆烧杀抢夺，南港瓜山一带93乡人民家破人亡。时萨镇冰以下台省长之身，出面募款重建家园，修桥铺路，扶危济困使灾民安居乐业。图为萨镇冰重建的南港通路街市店屋91间。

萨公长寿亭记(节录)
张一琴

……萨公七十揽揆之辰,乡之父长戴公之德,金谋所以寿公者,于是因公所造之苏州桥而傅之亭,名之曰长寿亭。……丙寅冬(1926年冬),闽方有事,张毅弃漳泉之地悉引兵趋省城,会有堵遏之者,乃窜入南港。南港者,江流盘折之处;沿岸九十三乡,是时,卢舍田园,焚毁躁躏,无一完土。男女死六十余人,其逃匿山中者,坑谷皆满;或渡江避舟中,指可掬也。古灵、瓜山至于新岐,衡纵二十里,炊烟断绝,匪惟猪鸡芋菽之属,殄灭无遗;即草根树皮亦几于尽矣。迨张军投械受遣,乡人始逡巡归;而居无室,食无粮,野有积尸,无以为殓。公闻之大戚,罄己财一千缗,遣人分道驰验,赈其尤急者,更邀集绅商,酿资六万有奇,立福州兵灾救济会,无家者收容之,无食者廪给之,死无以葬者随所在掩瘗之;或赠棉衣,或施医药,以及称贷济渡,纤悉毕具。寻又亲勘灾区,筹久远之计,募于中外人士,曰南港兵灾善后会,复得十万金。辟南通之马路以恢商业;建沂源之兵房以戢盗氛。……凡民房被毁者,悉为营构,无使失所。……苏州桥工尤巨,不期不督,役者自勤。越数月,皆卒事。计公生平志愿欲以经纬区宇者,乃不得遂,而阜恩施于乡曲,此殆有天焉。……如公所为,吾不知于赵公何如,其足以示天下、传后世,可无疑也。

萨镇冰重建的南港苏坂乡及利运桥。

由于萨镇冰关怀灾民,深入灾区,当地人民极为感激。当1928年萨70寿辰时,南港93乡人民在新造的苏州桥上特建《萨公长寿亭》以资纪念,并定每年2月26日萨的生辰为"长寿节",演剧庆祝,从此人称萨镇冰为"菩萨"。图为《萨公长寿亭记》(节录)。

● 第三节　驻沪海军易帜

　　第一舰队在福建易帜后,第二舰队仍驻泊在孙传芳势力范围内的长江中下游,司令陈绍宽对杨树庄暗中进行的易帜活动全然不知,孙传芳对他亦礼为上宾。这时杨树庄在上海正与国民党元老钮永建、林森等有所联系。*1927年2月22日晚,驻上海高昌庙的"建威"、"建康"2舰响应上海工人起义,炮轰龙华,北洋军对海军益加仇视。杨树庄召集各舰长在"海筹"舰会议,决定立即行动,参加革命,3月14日遂加入国民革命军。*

第二舰队司令陈绍宽。

　　杨树庄之所以未公开易帜,是因为与蒋介石就归附条件谈判尚在讨价还价中。杨要求福建地盘归海军,省财政收入归海军,由他担任福建省政府主席等,这可从下面电文中窥知一二。

1.蒋介石给广州中央及何应钦等应付海军方针电文中云:

　　"海军如有决心,应令其从速宣布加入,由国民政府委杨树庄为政府委员,福建省政府于肃清全闽三个月内成立;惟财政须由财部统一,各省财政厅长皆由政府与中央党部荐任,非仅福建一省然也。海军饷项,必按月由军事部或总部发给,不能如从前以厦门为海军饷源也。至统一海军计划,可由杨幼京(即杨树庄——作者)筹备,呈请政府核准。对于肃清长江下游问题,江阴要塞以东军舰,集中上海、镇江,要塞以西军舰,从速上驶,集中九江、武汉后再定。海陆军共同进取计划何日发表?盼其速复,惟在闽海军应与何总指挥确实联系,必使入闽党军可向浙沪直接输运,并由其负掩护运输之责。"

2.蒋介石给何应钦电:

　　"杨幼京派全权代表来赣接洽,愿服从命令;但上海无陆军响应,不能正式发表云。李生春应根本解决。"

3.次日又电:

　　"海军事及福建组织省政府事,如王允恭兄来闽,可与之磋商;中正已嘱其为海军方面全权代表矣。"12月30日,蒋又给何一电云:"何总指挥勋鉴,并转王允恭兄与上海钮惕生先生:请与海军说明,如其真能与我方合作,其舰队能入长江,必到九江、武汉,于我军方有利;否则只到安庆、芜湖,则必为敌用,且于我有害也,不如不入长江。至发饷事,必须海军明白宣言,方能照办;否则不能担负,请明告。吾辈革命,决不敢负己欺人也。近闻海军受孙、张15万元津贴,确否?盼复。"

　　以上证明杨树庄所率驻沪等舰队已暗中与蒋介石谈判归附条件问题,电文均见《革命文献》第14辑第537、440、441、544等页。

在中共地下党员郭寿生等影响下参加上海工人第二次武装起义的"建威"、"建康"两舰，首先炮轰龙华，使驻沪海军进退两难，非易帜不可。

"海筹"舰上紧急会议，杨树庄在鸭窝沙"海筹"舰上召开紧急会议，商讨如何应付时局以及商定作战方略问题，结果一致同意立即行动起来，参加革命，归附国民革命军。

与会海军舰艇长

姓名	职 务
杨树庄	召集人，海军总司令
陈绍宽	海军第二舰队司令，由宁抵沪
吴光宗	海军总司令部参谋长
陈训泳	"海筹"舰长
王寿廷	"海容"舰长
萨福筹	"应瑞"舰长
杨庆贞	"楚谦"舰长
林元铨	"楚有"舰长
林秉衡	"楚泰"舰长
高宪申	"永绩"舰长
陈永钦	"永建"舰长
李世甲	"楚同"舰长

3月10日，杨树庄命"楚谦"舰长杨庆贞为总指挥，率"楚有"、"楚同"溯江上驶，昼伏夜行，于13日到达九江。3月14日蒋介石亲临犒劳，海军正式加入国民革命军。图为"楚谦"旗舰舰长杨庆贞。

"楚谦"舰。

"楚有"舰。

● 第四节　帝国主义加紧干涉中国革命

　　1926年北伐战争开始后,帝国主义加紧干涉中国革命,在长江一带不断制造挑衅事件,激起了中国人民的反帝怒潮。

一、万县惨案

　　1926年8月29日,英国太古公司轮船撞沉中国木船3只,乘客数十人丧命,当地军民扣留了太古公司在万县的轮船。9月英国派军舰炮击万县,死伤中国军民近千人,焚毁民房商店千余间。当地驻军奋起抵抗,击伤英舰一艘。

制造万县惨案的英舰"万流"号。

停泊在万县江面上的英舰"柯克捷夫"号准备轰击万县城。

二、九江事件

　　1927年1月上旬,汉口、九江的工人及其他群众收回英租界,1月6日英国帝国主义在九江发动武装挑衅。

英国侵略者在九江发动武装挑衅,打死打伤中国工人数人。

三、列强军舰聚集上海干涉革命

1927年初,英、美等帝国主义的军队和军舰聚集上海一带,叫嚣武装"保卫上海",企图阻止上海工人起义和北伐军进入上海。

进入上海的列强军舰。

四、南京惨案

1927年3月24日,英美军舰炮轰被北伐军占领的南京,军民死伤2000多人,造成震惊中外的"南京惨案"。蒋介石不仅不支持南京军民进行反击,反而派特使到各国领事馆联络。

炮轰南京的英美军舰。

● 第五节　南北海军对峙

　　海军加入国民革命军后,上海直鲁联军第八军军长兼渤海舰队总司令毕庶澄,令渤海舰队参谋长田炳章等接收海军总司令公署和江南造船所,3月19日成立海军联合舰队。归附国民革命军的海军则协助北伐军截击北军,夺取吴淞炮台,收捕一些敌舰。此时盘踞北京的张作霖下令沈鸿烈率舰南下,闽系海军被偷袭,"海筹"受伤,"江利"被俘,南北海军形成对峙。

张作霖任命的海军联合舰队人员

姓　名	职　　　　　　　　　务
张宗昌	兼海军联合舰队总司令
毕庶澄	直鲁联军第八军军长兼渤海舰队司令为联合舰队副总司令
沈鸿烈	海军联合舰队副总司令
吴志馨	渤海舰队副司令兼联合舰队总司令部参谋长

注:1927年3月19日任命时,张作霖为安国军总司令,以海陆空军大元帅名义兼摄行大总统职务,盘踞北京。

毕庶澄派员接收上海海军总司令公署

姓　　名	职　　　　　　　　务
田炳章	渤海舰队参谋长
刘震海	渤海舰队参谋
刘安国	渤海舰队参谋
云倬巷	渤海舰队副官长
胡莜窝	渤海舰队副官

其他军需、秘书、译电、书记等20余人。另委冯占元副参谋长为江南造船所所长

注:1927年3月16日特令接收上海海军总司令公署接收人员,原江南造船所所长邝国华之弟邝国英被扣,邝国华及副所长陈藻藩他逃。

被渤海舰队南下突袭被俘的南方海军"江利"舰。

　　上海收复后,第二舰队司令陈绍宽率舰袭击在逃北军,又沿江搜索,将潜伏在通州及长江一带的敌舰"泰安"、"钧和"、"策电"、"决川"、"浚蜀"、"楚振"等舰先后捕获。

被陈绍宽舰队捕获的"楚振"军舰。

3月18日,蒋介石乘"楚同"舰(舰长李世甲),载运卫队400人,在"楚有"、"楚谦"护卫下,由九江下驶,26日抵上海高昌庙,陈绍宽、杨树庄首次与蒋晤面。图为"楚同"舰。

北伐军进入上海后,上海市民举行庆祝北伐胜利大游行。

"四·一二"反革命政变后,蒋介石于4月18日在南京建立"国民政府",江南出现"宁汉对峙"的局面,北方尚有张作霖控制的北京政府和退守河南的吴佩孚残余武装,形成了武汉、南京、北京三权鼎立的态势。图为南京国民政府。

●第六节　海军会攻龙潭与第一次西征

　　"四·一二"政变后,唐生智回师武汉准备东征讨蒋。蒋将鲁南前方的第七军调回安庆、芜湖间,陈绍宽的第二舰队奉蒋命封锁长江上游马当、安庆及东西梁山,宁汉交兵迫在眉睫。"七·一五"反革命政变后,宁汉合流,蒋介石被迫下野,武汉东征失去借口,但此时孙传芳组成安国军,趁机反攻,把蒋桂军赶回浦口,并分兵3路,准备强渡长江,以浦口佯攻下关,以扬州佯攻镇江,牵制蒋桂军,主力抢渡地点则在大河口。乌龙、栖霞、龙潭相继被占。在第七军、第一军配合下,海军会攻龙潭,孙军在江边被海军击毙2万人,被俘2万余人,大江以南的北洋军队被肃清。

海军会攻龙潭图

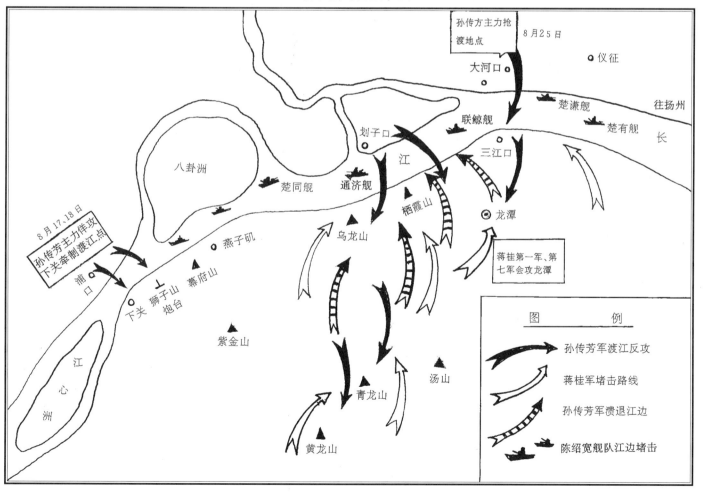

唐生智。郑州会议后,回师武汉,任第四集团军总司令,准备东征讨蒋。后因"七·一五"反革命政变,宁汉合流,蒋被迫下野,武汉东征讨蒋失去借口。

孙传芳。当蒋介石将鲁南前方的第七军调回安庆、芜湖间迎堵唐生智时,孙传芳以5万余众组成安国军从江北渡江,趁机反攻,栖霞、龙潭相继被占,南京危在旦夕。

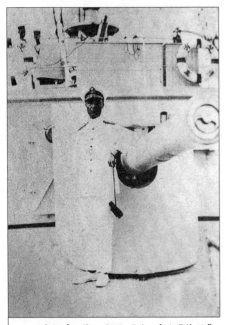

陈绍宽。第二舰队司令,亲驾"楚同"等舰,会攻龙潭,将孙传芳所部堵击江边,大败孙军,南京转危为安。陈绍宽战功突出,国民政府奖给"中流砥柱"大勋旗一面。图为在"楚同"舰上的陈绍宽。

栖霞山。孙传芳部由大河口、划子口偷渡成功,后被蒋桂军反攻,退至此山江边,被海军第二舰队堵击,孙军纷举白旗投降,仅孙传芳一人脱身。

海军第一次西征
宁汉合流,因权力分配不匀,爆发了宁汉战争。南京国民政府在桂系操纵之下,明令讨伐唐生智,分兵3路西征,向武汉进军,即所谓"第一次西征"。

江右第六军程潜部和江左第七军李宗仁部,两指挥部分设在招商局的"江顺"、"江裕"两船上,随海军一道西进。图为"江裕"轮船。

海军第一次西征战况

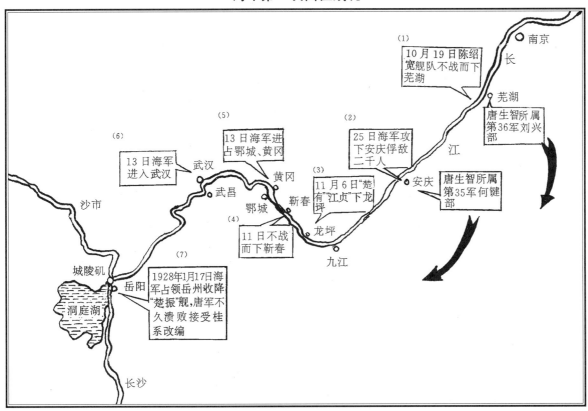

(1) 10月19日陈绍宽舰队不战而下芜湖

(5) 13日海军进占鄂城、黄冈

(6) 13日海军进入武汉

(2) 25日海军攻下安庆俘敌二千人

(3) 11月6日"楚有""江贞"下龙坪

(4) 11日不战而下靳春

(7) 1928年1月17日海军占领岳州收降"楚振"舰,唐军不久溃败接受桂系改编

唐生智所属第36军刘兴部

唐生智所属第35军何键部

南京   长江

芜湖

安庆

靳春   龙坪

九江

鄂城   黄冈

武昌

武汉

沙市

城陵矶   岳阳

洞庭湖

长沙

1927年11月13日,唐生智部放弃武汉向岳州后撤。海军不等陆军开到,率先登陆,维持武汉秩序。1928年1月17日,又攻克城陵矶,占领岳州,收降"楚振"舰。不到半月,唐军全部溃退,接受桂系改编。图为进入武汉的海军第二舰队。

国民革命军海军总司令杨树庄。

陈绍宽因西征有功,被委任为武汉分会委员。(左3)陈绍宽,(左6)分会主席李宗仁,(左7)湖北省政府主席张知本。

国民革命军海军总司令部职官年表

国民革命军海军总司令部 (1927—1930年)	
总司令：杨树庄 　　　1927年3月任 　　　1930年3月裁 参谋长：任光宇 总参议：吴光宗 训练处长：夏孙鹏 总监　郑滋樨 第一舰队司令：陈季良　1927年3月任 第二舰队司令：陈绍宽　1927年3月任 练习舰队司令：陈训泳　1927年3月任	鱼雷游击队司令：曾以鼎 　　　1927年9月任 　　　1934年2月裁 宁福海军警备司令：郁邦彦 漳厦海军警备司令：林国赓 　　　1927年12月任 　　　1933年免 海军航空处处长：陈文麟 海军驻京办事处处长：吴光宗 　　　1928年3月任 　　　1928年12月裁 海军驻汉办事处处长：孙承泗 （1928年3月～1928年12月裁）

国民革命军海军总司令部参谋长任光宇。

国民革命军海军总司令部所属舰队舰艇变化表

海军总司令部总参议吴光宗。

鱼雷游击队司令曾以鼎。

队别	练习舰队		第一舰队		第二舰队		鱼雷游击队		测量队		巡防队		未编队		共计
	舰艇名称	小计	舰艇名称	小计	舰艇名称	小计	舰艇名称	小计	舰艇名称	小计	舰艇名称	小计	舰艇名称	小计	
民国十六年	应瑞 通济 靖安	3	海容、海筹、永健、永绩、联鲸、普安、华安、定安、海鸿、海鹄、海鸥、海兔	12	楚有、楚同、楚泰、楚谦、楚观、江元、江贞、江鲲、江犀、建中、永安、拱辰、甘泉、利通、福鼎	15	建康、豫章、湖鹏、湖鹰、湖鹗、湖隼、辰字、宿字、列字、张字	10	甘露 景星 庆云	3	长风	1			44
民国十七年	应瑞 通济 靖安	3	海容、海筹、永健、永绩、联鲸、普安、华安、定安、海鸿、海鹄、海鸥、海兔	12	楚有、楚同、楚泰、楚谦、楚观、江元、江贞、江鲲、江犀、威胜、武胜、永安、建中、拱辰、勇胜、公胜、诚胜、青天、义胜、正胜、甘泉、福鼎、利通	24	建康、豫章、湖鹏、湖鹰、湖鹗、湖隼、辰字、宿字、列字、张字	10	甘露 景星 庆云	3	长风	1			53
民国十八年	应瑞 通济 靖安	3	海容、海筹、永健、永绩、联鲸、普安、华安、定安、海鸥、海兔	10	楚有、楚同、楚泰、楚观、江元、江贞、江鲲、江犀、永绩、咸宁、德胜、威胜、顺胜、公胜、正胜、甘泉、福鼎、利通	19	建康、豫章、湖鹏、湖鹰、湖鹗、湖隼、辰字、宿字、列字、张字	10	甘露 景星 庆云 青天	4	长风 海鸿 海鹄 勇胜 诚胜 义胜	6			52
民国十九年	应瑞 通济 靖安	3	海容、海筹、大同、永健、联鲸、普安、华安、定安、海鸥、海兔	10	楚有、楚同、楚泰、楚谦、楚观、江元、江贞、永绥、民权、咸宁、德胜、威胜、江鲲、江犀	14	建康、豫章、湖鹏、湖鹰、湖鹗、湖隼、辰字、宿字、列字、张字	10	甘露 敏日 武胜 青天 景星 庆云	6	海鸿、海鹄、顺胜、勇胜、诚胜、义胜、公胜、仁胜	8			51

●第七节 第二期北伐,东北易帜,全国"统一"

　　1928年1月蒋介石复出,任北伐总司令,重整北伐军,继续北上。这时长江流域已经平定,北方尚有奉系军阀。4月5日开始了攻打张作霖的第二期北伐。5月日本再度出兵山东,阻挠中国北伐,制造济南"五三"惨案。蒋对日本的侵略却不抵抗,绕道潜师渡河北进,6月克复平、津,进军山海关,12月东北易帜,北伐完成,全国"统一"。海军因实力不及东北,未北上讨伐。

第二期北伐路线图

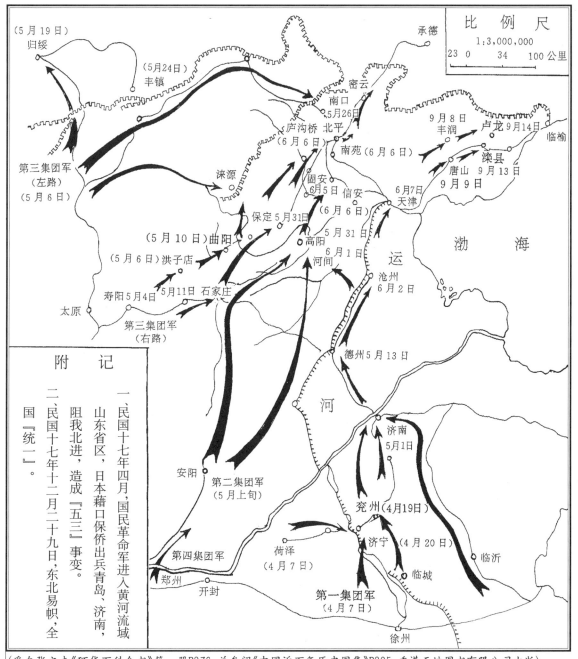

附记

一、民国十七年四月,国民革命军进入黄河流域山东省区,日本藉口保侨出兵青岛、济南,阻我北进,造成「五三」事变。

二、民国十七年十二月二十九日,东北易帜,全国『统一』。

(采自张之杰《环华百科全书》第一册P276,并参阅《中国近百年历史图集》P295,香港天地图书有限公司出版)

5月,日本再度出兵山东,阻挠中国北伐,制造济南"五三"惨案。图为日舰傍岸时情形。

6月,孙传芳通电下野,踞守平津的张作霖退出山海关。日本害怕中国统一,于皇姑屯铁桥炸死张作霖。

北伐军进驻天津时,天津举行北伐祝捷会。

少帅张学良不顾日本威胁,毅然于12月29日通电归顺南京政府,就任陆海空军副总司令。图为张与南京中央代表吴铁城(左)及张群(右)合影。

为庆祝全国统一而举行的阅兵大典。

北伐军接收北京。

●第八节　海军署成立与海军第二次西征

　　东北易帜后,南京国民政府宣布北伐成功,明令设立海军署。1929年1月,蒋介石在南京召开军事缩编会议,海军总司令部及其他集团军总司令部同时撤消,海军在上海改设编遣办事处,东北的海军改称第三舰队,广东的海军改称第四舰队,各舰队的军政权归军政部,军令权归军事委员会,蒋介石达到了控制各系海军的目的。各系海军名义上统一,实际上统而不一。3月发生了蒋桂战争,陈绍宽的第二舰队协助蒋介石进攻桂系,迫使李宗仁部后撤,蒋介石占领两湖,第二次西征结束。

一、海军署的成立

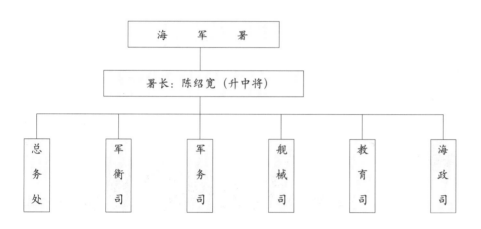

注:原海军总司令部撤销,同时裁撤驻京海军办事处。

海军署署长陈绍宽,晋升海军中将,仍兼海军第二舰队司令,第二次西征后兼任湘鄂政务委员会委员、湖南省政府委员。

二、海军编遣办事处的成立

1929年1月,蒋介石在南京召开军事缩编会议,借裁减全国兵额之名,企图削弱其他军事集团的武力,所有集团军总司令部同时撤销,海军总司令部亦不例外。图为编遣委员会委员合影。

海军编遣办事处(设上海)

主任:杨树庄

副主任委员:凌霄(东北海军)、陈策(广东海军)

委员:陈季良、陈绍宽、张群、曾以鼎、刘传绶、王烈、尹祖荫、黄绪虞、舒宗鎏

下设总务局、军务局及经理分处

杨树庄未到任前由陈季良暂代。

编遣结果,除第一、第二舰队番号不变外,增设:

第三舰队(原奉系的东北海军改称)

第四舰队(原粤系的广东海军改称)

但军令权统属于军事委员会,军政权统归于军政部。

三、海军第二次西征

1929年3月,蒋桂之间因争夺两湖地盘发生战争,陈绍宽率"楚有"、"咸宁"两舰护送蒋介石赴武穴。4日协助其他部队攻占刘家庙,5日攻下武汉,13日击破郝穴、马家寨、观音寺三道防线,迂回桂军的后方阵地,迫使李宗仁部后撤。蒋介石占领两湖后,任命陈绍宽兼任湘鄂政务委员会委员、湖南省政府委员。

"咸宁"舰。

"楚有"舰

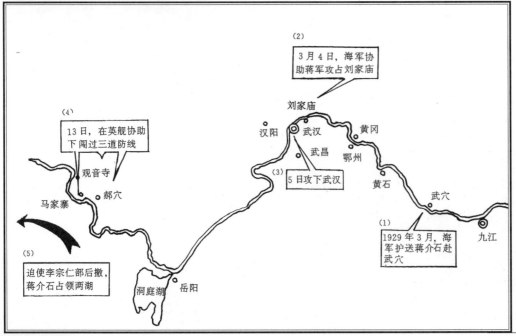

海军第二次西征经过示意图。

●第九节　中原会战中海军反蒋派与亲蒋派的斗争

　　杨树庄兼任福建省主席后,因福建各地"民军"武装割据,对闽事不大过问,由方声涛代理省主席,留沪主持海政。方力主统一全省军政财政,并设立军事厅,扩充省防军,并将卢兴邦部竹岐、水口两厘局收归财政厅,省府改组时又将卢兴邦、陈季良排除在外。卢部和驻省防的海军陆战队不满,他们发动"一·六"事件,扣绑六省委并派员赴沪联系杜锡珪与北方冯、阎联合,驱逐海军中的亲蒋派,企图重新掌握海军大权。杨树庄对杜有顾忌,蒋得知后便派杜出洋考察,使海军中反蒋派失却中心。

前排中为海军中亲蒋派首脑杨树庄,时任海军部长兼福建省主席。

国民革命军暂编第二师师长卢兴邦。

　　参与反蒋秘密活动的卢部代表、福建兵工厂政训处主任杨立,在暗中策动杜锡珪加入冯、阎反蒋行列,陈季良则等时机成熟后再指挥舰队,掩护北方军队渡江,夺取南京。当时参与这一秘密活动的还有"应瑞"舰长林元铨、"江贞"舰长孙铭端等人。图为杨立,黄埔军校第三期毕业。

福建军阀内讧与闽系海军派别的暗斗

杨 立

　　1927年蒋介石叛变革命后,黄埔学生分裂了。坚持革命的,跟着共产党走;反革命的、动摇的,跟着国民党反动派走。我是跟着反动派走的。但是我在黄埔军校第三期毕业后,曾由中共同学的吸引留校任政治部见习官,当时军校政治部是由共产党领导的(周总理任政治部主任),因此被蒋帮排挤,投卢兴邦。当北伐时期,福建兵工厂原由卢部把持,于1928年卢部有条件地把该厂交还伪中央军事委员会,便提名我当该厂政训处主任,不久福建兵工厂撤销,归并上海兵工厂后,我被国民党以"异党"嫌疑,下令通缉,亡命上海,代表卢部参加反蒋秘密活动,并暗中策动闽系海军领袖杜锡珪加入反蒋阵线,后来外传1930年冯、阎反蒋与卢兴邦有联系,其实卢只是依附在海军的反蒋派。

　　(这篇资料主要是介绍从1927年到1930年间,福建"闽军"与海军亲蒋派系的纷争和当时海军内部反蒋派和亲蒋派的暗斗。——见《福州文史资料选辑》第二辑,1983年12月出版)

　　据杨立在此文中说,杜曾对他说:"我是同情北方老朋友反对蒋介石的,我应当帮助他们干……"杨立到天津后,通过曾任交通总长的吴毓麟与北方将领见面,商谈陆海军联合作战计划,约定反蒋胜利后,杜任海军部长,陈季良任海军总司令,福建省主席由海军提名并扩充海军陆战队。

　　后来,杨树庄因感福建局势不稳,对杜锡珪有顾忌而向蒋报告。蒋用调虎离山计,以考察欧美海军专使的虚名派杜出国,使海军反蒋势力失却中心。

　　图为出国时的杜锡珪,杜在行前决定把出国后的海军指挥全权交陈季良负责,并订有英文十字码的双重密电本,以便与国内随时联系。

　　杜锡珪出洋考察海军时,驻京舰队负责人在"海容"军舰开茶会欢送。

杜锡珪先抵东京,后由横滨赴美,由美赴英,自英赴法,由法转德又抵巴黎,拟即日归国。蒋介石因中原大战迫在眉睫,只好命他继续考察各国军用航空事业。图为杜锡珪在英国德文坡军港考察海军。

杜锡珪在日本考察海军航空,直到1930年10月蒋介石始准回国。这时,中原大战由于张学良率师入关助蒋,使反蒋军事全面失败。因杜反蒋面目并未暴露,蒋介石为了笼络杜锡珪,1931年仍任杜锡珪为海军学校校长。

　　按:杜锡珪出洋考察随员有秘书董显光、海军中校黄显淇、少校程嵋贤、高世宸等。
　　1930年10月返国后,杜写有《考察欧美日本海军报告书》约30余万字,分12篇,对复兴海军、舰队建设、舰械及飞机制造、学校教育、港口建设、海军工厂、海军经费等提出了看法和建议,不失为一份富有参考价值的报告书。

第十九章

南京国民政府的海军建制和建设

●第一节　海军部成立与舰队编制

第二次西征两湖战事结束时，蒋介石同意设立海军部。1929年6月1日两广战事平定后，海军部正式成立，首任部长杨树庄，政务次长陈绍宽，常务次长陈季良，部设七司、一处、四室。除保留海军总司令部外，舰队编制设第一、第二舰队、练习舰队、鱼雷游击队、巡防队、测量队等6支，共有舰艇49艘，排水量3.495万吨。

南京国民政府海军部。

1929年6月1日，海军部在南京成立，部长杨树庄(右一)、政务次长陈绍宽(左二)出席就职典礼。

南京国民政府海军部组织系统表

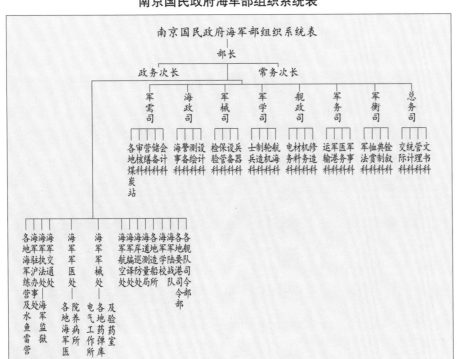

杨树庄(1882~1934)，字幼京，福建闽侯人，广东黄埔水师学堂第八届驾驶毕业。南京国民政府海军部首任部长兼福建省主席。

陈绍宽(1889~1969)，字厚甫，福建闽侯人，江南水师学堂第六届驾驶毕业。南京国民政府海军部政务次长、代部长，兼海军第二舰队司令。

陈季良(1883~1945)，原名世英，福建省闽侯人，江南水师学堂第四届驾驶毕业。南京国民政府海军部常务次长兼海军第一舰队司令。

南京国民政府海军部编制表

部　　长	上将一						
政务次长	中将一	常务次长	中将一				
参　　事	少将二	上校二	技监少将一				
秘　　书	上校一	中校二	少校三	技正上校二	中校二	技士少校二	上尉二
副　　官	上校一	中校一	少校二	上尉二			

总务司 司长少将一	文书科	科长上校一	科员 中校二 少校二 上尉二	译电员 上尉二 中尉四 少尉四	书记 中尉一 少尉二	司书准尉四
	管理科	科长上校一	科员 中校二 少校二 上尉二	司书准尉三		
	统计科	科长上校一	科员 中校一 少校一 上尉二	司书准尉二		
	交际科	科长上校一	科员 中校一 少校一 上尉二	司书准尉一		

军衡司 司长少将一			司副官少校一	书记 上尉一 中尉二 少尉二	司书准尉一
	铨叙科	科长上校一	科员 中校二 少校二 上尉二	司书准尉三	
	典制科	科长上校一	科员 中校一 少校一 上尉二	司书准尉一	
	恤赏科	科长上校一	〃　　〃	〃　〃	
	军法科	科长上校一	科员 中校一 少校一 上尉一	司书准尉一	

军务司 司长少将一			司副官少校一	书记 上尉一 中尉二 少尉三	司书准尉一
	军事科	科长上校一	科员 中校二 少校二 上尉二	司书准尉三	
	医务科	科长上校一	科员 中校一 少校一 上尉二	司书准尉一	
	军港科	科长上校一	〃　　〃	司书准尉一	
	运输科	科长上校一	科员 中校一 少校一 上尉二	司书准尉一	

舰政司 司长少将一			司副官少校一	书记 上尉一 中尉二 少尉三	司书准尉一
	机务科	科长上校一	科员 中校二 少校二 上尉二	司书准尉三	
	材料科	科长上校一	科员 中校二 少校二 上尉二	司书准尉一	
	修造科	科长上校一	科员 中校二 少校二 上尉二	司书准尉一	
	电务科	科长上校一	科员 中校二 少校二 上尉二	司书准尉三	

军学司 司长少将一			司副官少校一	书记 上尉一 中尉一 少尉三	司书准尉一
	航海科	科长上校一	科员 中校一 少校一 上尉二	司书准尉一	
	轮机科	科长上校一	〃　　〃	〃　〃	
	制造科	科长上校一	〃　　〃	〃　〃	
	士兵科	科长上校一	〃　　〃	司书准尉一	

海军部总办公厅。

参事办公室。

总务司司长李世甲(1894~1970),福建长乐人,烟台水师学堂第六届驾驶毕业。曾参加辛亥革命,留学美国。曾任"楚同"等舰舰长,参加过北伐。海军部成立时升少将。

经理处处长罗序和(1878~1953),福建闽侯人,天津水师学堂第六届驾驶毕业。曾留学英国。历任文官职务,海军部成立时升少将。

参事任光宇(1893~?),福建闽侯人,烟台水师学堂第一届驾驶毕业。曾留学日本、英国,参加过辛亥革命。历任副官、参谋、国民革命军海军总司令部参谋长、海军部少将参事。

参事朱天森(1881~?),江苏甘泉人,江南水师学堂第四届驾驶毕业。留学英国,历任军学司科长、"江利"舰长。辛亥革命后任"靖安"舰长,升上校,国府定都南京时任军委会海军军令处副处长,1933年任海军学校校长。

副官办公室。

政务次长陈绍宽寝室。

参事林永谟(?~1936)，福建闽侯人，天津水师学堂第六届驾驶班毕业。参加过辛亥革命，曾率"肇和"舰南下护法，历任舰队司令、海军部次长、总统顾问等职。离粤后任厦门海关监督，海军部成立时任少将参事。

军械司司长林献炘(1883~?)，福建闽侯人，黄埔水师学堂第八届驾驶班毕业。天津水师学堂被八国联军炮毁后转入黄埔水师学堂，曾留学法国、奥国。历任鱼雷总操练官、军械处长，海军部成立时任军械司少将司长。

海政司司长许继祥(1869~?)，福建闽侯人，船政学堂第十二届驾驶班毕业。历任海军候补员、上海租界律师、北京政府海军部司法司长。南下参加过护法，任大元帅府参议，后任海道测量局局长等职。海军部成立时任海政司少将司长。

舰政司司长唐德炘，福建闽侯人，船政后学堂第七届管轮班毕业。

海军体育场。

海军厦门医院。

海军上海医院。

厦门海军要港司令部。

海军士兵联欢社(上海)。

海军将士公墓。

海军马尾游泳池。

马尾海军联欢社遗址。

海军马尾练营遗址。

马尾海军监狱。

海军下关码头。

海军马尾试枪房。

军械司	司长少将一			司副官少校一	书记 上尉一 中尉一 少尉三	司书准尉一
		兵器科	科长上校一	科员 中校一 少校二 上尉二	司书准尉一	
		设备科	〃	〃	〃	
		保管科	〃	〃	〃	
		检验科				
海政司	司长少将一			司副官少校一	书记 上尉一 中尉一 少尉三	司书准尉一
		设计科	科长上校一	科员 中校一 少校二 上尉二	司书准尉一	
		测绘科	〃	〃	〃	
		警备科	〃	〃	〃	
		海事科	〃	〃	〃	
军需司	司长少将一			司副官少校一	书记上尉一	司书准尉一
		会计科	科长上校一	科员 中校二 少校三 上尉四	书记 中尉三 少尉	司书准尉六
		储备科	〃	科员 中校 少校 上尉二	书记 中尉二 少尉	司书准尉三
		营缮科	〃	科员 中校一 少校一 上尉一	书记 中尉一 少尉	〃 〃
		审核科	〃	科员 中校一 少校二 上尉二	〃 〃	司书准尉四

表接第625页

资料来源:《立法院公报》第72期,民国二十四年七月出版。
《革命文献》第30辑,第249～252页。

南京国民政府海军官制表（三等九级）

等级 官级 军别	上　　等			中　　等			初　　等		
	上　将	中　将	少　将	上　校	中　校	少　校	上　尉	中　尉	少　尉
军官		轮机中将	轮机少将	轮机上校	轮机中校	轮机少校	轮机上尉	轮机中尉	轮机少尉
军佐		造械总监	造械监	一等造械正	二等造械正	三等造械正	一等造械佐	二等造械佐	三等造械佐
		造舰总监	造舰监	〃造舰正	〃造舰正	〃造舰正	〃造舰佐	〃造舰佐	〃造舰佐
		军需总监	军需监	〃军需正	〃军需正	〃军需正	〃军需佐	〃军需佐	〃军需佐
		军医总监	军医监	〃军医正	〃军医正	〃军医正	〃军医佐	〃军医佐	〃军医佐
			测量监	〃测量正	〃测量正	〃测量正	〃测量佐	〃测量佐	〃测量佐
				〃航务正	〃航务正	〃航务正	〃航务佐	〃航务佐	〃航务佐
			电信正	〃电信正	〃电信正	〃电信正	〃电信佐	〃电信佐	〃电信佐

附记	1．海军少将之下有代将一职，但不任官，军法官及军用文官之阶级比照军佐。
	2．海军官佐均以本表名称之上冠以海军字样，例如，海军上将、海军轮机中将、海军一等军需正，军用技术人员不列科，其待遇另定之。
	3．军官少尉之下设准尉一级，军佐三等佐之下设准佐一级，但不列入官等。

资料来源：《立法院公报》第61期《法规》,《革命文献》第28辑第206页。

南京国民政府时期海军职官年表

海军部

部　长：杨树庄　陈绍宽　　　　高级顾问：萨镇冰(上将)
　1929年4月12日任　1932年1月任　　　　杜锡珪(上将)
　1932年1月辞　1938年1月免　　　　1933年12月28日卒
政务次长：陈绍宽　陈季良　　　　林建章(上将)
　1929年4月12日任　1932年1月任　　　　1940年6月14日卒
　1932年1月免　1938年1月免　　　参事：朱天森　任光宇
常务次长：陈季良　李世甲　　陈训泳　林永谟　周光祖
　1929年4月12日任　1932年1月兼代　1934年1月任
　1932年1月免　1934年1月免　1938年1月免
总务厅：司长 李世甲　杨庆贞
　　　　　　　1936年9月
　文书科长：叶称铮
　管理科长：陈景苳
　统计科长：何兆湘
　交际科长：何传滋

军衡司：司长 杨庆贞
　铨叙科长：赵士淦
　典制科长：魏春泉　萨夷
　　　　　　　1931年6月任
　恤赏科长：蔡世滢
　军法科长：陈存溥
军务司：司长 贾勤
　　　　　1934年2月任
　军事科长：孟慕超
　医务科长：张廷翰
　军港科长：郑礼庆
　运输科长：江肇元
舰政司：司长 唐德炘
　机务科长：谢浩恩
　材料科长：林秉衡
　修造科长：张嘉犧
　电务科长：陈可潜
军学司：司长 吕德元

　航海科长：曾宗巩
　轮机科长：王孝藩
　制造科长：许秉贤
　士兵科长：蒋斌
军械司：司长 林献炘
　兵器科长：唐玉鉴(少校科员)
　设备科长：彭瀛
　保管科长：郑衡
　检验科长：金轶伦
海政司：司长 许继祥
　设计科长：曾昭武
　测绘科长：刘德浦(1936年)
　警务科长：杨逾
　海事科长：唐润英
经理处(后改军需司)处长(司长)：罗序和
　总务科
　会计科长：张承愈
　审核科长：陈宰平

　储备科长：李景澄
　营缮科长：余燮梅
海军编译处：处长 吕德元　佘振兴
　　　　　　1929年6月任　1935年2月任
海军引水传习所长：佘振兴　高完申
　　　　　　1935年2月免　1935年2月任
海军军械处处长：李世甲　郑滋堷　林元铨
　　　　　1933年2月任　1934年2月任　1935年2月任
海道测量局局长：谢葆璋　吴光宗　刘德浦
　　　　　1928年7月任　1930年8月任　1933年9月任
海岸巡防处处长：谢葆璋 1928年7月兼
扬子江引水传习所所长：吴光宗　佘振兴
　　　　　　　　　　　1931年9月任
海军马尾要港司令：李孟斌　李世甲
　　　　　1931年12月兼代　1934年1月任
　　　　　1932年7月任　1941年5月裁
　　　　　1934年1月免
海军厦门要港司令：林国赓　高完申
　　　　　　　　　1938年5月任

海军舰队司令的变迁

海军舰队司令					
海军第一舰队司令：	陈季良 1929年4月任 1945年4月卒	方莹 1945年4月任 1945年8月免	陈宏泰 1945年8月任 1946年9月裁		
海军第二舰队司令：	陈绍宽 1929年4月任 1932年1月免	曾以鼎 1932年1月任 1945年4月免	方莹 1945年4月兼 1945年5月免	李世甲 1945年5月任 1945年8月裁	方莹 1945年8月任 1946年9月裁
海军练习舰队司令：	陈训泳	王寿廷 1934年2月任			
海军鱼雷游击舰队司令：	王寿廷 1932年1月任 1934年2月裁				

陈训泳(1886~1944)，字道培，福建闽侯人，船政后学堂第十六届驾驶班毕业。历任"通济"、"楚同"、"应瑞"、"永健"、"普安"等舰舰长，1927年升练习舰队司令，1934年1月调任海军部常务次长，次年升中将。

王寿廷(1889~1943)，江苏人，字漱汀，江南水师学堂第三届驾驶班毕业。历任"永健"、"海容"等舰舰长、鱼雷游击舰队司令、海军练习舰队司令。

高宪申(1888~1948)，字佑之，福建长乐人，黄埔水师学堂第十届驾驶班毕业。历任枪炮副、航海副、副官、参谋及"永绩"、"通济"、"海容"、"宁海"等舰舰长，后任海军引水传习所所长、"平海"舰长等职。

中央海军舰艇变化表(1927年~1939年)

第一舰队

年份	1927年	1928年	1929年	1930年	1931年	1932年	1933年	1934年	1935年	1936年	1937年	1938年	1939年
舰艇	海容 海筹 永健 永绩 联鲸 普安 华安 定安 海鸿 海鹄 海鸥 海凫	海容 海筹 永健 永绩 联鲸 普安 华安 定安 海鸿 海鹄 海鸥 海凫	海容 海筹 永健 永绩 联鲸 普安 华安 定安 海鸿 海凫	海容 海筹 大同 永绩 联鲸 普安 华安 定安 海鸿 海凫	海容 海筹 逸仙 大同 自强 永健 普安 华安 定安 海鸥 海凫	海容 海筹 逸仙 大同 自强 永绩 永健 中山 普安 定安 海鸥 海凫	海容 海筹 宁海 逸仙 大同 自强 永绩 永健 中山 普安 定安 海鸥 海凫	海容 海筹 宁海 逸仙 大同 自强 永绩 永健 中山 建康 华安 定安 克安 海鸥 海凫	海容 海筹 宁海 逸仙 大同 自强 永绩 永健 中山 建康 华安 定安 克安 海鸥 海凫	海容 海筹 宁海 平海 逸仙 大同 自强 永绩 永健 中山 建康 定安 克安 海鸥 海凫	永健 中山 定安 江元 江贞 楚谦 楚同 甘露 义宁 泰宁 正宁 长宁 威宁 肃宁 崇宁	江元 楚同 楚观 江贞 克安 定安 甘露 义宁 威宁	江元 楚同 楚观 江贞 江鲲 江犀 湖隼

第二舰队

年份	1927年	1928年	1929年	1930年	1931年	1932年	1933年	1934年	1935年	1936年	1937年	1938年	1939年
舰艇	楚有 楚泰 楚同 楚谦 楚观 江元 江贞 江鲲 江犀 建中 永安 拱辰 甘泉 利通 福鼎 勇胜 公胜	楚有 楚泰 楚同 楚谦 楚观 江元 江贞 江鲲 江犀 建中 永安 武胜 安宁 德胜 威胜 顺胜 正胜 甘泉	楚有 楚泰 楚同 楚谦 楚观 江元 江贞 永绥 民权 威胜 德胜 咸宁 顺胜 江鲲 江犀	楚有 楚泰 楚同 楚谦 楚观 江元 江贞 永绥 民权 咸宁 威胜 德胜 江鲲 江犀	楚有 楚泰 楚同 楚谦 楚观 江元 江贞 永绥 民权 民生 咸宁 德胜 威胜 咸胜 江鲲 江犀	楚有 楚泰 楚同 楚谦 楚观 江元 江贞 民权 民生 咸宁 德胜 威胜 咸胜 江鲲 江犀	楚有 楚泰 楚同 楚谦 楚观 江元 江贞 永绥 民权 民生 咸宁 德胜 威胜 咸胜 江鲲 江犀 湖鹏 湖鹰	楚有 楚泰 楚同 楚谦 楚观 江元 江贞 永绥 民权 民生 咸宁 德胜 威胜 咸胜 江鲲 江犀 湖鹏 湖鹰	楚有 楚泰 楚同 楚谦 楚观 江元 江贞 永绥 民权 民生 咸宁 德胜 威胜 咸胜 江鲲 江犀 湖鹏 湖鹰	楚有 楚泰 楚同 楚谦 楚观 江元 江贞 永绥 民权 民生 咸宁 德胜 威胜 咸胜 江鲲 江犀 湖鹏 湖鹰	永绥 民权 民生 咸宁 江鲲 江犀 顺胜 义胜 勇胜 仁胜 公胜 诚胜 湖鹏 湖鹰	永绥 民权 咸宁 江鲲 江犀 顺胜 义胜 勇胜 仁胜 公胜 诚胜 海宁 抚宁 绥宁 湖鹏 湖鹰	永绥 江鲲 江犀 湖隼

年份 舰艇队列	1927年	1928年	1929年	1930年	1931年	1932年	1933年	1934年	1935年	1936年	1937年	1938年	1939年
第二舰队	诚胜 青天 义胜 正甘 泉福 鼎利	福利 鼎通	福鼎通					湖鹈 湖隼 列字 张字	湖鹈 湖隼	湖鹈 湖隼	湖鹈 湖隼		
练习舰队	应端 通济 靖安	应端 通济 靖安	应端 通济 靖安	应端 通济 靖安	应端 通济 靖安	应端 通济 靖安	应端 通济 靖安	应端 通济	应端 通济	应端 通济	应端 通济	裁撤	

1932年1月升任海军部长的陈绍宽上将。

　　1932年1月,杨树庄辞去海军部长职务,专任福建省主席,陈绍宽继任海军部长,晋升上将。图为1932年元旦宣誓就职之新任国府主席及各院部长之合影,右4为陈绍宽。

　　1933年12月28日,前海军部长杜锡珪去世。31日,杨树庄参加杜锡珪大敛后,旧病复发,于1934年1月10日在上海病逝,归葬福州鼓山莲花峰。图为海军上将杨树庄之灵车。

●第二节　海军警卫营及海军陆战队组织

海军警卫营及海军陆战队组织

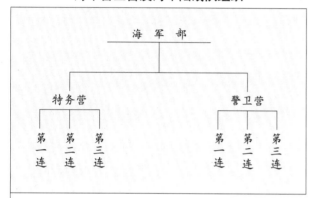

1928年10月由部直接指挥的有海军警卫营和海军陆战队特务营,每连官佐士兵149人。

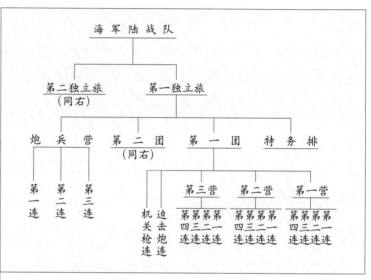

1928年10月,原海军第一和第二混成旅缩编而成第一、第二两独立旅,每旅辖2团,每团3营,每营4连,每旅官佐士兵4812人。

驻守马长地区的海军陆战队。图为长门炮台。

海军陆战队职官年表

旅长兼福建省防司令:林忠		步兵二团团长:杨廷英	
(第一混成旅)　1927年11月任			
第二混成旅长:林寿国		步兵三团团长:林秉周	
1928年2月任			
步兵一团团长:林昀		炮兵营长:王深	
第一独立旅旅长:林忠	金振中		
1928年11月任	1930年7月任		
1930年7月免			
第二独立旅旅长:林寿国	林秉周		
1928年11月任	1930年8月任		
1930年免			
海军陆战队总指挥部总指挥:陈季良			
1930年4月兼任			
海军陆战队第一旅旅长:杨廷英	李世甲	林秉周	洪懋祥
1928年11月任	1934年1月任	1934年5月任	1944年任
1933年冬免	1934年5月免	1944年免	1945年6月撤
海军陆战队第二旅旅长:林秉周	李世甲		
1928年11月任	1934年5月兼任		
1934年5月调	1945年9月撤		

海军陆战队演习炮靶。

●第三节　海军建设六年计划及执行情况

　　海军部成立后,即着手制订海军建设六年计划,把海军舰队分为主力舰队及辅助舰队两种。前者计巡洋舰、驱逐舰、潜水艇、飞机母舰等大小合计70艘,共10.5万吨,浅水炮舰6800吨;后者大小合计34艘,共5.37万吨。以3年为期先造一雏形舰队,6年完成。像中国这样的海疆大国,这个计划实是微不足道的,蒋介石也未予重视,亦从未按计划进行。

一、开辟新港

　　根据前统领南北洋海军、广东提督萨镇冰提出的以浙江象山为军港的决定,民国二十年(1931年)一月间,海军特务营移驻象山港,从事挖泥、筑坝、填地、炸石、砌堤等工作,并派"海容"舰长王寿廷、"通济"舰长高宽申常驻象山,督导一切。

二、建造新坞

　　1932年1月,在海军江南造船所兴工建造第三号船坞,分两期进行:第一期1934年10月完成,第二期1936年4月完成。船坞可供2万吨级轮船进坞修理,是当时全国最大的一个船坞。与此同时在马尾造船所修造的第二号船坞于1936年4月完成。

1936年4月修造的马尾造船所新船坞,长114.3米,坞门上向宽18.59米,下向宽13.41米,深4.27米,能修3000吨级舰船。

江南造船所兴建的第三号船坞,长198.2米,宽30.5米,深8.57米,可供2万吨巨轮进坞修理,是当时全国最大的船坞。

三、向日本订造"宁海"巡洋舰

　　1930年同日本播磨造船所签订协议,制造新型轻巡洋舰2艘。日方负责设计和供应武器装备,一艘在日本施工,中方派人前往学习和监造,定名"宁海";一艘在中国江南造船所施工,日方派人前来指导和监督,定名"平海"。

"宁海"军舰,长109.7米,宽9.14米,吃水4.6米,排水量2600吨,推进器3部,速率30节。图为"宁海"舰制成下水。

"宁海"舰武器配备有主炮5.5英寸14厘米双联装炮塔3座,配有新式大炮指挥仪和计算器,8厘米高射炮6尊,24英寸(61厘米)鱼雷发射管4付,机关枪10具,水上飞机1架,1932年7月竣工回国。图为"宁海"舰。

此即军舰上所配的双联装炮。

海军江南造船所第三船坞建成,由"宁海"军舰行进坞典礼。

四、中国仿制的"平海"巡洋舰

由江南造船所施工仿制，1935年开往日本神户，安装武器装备，1937年4月竣工回国。

1931年6月，陈绍宽(兼任江南造船所所长)为"平海"号军舰打第一只泡钉。

"平海"军舰制成下水(1935年)。

"平海"舰外观。

●第四节　海军造船所及新造和改造的舰艇

旧中国,从晚清到北洋军阀覆灭,中央所属海军舰艇的吨位仅3万余吨,所以南京政府海军当局对建造新舰、改造旧舰较北京政府重视。不过,南京政府海军部虽拥有江南、马尾、大沽、厦门4个造船所,但只有江南所兴旺,其他3所业务萧条。

一、海军江南造船所

南京政府海军部以江南造船所为重点,优先办好该所业务。该所位于得天独厚的上海,华洋交汇,船舶众多。

海军江南造船所。

重任江南造船所所长的马德骥积极发展对外营业,修理商船,添置设备。

兼任江南造船所所长的陈绍宽锐意整顿,扩充计划。

江南造船所第二船坞(今1号船坞),长153米,宽18.6米,深7米,已将蒸汽抽水改为电力抽水。

江南造船所打铁厂。

> 自1927～1937年江南造船所共造新船230艘,年均21艘,排水量60842吨,年均5531吨。其中新造和改造的舰艇31艘,最大的轮船为"洛阳丸",4275吨。

江南造船所起重架。

"咸宁"军舰,1928年制成。

江南造船所制造的舰艇(1928～1937)

舰 名	类 别	排水量(吨)	制造年份	承造单位
咸 宁	炮 舰	420	1928年	江南造船所(下同)
永 绥	炮 舰	600	1929年	
民 权	炮 舰	460	1930年	
逸 仙	轻巡洋舰	1500	1931年	
民 生	炮 舰	500	1931年	
江 宁	炮 艇	300	1932年	
海 宁	炮 艇	300	1932年	
抚 宁	炮 艇	300	1933年	
绥 宁	炮 艇	300	1933年	
肃 宁	炮 艇	300	1934年	
威 宁	炮 艇	300	1934年	
崇 宁	炮 艇	300	1934年	
义 宁	炮 艇	300	1934年	
正 宁	炮 艇	300	1934年	
长 宁	炮 艇	300	1934年	
平 海	巡 洋 舰	2600	1937年	

"永绥"舰下水礼台。

1929年制成的"永绥"军舰。

"抚宁"、"绥宁"两艘新炮舰制成下水情形。

"民权"军舰(江防舰)。

1930年"民权"军舰制成下水典礼。

参加"民权"军舰下水典礼时之蒋介石(中)与陈绍宽(右一)。

1931年5月制成的"逸仙"军舰(海防护卫舰)。

1931年11月制成的"民生"军舰(江防舰)。

1932年10月"江宁"炮艇制成下水。

1934年2月制成的"肃宁"炮艇,300吨。

1934年5月制成的"崇宁"、"义宁"两炮艇下水,各300吨。

1928年改成的"威胜"炮舰,1929年5月28日孙中山灵柩南下到达南京浦口,曾由此舰运抵下关码头。

1934年10月制成的"正宁"炮艇,300吨。

1928～1936年江南造船所新制10艘300吨级"宁字"号炮艇,这些炮艇主要用于巡防;新购的"宁海"及仿制的"平海"和自制的"逸仙"、"咸宁"、"永绥"、"民权"、"民生"军舰可用于作战。

"诚胜"炮舰。

1927～1937年江南造船所改造舰艇表

舰 名	舰 型	排水量(吨)	航速(节)	改造年份	备　　注
大 同	轻巡洋舰	1015	17	1930年3月	原名"建安",光绪二十六年制成
自 强	轻巡洋舰	1015	17.5	1931年1月	原名"建威",光绪二十四年下水
威 胜	浅水炮舰	932	16	1928年	西征时俘获,原为武装商船
德 胜	浅水炮舰	932	15	1928年	西征时俘获,原为武装商船
公 胜	测 量 舰	280	8	1928年	西征时俘获
顺 胜	江防炮舰	380	10.7	1930年	西征时俘获
义 胜	炮 艇	350	10	1928年	西征时俘获
勇 胜	炮 艇	200	10	1928年	西征时俘获
诚 胜	炮 艇	276	12	1928年	西征时俘获
仁 胜	炮 艇	260	10	1933年	由"正胜"旧艇改造
青 天	测 量 舰	279	10	1928年	西征时俘获
武 胜	炮 艇			1928年	西征时俘获
长 风	测 量 舰				
甘 露	测 量 舰				

原"建安"驱逐舰,1930年改造更名为"大同"舰,长78.6米,宽8.1米,吃水3.5米,排水量850吨,航速23节,马力6500匹,快炮10门,并可装放鱼雷。

义胜炮艇。

二、海军马尾造船所

南京政府成立后改福州船政局为"海军马尾造船所",所里虽设有13个车间,但规模日益缩小,生产有限,经费无着,工人从1200人减到300余人。1930年4月,马尾民居大火,造船所生产受影响,学徒遣散,业务每况愈下。

1935年的马尾造船所全景。

原向美商让购之木坞,1933年改建为钢筋混凝土新坞,1936年4月竣工,名二号船坞。图为正在修建的二号船坞。

马尾造船所大门。

竣工的"二号船坞",供修理舰船用,但一年后抗日战争爆发,闽江口被封锁,业务日益减少。

海军马尾造船所组织编制

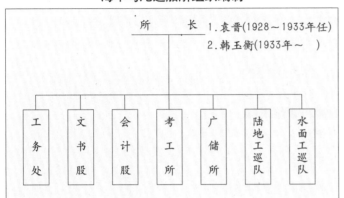

所　长　1.袁晋(1928～1933年任)
　　　　2.韩玉衡(1933年～　　)

| 工务处 | 文书股 | 会计股 | 考工所 | 广储所 | 陆地工巡队 | 水面工巡队 |

1927～1937年生产业务情况

生产项目	备注
挖泥船(土扒船)1艘	
码头船3艘	
"江仪"、"江凤"(警艇)2艘	
小轮船几艘	
造纸厂全套造纸机器	为福州港头造纸厂仿造
浮筒几个	
修理小轮船(零星)	

抗日战争爆发,马尾造船所重要机件疏散到南平峡阳。

被敌机轰炸残留的轮机厂隔墙。

被敌机炸毁的一号船坞。

被敌机轰炸的厂房一角。

三、海军大沽造船所

　　1928年5月,北伐军进驻京、津,奉军退走时,拆运了一部分器材。7月,阎锡山派刘宗法接收大沽造船所。10月,杨树庄和海军部先后派员任所长,但造船业务却一蹶不振。"七·七"事变,日本入侵,把大沽造船所机床等拆卸运走,后归塘沽运输株式会社管理,添装了一些设备,1941年改归天津浮船株式会社管理,专修日本船只。在沦陷期间,该所倒塌一半,第五号船坞被填平,业务疲软。

1928～1945年大沽造船所简况

职　务	姓　名	任职时间	备　注
代所长	元善初	1928年	北伐军进驻京、津,奉系末任代所长起运机床未果。
接收人员	刘宗法	1928年7月4日	京津卫戍总司令阎锡山派其接收大沽造船所。
接收人员	刘笃恭	1928年7月12日	阎锡山复派其接收枪炮厂,改名平津修械分厂。
所　长	何嘉兰	1928年10月20日	海军总司令杨树庄派其为所长,1929年2月停工,遣散职工。
所　长	王开治	1929年8月	海军部派其为所长,原任该所工务处长。
所　长	王传炯	1930年2月	原海军部机要科科长,部改派他为所长。
所　长	吴振宏	1930年2月后不久	天津警备司令傅作义委派。
所　长	柴士文	1930年10月	奉系张学良归顺南京政府,奉军进驻平、津,派其接管,开办船舶各厂。
所　长	陈万青	1935年	华北政务委员长宋哲元委派,仍以修枪炮为主,造船一蹶不振。

注:"七·七"事变后日本入侵大沽造船所机床等拆卸运走,后归日本株式会社管理。1941年专修日敌船只,在沦陷期间,造船业务疲软。

图为"七·七"事变后日军占领大沽造船所时情形。

四、海军广南造船所（后改为广南造船厂）

　　广南船坞由广东军政府接收后，改名为海军广南造船所，先后隶属建国军粤军总司令部舰务处、国民革命军海军局、广东军委会舰务处。1930年由南京国民政府海军部接收，改名为国民革命军广南造船所。1931年隶属陈济棠的国民革命军第一集团军舰队，改称广南造船厂。1934年交广东建设厅管理，1939年被日军占领，1945年不复存在，原址由当地人搭棚修造小木船，后与广州港务局修船所合并成立广州船舶修造厂。1958年并入广州造船厂。

广南造船厂遗址（今广州造船厂）。

船台旧貌。

海军广南造船所组织机构

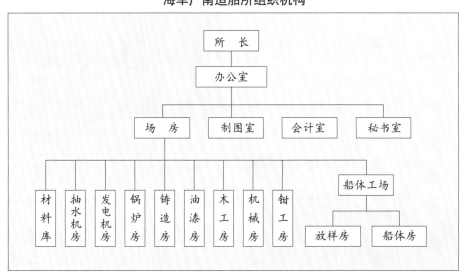

广南造船所所长伍景英。

五、海军厦门造船所（后改厦门造船厂）

　　1930年2月，厦门船坞总办叶芳哲辞职后，海军部派原舰政司机械科上校科长韩玉衡接充。不久，厦门船坞改为海军厦门造船所，仍以韩玉衡为所长。因部款支绌，不能接济，主要靠揽修内河商船兼造一些小汽船收入来维持。1933年韩玉衡调马尾造船所，遗缺由海军部上校科长萨夷接充，由于管理不善，材料缺乏，益形衰落，员工星散。1940年厦门沦陷，该所亦落入敌手。

厦门船坞大门遗址（今厦门造船厂大门）

　　韩玉衡(1883~1967)，海军厦门造船所所长，福建闽侯人，字仲英，1907年毕业于福建船政后学堂第十届管轮班，1915年考派赴美学习潜艇，原海军部舰政司的机械科上校科长。

　　海军厦门造船所生产工地，右为6吨塔吊，左为20吨龙门吊。

●第五节　海军教育与训练

一、福州海军学校（后改称海军学校）

　　1926年5月，福州海军制造学校、福州海军飞潜学校并入福州海军学校，培育航海、轮机、军用化学等人才，1931年定名为"海军学校"，直隶于海军部办理教育事业。

福州海军学校代校长沈筠玉，1930年1月调任海军部技正。

海军学校正门，立者为学生陈宗孟。

海军学校系统表

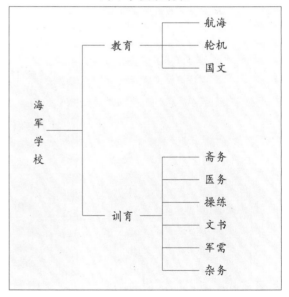

福州海军学校1931年改名为"海军学校"。

海军学校编制表

校长（少将）	教官	航海主任	正教官(中校)2	
			副教官(少校)4	
			协教官(上尉)4	
		轮机主任	正教官(中校)1	
			副教官(少校)2	厂课教育(中尉)1
			协教官(上尉)2	
		国文教官(少校)1	国文教官(上尉)1	(中尉)2
		正操练官(上尉)1	副操练官(中尉)2	国术教员(少尉)1
	职员	训育主任(中校)1		
		学监(少校)2	庶务员(少尉)1	
		中西医官(上尉)(少校)1	司药1	
		书记官(中尉)1	司书(准尉)3	
		军需官(中尉)1		

海军学校历任校长

姓名	任职时间
沈简玉	1930年1月，调任海军部技正、原代校长
夏孙鹏	1930年1月至1931年4月，原部训练处处长
杜锡珪	1931年7月至1933年12月，海军部高级顾问
朱天森	1933年至1939年2月，原军委会海军军令处副处长
李孟斌	1939年2月任，原海军马尾要港司令
高宪申	原"平海"舰长

杜锡珪，前海军总长。访问欧美回国后任海军学校校长，综理校内一切事宜，审定课程，并监督全校人员。

朱天森，江苏甘泉人，江南水师学堂第四届驾驶班毕业。曾留学英国，曾任"江利"等舰舰长，参加过辛亥革命。1933～1939年任海军学校校长，在此之前任国民政府军事委员会海军军令处副处长、海军检阅委员会委员等职。

内迁贵州桐梓时的海校校长高宪申上校。

训育主任黄显琪管理全校学生各项外勤事项，维持全校军纪、风纪。

学监叶进勤稽察学生勤惰，维持军纪、风纪。

学监郑颖孚稽查学生勤惰，并维持军纪、风纪。

曾在贵州桐梓海校任学监兼教官的周伯焘，福建马尾人，福州海校第二届航海班毕业。曾留学英国，并赴日本监造"平海"军舰。他常教导学生"国防第一防线是敌人的海岸线"，以为制敌于未发方能保境安民。

校景之一。

海军学校学制和学习课目

学　制	8年4个月(即100个月)，其中3个月试读不分科，修业期满休假一个月，实八年			
航 海 科	校 课	5 年	**学　习　课　目** 党义、国文、天文学、航海学、海道测量学、地文学、化学、应用力学、罗经差、物理学、力学、微积分、弧三角、高等代数、解释几何、平三角、几何、代数、算术、历史、地理、文法、英文、兵操、体育	
	舰课	1 年	集中派舰学习船艺、练习航行舰队编队、避碰章程及战术等	
	鱼雷	半年	集中水鱼雷营学习水鱼雷等水中兵器的构造、用法、战术运用等	
	枪炮	1 年	集中派舰学习舰用兵器、各式舰炮、机枪内外弹道、火药学等	
	实习	半年	分派各舰实习	
轮 机 科	校 课	6 年 6 个 月	党义、国文、英文、文法、算术、历史、地理、代数、几何、平三角、物理、化学、力学、解释几何、高等代数、微积分、应用力学、射影几何、热力学、机械画、材料强弱学、机构学、冶金学、水力学、汽电学、锅炉学、蒸汽主力机、机炉舱实验及管理法、马力图说、辅机、透宾机、凉热用法、内燃机、电机工程、螺轮、锅炉设计、船机设计、造船大意、兵操、体育	
	厂课	1 年	分派造船厂各厂实习	
	实习	半年	分派各舰实习	

校景之一。

海校学生在进行队列操练。

星期日校阅。

星期日校阅。

校景之一。

海军学校学生正在操演太极拳。

海军学校学生陆操训练。

海军第一届联合运动大会在马尾海军学校大操场举行。图为司令台。

浮动码头。

福州海军学校学生在川石岛训练游泳。

"通济"练习舰航海生舰课毕业,校课结束后,接受上舰课。

1933年,冬十九路军在福建发动反蒋事变,海军学校由马尾迁南京,在海军水雷营(上图)上课。次年1月,十九路军退出福建,该校复迁回马尾上课。

抗日战争爆发,海军学校先迁鼓山涌泉寺上课,后迁往湖南湘潭。图为鼓山涌泉寺。

1938年10月,海军学校迁贵州桐梓。图为校舍金家楼。

桐梓海军学校大门。

航十一学生摄于桐梓海校,上有"雪甲午耻"字样,以示不忘国耻。

航七学生在桐梓操场练习使用六分仪。

抗战时海校枪炮班设在重庆木洞镇小庙上。

右侧大房子为重庆山洞海军总司令部,抗战胜利后,海军学校自贵州桐梓迁此待命。

1945年12月海军学校由贵州桐梓迁重庆山洞。图为重庆山洞(隧道),过此隧道即为国民党海军总司令部战时所在地。

在重庆木洞镇新建的海校舰课班校舍。

重庆木洞镇小庙上。

"民权"军舰驻防重庆木洞镇以供海校学生训练之用。

福州马尾海军各军事学校沿革表

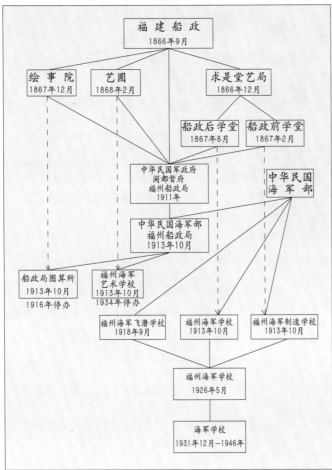

福州海军学校自1931年改名为海军学校起至1946年停办止，计毕业航海班9届，轮机班3届，合计航海班毕业197人，轮机班毕业49人，总共246人。

海军学校航海班毕业生

第四届毕业生。

第四届　　　计24名

刘荣林	林葆恪	高声忠	游伯宜	周仲山	陈　惠	林学良	林嘉甫
张绍熙	邵正炎	袁　涛	郭国锥	张则銮	阙　疑	陈行源	王文芝
林斯昌	林人骥	吴贻荣	陈增麟	朱秉照	陈沪生	蒋亨森	潘成栋

注：陈行源一说陈进源。　　　　民国二十三年五月毕业，
　　　　　　　　　　　　　统一改称海校二十二年五月班航。

第五届　　　计30名

郑　昂	柳鹤图	常香圻	萨师洪	高光暄	魏行健	魏济民	陈家振
陈曙明	刘耀璇	林君颜	张家宝	高昌衢	蔡诗文	欧阳炎	孟汉钟
孔繁均	陈夔益	庄怀远	孟汉霖	杨光耀	刘　馥	郭允中	卢国民
何博元	葛世铭	林乃钧	柴耀城	杨　綦	刘　祁		

注：第一排8名于民国二十四年　　民国二十六年三月毕业，
　　六月赴英留学。　　　　　　统一改称海校二十五年三月班航。

第六届　　　计27名

邱仲明	林濂藩	何树铎	刘纯巽	廖士斓	欧阳晋	黄发兰	刘　震
卢如平	蒋　菁	王国贵	李后贤	陈智海	林鸿柄	池盂彬	刘钧培
陈景文	章国辅	曾耀华	周福增	张书城	邓先涤	车秉钧	康健乐
吴建安	饶　翟	刘英伟(另说尚有方子绳、郑仪璋、赖成杰、林文杰)					

注：从邱仲明到王国贵10名　　民国二十七年六月毕业，
　　派赴德国留学(黄发兰除外)。　统一改称海校二十六年一月班航。

　　1946年春，海军总司令部改组为海军处，陈绍宽去职，海军学校亦奉令停办，未毕业的学生被转入新办的海军军官学校(青岛)继续学习，至此，从1866年创办的福建船政学堂宣告结束。图为船政学堂沿革表。

第七届   计15名

陈心华	张敬荣	张哲榕	甘 敏	陈国荣	王大敏	朱星庄	陈念祖
王道全	俞 信	郑仪璋	陈 简	倪行祺(原名郑恒铮)		方子绳
林文杰							

民国三十年六月毕业，
统一改称海校二十八年十二月班航。

第七届、第八届同学摄于马尾海校。

第九届   计23名

卢振乾	陈慕平	何鹤年	陈明文	林荫平	李作健	周正先	张孟敏
林 密	易 鹅	马须俊	庄家滨	何友恪	郑宏申	陈宗孟	俞 平
石 峰(美琰)	陈 克	张宁荣	方 振	徐君爵	钱 蹩	伍 岳

民国三十二年六月毕业，
统一改称海校卅年十一月班航。

造舰班   计11名

| 冯家溱 | 朱于炳 | 林 立 | 王衍球 | 官 明 | 周家礼 | 林金铨 | 王绶琯 |
| 郑振武 | 吴本湘 | 陈 琦 | | | | | |

注：原系航海九届、十届，   民国三十二年十二月毕业，
体验目力不佳改习。   统一改称海校三十二年十二月班轮。

第八届   计17名

葛敦华	陈在和	陈嘉镁	王庭栋	宋季昆	郭成森	刘 渊	何宜庄
江济生	陈水章	李景森	王海东	周谨江	陈以谋	李耀华	谢曾铿
李护为							

民国三十年十一月毕业。
统一改称海校二十九年五月班航。

第十届(原轮机第六届部令改为航海班)   计10名

| 张振亚 | 雷树昌 | 曾幼铭 | 童才亨 | 周 唯 | 陈良弼(归宗为王) |
| 林蛰生 | 雷泰元 | 戴照愉 | 黄肇权 | | |

民国三十二年十一月毕业，统一改称海校卅一年五月班航。

海军学校轮机班毕业生

第四届   计3名

| 夏 新 | 吴宝锵 | 云惟贤 |

民国二十六年七月毕业，
统一改称海校二十四年七月班轮。

注：
　　海军学校风纪严正，管理严格，学生按时作息，不许自由散漫。第四届轮机班学生原33人，1936年6月10日晚9时点名时，有30名学生因明日结业，聚餐才回，不肯冒雨出外列队，校方以违反校规对抗领导为由，由校长决定各记大过一次，训育主任周宪章决定予以全部开除，各自上报。后学生上南京请愿，萨镇冰亦代说情，但陈绍宽认为退学系军委会命令，无法收回，结果全班除夏新等3人带领学生适外外出未被开除外，其余30人全被开除。11月，电雷学校欧阳格乘将其中非闽籍学生12人作为转学收入，这些人后来成为反对陈绍宽并促使其下台的重要力量。

第五届   计21名

王 麟	张传剑	黄 典	陈允权	李达生	南登衡	刘洛源	许 鉴
叶 漆	柳柄镕	杨熙龄	张 祁	张奇骏	徐登山	宋绍龙	郑民新
陈鸣铮	郑永相	赵以辉	沈克敬	龙家美			

民国二十七年六月毕业，
统一改称海校二十五年六月班轮。

注：
　　海军学校轮机班第六届学生于民国二十九年部令改为第十届航海班，于民国卅二年十一月毕业(见前)，原第六届轮机班已不存在。

二、电雷学校

　　1932年"一·二八"淞沪战后,蒋介石为培养嫡系海军人员,在江苏镇江西门外的北五省会馆设立电雷学校,直辖于参谋本部,1936年改隶军政部。为避免闽系、东北系及粤系海军的干扰,不称为海军学校,只称电雷学校,实际上是培养航海、轮机的正式学校。1936年5月迁江阴黄山港。抗日战争爆发,1937年11月迁江西星子县,12月又迁湖南岳阳南津港,1938年6月28日奉令撤销,尚未毕业的第三、第四两期学生归并到在宜昌的青岛海军学校。

江苏镇江创办名为电雷学校实为培养航海和轮机人员的海军学校。图为江苏镇江。

电雷学校不属海军部而属军政部。

镇江北五省会馆是电雷学校的校址,移江阴后此处成为新生入伍的训练基地。

蒋介石亲自兼任电雷学校校长,穿起了海军制服。

电雷学校的教育长兼学生大队大队长欧阳格,字九渊,江西宜黄人,烟台海校第十届航海班毕业。

电雷学校的舰艇"策电"训练舰。

镇江北固山的甘露寺也是校址之一,山下是水上运动场及小艇泊地。

电雷学校组织表

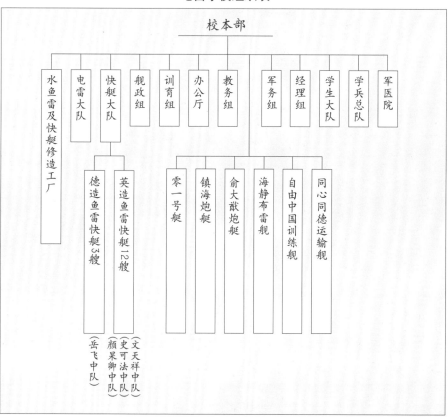

校本部

- 水鱼雷及快艇修造工厂
- 电雷大队
- 快艇大队
  - 德造鱼雷快艇3艘(岳飞中队)
  - 英造鱼雷快艇12艘(文天祥中队)(史可法中队)(颜杲卿中队)
- 舰政组
- 训育组
- 办公厅
- 教务组
  - 零一号艇
  - 镇海炮艇
  - 俞大猷炮艇
  - 海静布雷舰
  - 自由中国训练舰
  - 同心同德运输舰
- 军务组
- 经理组
- 学生大队
- 学兵总队
- 军医院

1936年5月,校址迁到江阴萧山头电雷大队原址,并在江阴黄山山麓新址兴建校舍。图为新校区。

正在兴建中的电雷学校校部大门。

电雷学校训练舰——"自由中国号"军舰。

"海静"布雷舰(由浙江外海警局拨来)。

(右)"同德"炮舰,(左)"策电"训练舰。

"同心"炮舰。"同心"、"同德"两艘浅水炮舰系1935年江南造船所承造,各509吨,航速16.5节,钢质。原属四川军阀刘湘,本名"浚蜀"和"决川",1935年1月,由军政部接收。

德造鱼雷快艇3艘,编成岳飞中队,简称岳字艇。

英制鱼雷艇靠近母舰。

英造鱼雷快艇12艘,编成史可法中队、文天祥中队、颜杲卿中队。

电雷学校师生在实习。

编队航行。

触发水雷。

水中爆发。

吊雷入水。

电雷学校学制与各海军学校大致相同,课程除电雷科外,凡海军基本学科如航海、船艺、枪炮等学科无不具备,所不同的是新生先到中央军校接受陆军训练6个月。图为中央陆军军官学校。

电雷学校在岳阳城区设厂制造水雷。图为岳阳海关,学生在此上课。

抗日战争爆发后，电雷学校于1937年11月撤离镇江抵达江西星子县姑塘镇，在天主堂内上课，12月19日又撤离姑塘于25日抵达湖南岳阳，在城陵矶海关仓库内刘公庙上课。图为城陵矶。

1938年6月28日电雷学校停办，在校三期、四期学生连同教职员工拨交正在内迁宜昌的军事委员会青岛海军学校。电雷学校到此结束，先后毕业航海二届，轮机一届。

电雷学校航海毕业生

第一届　　　　　计46名

王恩华	王 策	毛必兴(改名泳翔)	汪 济	李敦谦	李崇志	李国华
李 涵	林光炯	吴士荣	吴东权	胡希涛	胡敬端	段一鸣	姜 瑜
姜翔翔	范仁勇	唐保黄	孙 甦	马焱衡	崔之道	曹开谏	陈远润
陈溥星	陈祖镇	陈 镕	陈毓秀	郭发鳌	张天礼	傅洪让	黄震白
黄承鼎	粟季龙	杨维智	叶君略	万永年	齐鸿章	赵汉良	赵正昌
廖振谟	黎玉玺	刘功棣	刘毅卿	邓文渊	谌志立	谢宴池	

民国二十三年十二月毕业，
统一改称海校二十三年十二月班航。

第二届　　　　　计50名

王方兰	朱德邻	安国祥	李定一	李福安	李大公	李秉惕	李文瑚
杜澄深	林肇英	吴志鸿	吴家荀	吴文德	周 非	祝科伦(梅根)	
郭勋景	徐国馨	徐显荼	徐继明	段允麟	唐涌根(原名雄耿)	章绳武	
袁 铭	黄克荣	黄崇仁	张仁耀	张伟业	杨鸿麻	杨德全	杨清才
商 辰	叶蔚然	叶春华	叶定午	褚廉方	刘 征	刘 杰	刘 栈
刘德浩	刘湘钟	邓光祖	邓天健	(原名颐)	楼定森	钱恩沛	谢克武
薛仲伦	萧长睿	韩国华	谭守杰	黄云波(未毕业)			

民国二十七年三月毕业，
统一改称海校二十七年六月班航。

注：毕业名单与《中华民国海军史料》
P.505所载略有出入，此处系根据台湾
出版《海军各学校历届毕业生姓名录》。

电雷学校轮机毕业生

第一届　　　　　计12名

王先登	尹煮富	江萍光	李良骥	沙大鹏	金龙灵	袁铁忱	晏海波
高世达	张天钧	杨 珍	潘泽金				

民国二十六年七月毕业，
统一改称海校二十四年七月班轮。

电雷学校第三届(后并入海军军官学校二十八年班)全体毕业同学摄于四川万县狮子寨。

三、青岛海军学校

民国二十二年(1933年)冬,葫芦岛海军学校迁青岛,改名青岛海军学校。学制采取幼年制,入学年龄限定在16岁以内,招考初中毕业学生。学制6年,预科、本科各半,航海、轮机兼习,不分科别,仍称将校班。新生先乘军舰实习半年至一年,复考及格,始得入校。1937年1月学校改隶军事委员会,11月迁宜昌后坪。1938年7月电雷学校第三、第四两期并入青岛海校,10月学校再迁四川省万县狮子寨。1939年7月黄埔海校结束,学生30人亦转入该校,连前共为6班,统列第5期,至1940年秋全部毕业,乃告结束。

青岛海军学校校门。

青岛海校若鹤兵营。

青岛海军学校遗下的正门(原日本若鹤兵营),在今青岛东镇。

刘襄,青岛海军学校校长,字赞侯,河北望都人,烟台海校毕业,曾任鱼雷正参谋主任等职。

青岛海军学校遗留的楼房之一。

青岛海军学校遗留的楼房之一。

青岛海军学校学生在狮子寨上课。

1938年10月以后青岛海军学校所在的四川万县狮子寨。

青岛海军学校毕业生

(一)航海毕业生。

第四届(前三届见葫芦岛海军学校)　　　　计38名

于海峰	王成林	王惠恩	王楚生	石维尧	白树绵	李之杰	李永冶
	(茂华)						
牟秉钊	李树春	宋长志	沈祖荫	宋继宏	沈德祥	佟恭厚	
祁国志	林春光	周家聪	吴鼎和	胡葆谦	孙文全	孙章渊	徐升平
徐鸿进	徐时辅	周家义	姚道义	马尊援	高人俊	高崇志	陈文豫
	(友生)						
敫维驹	雍成学	葛瑞琪	赵庆吉	刘德凯	钱怀源	顾绍宗	夏志禧

民国二十六年七月毕业，
统一改称海校二十六年一月班航。

第五届　甲班　　　　计59名

丁福谦	王安人	王宗遂	王庭麃	王清溪	王学文	王继麒	
(幸福)							
王显琼	毛却非	平家骏	伍嵩	伍时炯	朱辅年	谷怡	
			(伍开发)				
何世恩	李长源	金春衡	胡飞	胡硕臣	胡德华	柯振中	姚珍温
孙逢滨	孙镜蓉	黄大川	黄志洁	黄揭掀	黄荫勋	张世奇	张汉昌
张苗禾	许承功	毕祥铭	陆锦韬	陈光汉	陈振夫	顾铮	陈振民
(明锦)	陈绍平	陈国钧	冯汉华	景立承	郭昌义	郭秉衡	郭愈钦
曾达聪	程福培	彭德志	杨沧活	裴毓菜	郑达	黎士荣	刘昌华
刘殿华	钱永增	钱诗骐	赖成杰	卢汝淳	薛育民		
		(麒)					

第五届　乙班　　　　计99名

丁广椿	王寿昌	王必泉	王乾元	王椿庭	王肇彬	王昌锐
王雨山						
朱人彰	伍国华	吕美华	吕蔚华	李秉成	李正桑	宋鸿儒
金焕章						
金骅	花文(友)筠	林植基	(伟生)	易元方	周孟义	周宏烈
涂纯安	柳家森	胡楚衡	胡霁光	胡祥卿	李良煦	郭天祥
郭万铣						
孙思聪	孙谋	孙铎	梁芬荫	梁树猷	马忠汉	邹坚
桂宗炎						
凌尚义	高二炀	陈务笃	陈桂山	陈清生	陈念群	莫子纯
陆锦明						
陆亚杰	常毓桂	殷国屏	汤世融	张汝栖	彭叔俊	杨广英
杨松泉						
杨胜	楚虞璋	熊德树	黎国炘	廖振威	刘作炳	刘麟堂
刘俊泉						
刘承基	刘上根	欧阳建业	谭俊吾	瞿廷祁	罗柳溪	苏绍业
王述谩						
王振涛	王河甫	朱叔屏	朱光培	李锐	林焕章	侯尚文
徐集霖						
唐毓仁	奚君明	马俊偏	陈桑	陈东海	郭全贵	张君然
张仲同						
彭运生	黄廷鑫	彭应甫	贺大杰	郑家模	赵成拱	赵德基
赵鸿荦						
赵德成	齐民	谢立和	聂齐桐	陶澜涛		

注：原电雷学校第4期并入。　民国二十九年九月毕业，
统一改称海校二十九年三月班航。

注：原电雷学校第三期并入，　民国二十九年三月毕业，
民国二十五年八月入学。　统一改称海校廿九年三月班航。

(二)轮机毕业生。

第五届 甲班							计60名
王其燊	王祖庆	毛遇贤	左景礼	艾少海	伍康民	朱秉钦	江伟衡
汪登鳌	吴希贤	周振昌	林晨辉	杭继寿	胡陶滨	胡传宪	范乃成
徐　谋	徐家骥	徐海澜	徐基铨	侯秉忠	柴敬业	倪道卫	黄益民
黄万嵩	黄震亚	黄德辉	陶世琳	张企良	张家瑾	曹远泽	曹鸿儒
陈利华	陈振翼	陈鸿祺	陈继平	冯　纲	傅尚渊	陈　昌	汤祯祥
焦德孝	杨　良	杨文治	杨仁荣	杨昌义	杨崇津	赵绍孔	赵敦华
赵绵龙	廖鼎凯	郑自林	刘光平	戴坤楹	谢崇基	谭如芬	罗昭汶
罗俊柏	罗德涛	萧逢年	严务本				

注:原电雷学校第三期并入,
民国二十五年八月入学。
民国二十九年三月毕业,
统一改称海校二十八年九月班轮。

第五届 轮机 乙班							计58人
王儒通	左确扶	田敬一	朱邦仪	朱崇信	艾传治	李学灵	吴方瑞
吴永杰	吴　璜	王延彤	周家正	周福源	周铁林	祝萱生	胡长发
涂石麟	翁家骙	孙直夫	秦士金	梁伟鸿	梁国铝	徐苏伟	陈作纪
陈念愚	陶文彬	郭增辉	盛绍春	张山海	张敦仁	张道明	曾泽涵
程达龙	冯师尚	冯国楷	黄贤明	黄宗汉	彭大雄	郞益昆	杨师宗
叶锦杰	赵金九	郑兆澧	廖奕祥	刘理光	刘明未	刘铁桑	刘鉴淙
邓善培	蒋圣怜	钱　潮	应光彩	谢契元	简国治	韩鹤光	萧广荪
吴声溆	蒋宏孝						

民国二十九年九月毕业,
统一改称海校廿九年三月班轮。

四、黄埔海军学校

1930年6月,广东海军学校复校,仍旧归广东省自办,以第四舰队司令陈策兼任校长,仍名"黄埔海军学校",招收大学肄业程度的学生28人为第十八届航海专科学生。抗日战争爆发后,该校一再迁移,由黄埔而连滩,由连滩而柳州,1939年奉令结束,未毕业的第二十四届(轮机)转入青岛海校战后补训,计毕业谭静平等14名。

黄埔海军学校复校初因校舍修建未竣,改在"飞鹰"舰上授课。图为师生正在上课。

黄埔海军学校之一部。这里曾是黄埔军校平岗分校。

复校后首任校长陈策,字筹硕,广东省琼山县(今海南省)人,黄埔水师学堂驾驶班第十五届毕业,曾任广东省江防、海防舰队司令,广州军政府大元帅府参议,广东长洲要塞司令,海军陆战队司令,时任第四舰队司令。

黄埔海军学校复校后历任校长

姓　名	出　身
陈　策	黄埔水师学堂第十五届毕业,时任海军第四舰队司令
刘永诰	1931年接任,烟台海军学校第一届驾驶班毕业,曾留日、留英学习海军
姜西园	1935年接任,烟台海校第十五届毕业,时任粤海舰队司令
李庆文	1936年接任,广东海军学校第十五届驾驶班毕业

刘永诰，1931年接任黄埔海军学校校长，生于清光绪十年(1884年)，1905年烟台海军学校第一届驾驶班毕业。曾入日本商船学校学习，后又入英国格林尼茨海军学院深造。抗战胜利后任华南区(广东、海南)接收敌伪专员。

广东海军各军事学校沿革表

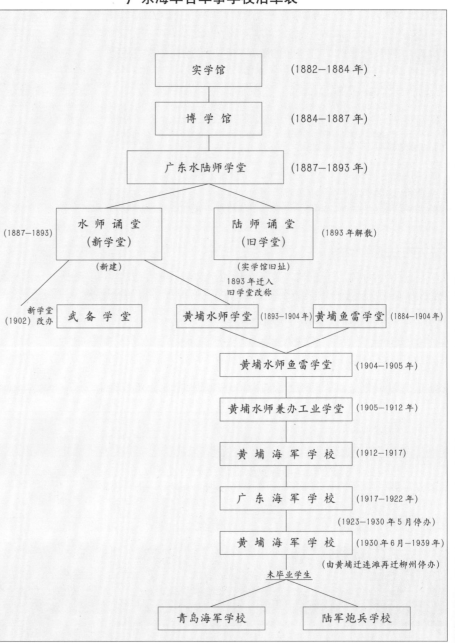

实学馆	(1882—1884年)
博学馆	(1884—1887年)
广东水陆师学堂	(1887—1893年)

(1887—1893) 水师诵堂（新学堂）（新建）　　陆师诵堂（旧学堂）（实学馆旧址）(1893年解散)

1893年迁入旧学堂改称

新学堂改办(1902) 武备学堂　　黄埔水师学堂 (1893—1904年) 黄埔鱼雷学堂 (1884—1904年)

黄埔水师鱼雷学堂 (1904—1905年)

黄埔水师兼办工业学堂 (1905—1912年)

黄埔海军学校 (1912—1917)

广东海军学校 (1917—1922年)

(1923—1930年5月停办)

黄埔海军学校 (1930年6月—1939年)

(由黄埔迁连滩再迁柳州停办)

未毕业学生

青岛海军学校　　陆军炮兵学校

黄埔海军学校之一部。

黄埔海军学校毕业生
（复校后至停办）

第十八期　航海毕业　　　　　计29名

吴伯森	邓萃功	李蓝田	马廷伟	林昌鹏	刘敏熙	覃　忠
邝民光	黄汝康	林炳尧	文瑞庭	符　骏	蓉应南	麦士尧
刘毓希	徐　亨	高为铁	黄邦献	陈宇钿	黄鼎芬	廖崇国
梁显邦	冯汝珍	黎郁达	詹忠浩	梁灼铨	许耀震	黄　里
黄吉祥						

民国二十年十二月毕业，
统一改称海校二十一年七月班航。

第十九期　航海毕业　　　　　计19名

胡溁澄	陈善嘉	黎启旦	招德培	谢祝年	魏源容	张荣绶
黎永年	陈守仁	冯启聪	黄锡麟	卢宜刚	黄景文	姚君武
孔宪强	吴超万	邓运秋	周超杰	杨昭棠		

民国二十四年七月毕业，
统一改称海校二十四年七月班航。

第二十期　航海毕业　　　　　计35名

吴桂文	杨耀机	卢淑涛	陈肇明	李则文	符家骥	唐廷襄
伍耀沛	刘达生	叶育生	陈厚立	区兆初	温壬芗	江肇熙
杨汝聪	杜英才	魏振民	黎昌明	李定强	邓光华	郑冠球
陈安华	黎昌期	何学湛	招德垓	余凤乾	徐富嘉	周　渊
凌云骥	沈耀棠	张国材	沈淑滨	朱祝尧	刘权球	丁锦祺

民国二十五年七月毕业，
统一改称海校二十五年七月班航。

第二十一期　轮机毕业　　　　　计30名

冯国彦	庞文亮	江启棠	黎子昂	江　裔	阎承烈	刘业崇
梁茂宣	姜维邦	谢法扬	何绍志	谢瀹泝	李定国	林鸿容
谢建中	吴振群	刘义锐	方天骥	张文安	李富元	李大同
梁祖文	钟俊民	张新民	卢广云	梁锡琼	凌　奎	胡汉昌
林明哲	黎树芬					

注：原航海后改习轮机。　　民国二十六年六月毕业，
统一改称海校二十六年十月班轮。

第二十二期　军事科毕业　　　　　计20名

潘植梓	刘次乾	冯翊志	刘定邦	谭祖德	方富捌	谢炳烈
林永裕	卢珠光	李北洲	朱文清	陈庆堃	阮绍霖	和锦忠
赵慕西	黄思研	黎宗原	钟汉波	蔡惠强	李荣安	

民国二十七年六月毕业，
统一改称海校二十七年六月班航。

1939年黄埔海军学校停办，未毕业的一部分学生并入青岛海校第五届航海班续习，一部分转入陆军炮校，或自谋出路。

五、南京海军水鱼雷营附设无线电训练班

1929年,海军部在南京成立后,添造了一些舰艇,又在各地设立观象台、报警台,急需无线电人员,而南京海军无线电学校已于1928年停办,遂于1930年8月在南京海军水鱼雷营设立无线电训练班,学员先后从福州海军艺术学校未毕业学生中挑选,办了两届,第二届毕业后结束。

第一届毕业生　　　计29名

刘宜伦	赖海钰	陈传洵	严 臻	郑肇骥	张嵩龄	许建炎
黄建乾	陈育贤	罗孝圭	林则良	周宗琪	周天孟	彭常晖
杨铣元	王克椒	杨 起	吴贻谋	赖祖仁	杨鸿朴	杨钦官
魏至鹏	陈鸿铿	王 衢	贾承尧	王 迪	赖硕甫	贾少寅
张瑞弧						

民国廿一年夏毕业

第二届毕业生　　　计28名

王静修	陈传滂	陈道清	杨人恺	侯岳生	商寿臻	林世连
林其溶	薛潮平	林道钎	魏念椿	林世华	张学铨	林柯亮
吴明庆	林祥庆	陈敬年	黄自齐	叶芳诚	叶昌骏	潘庆云
陈成荣	吴炳萱	陈赞元	赵长诚	林家菜	曾珍昌	应 时

民国二十三年冬毕业

教官陈可潜,海军部电务科科长。图为陈解放后任中国人民解放军海军研究委员会委员时留影。

南京海军水鱼雷营附设无线电训练班第二届毕业生。

六、"海军大学"的风波

为提高各舰长的战略战术水平,民国二十三年(1934年)海军部派技正陈秉瑄到马尾筹建海军大学,聘请日本海军上校寺冈讲军事学、日本海军法律顾问法学博士信夫教授讲授国际公法。因时值抗日运动高潮,以"应瑞"舰长林元铨为首的23位舰长联名向国府主席林森控告海军当局亲日,要求取消成约,解雇日人。陈绍宽闻讯,呈请辞职,后由蒋、汪派员劝驾,风波遂告平息。1935年4月,海军大学移南京草鞋峡水鱼雷营内上课,原设马尾的海军大学停办。

1934年在马尾筹建的海军大学,校长由海军部长陈绍宽兼,海军马尾要港司令李世甲兼任教育长。

林元铨(1888～1950),福建闽县(今闽侯)人,马尾船政后学堂第十八届驾驶班毕业。在当时舰长中资历最深又是国府主席林森的宗侄,时任"应瑞"舰长,他联合"宁海"舰长高宪申等23位舰长联名上书林森,密告陈绍宽"昧于大义,私聘日人为教授,把海军最高教育权委诸敌人,丧权危国",要求"取消成约,解雇日人"。林森转行政院长汪精卫处理,汪转陈绍宽,陈呈请辞职,后在蒋、汪授意下,林元铨被调任海军军械处处长,陈绍宽被劝驾慰留,风波结束。

民国二十三年(1934年)冬秋操时,陈绍宽在"宁海"军舰上召集会操的各舰长宣布要办海军大学的理由,当场就有"自强"舰长方莹表示反对聘请日本人当教授。左图为"宁海"舰。

七、南京政府选派的海军留学生

　　1929年6月,海军部成立,考虑到欧战后世界各国海军科学日臻新异,英国海军部又表示愿为中国继续培训航海和轮机人才,海军部于当年7月决定派遣20名生员赴英留学,这是第一次世界大战后中国首批派出的海军留学生。此后由于政局及抗战影响,虽不能成批派出,但仍陆续派遣。

　　南京政府海军部成立的次月所派遣首批赴英留学生在英伦格林尼茨海军学院前合影。图中(从上到下)二排右二邓兆祥,五排右二林遵,一排右一陈书麟,左一杨道钊。

南京政府海军部派遣的海军留学生

时　间	派　出　人　员	派出国家	备　　　　　注
1929年11月~ 1932年7月至12月先后回国 " " " " " 1929年11月~ 1933年11月及 1934年4月~ 9月先后回国 1929年11月~ 1930年 1929年11月~ 1934年	学员8人: 周宪章("海兔"雷艇艇长) 周应聪(第一舰队副官) 华ើ่ 良("德胜"舰副长) 张鹏霄("应瑞"舰大副) 杨道钊("海筹"舰大副) 欧阳宝("永绩"舰二副) 陈大贤("江贞"舰二副) 高光祐("豫章"雷舰二副) 考选10人: 陈瑞昌、林祥光、陈赞汤、高如峰、林遵、陈书麟、林夒、程法侃、林滢、蒋兆庄 广东舰队2人 陈香圃(广东舰队副官) 邓兆祥(广东鱼雷艇副长) 以上首批共20人	在英国格林尼茨和朴次茅斯各海军院校学习后分配英海军大西洋、地中海两舰队学习实战,一部分又学习海军枪炮、水中武器、通讯、航海等专科	原东北海军4人,因边境冲突没有派出,遂由考选中备取的林夒、程法侃、林滢、蒋兆庄4人顶补 陈香圃是学生队长,因军士长破口侮辱中国,他向英教练官提出抗议,英方要求召回,他于1930年底回国后仍回广东工作
1929年9月~ 1932年2月	翁寿椿、蔡道铤、何传永	美国	学习测量制图
1929年8月	杨元墀、王荣瑛、陈薰、周亨甫、马德树	英国	学习内燃机、锅炉等
1930年9月~ 1932年底	曾国遑、姚屿、叶可钰、何希琨、陈洪、孟汉鼎、张大澄、李慧济	日本	学习鱼雷、海军军需等
1931年3月	韩廷杰、杨熙焘、曾万里、林宝哲、周伯焘、邵伦、吕叔奋、林继柏、郭懋来、李寿铺	英国	杨熙焘先回国;曾万里、林宝哲、韩廷杰3人于1934年4月回国
1932年2月	丁杰	美国	学习无线电,原自费改为公费

续上表

时　间	派　出　人　员	派出国家	备　　　　注
1932年11月~1937年8月	郑海南、陈昕、陈荫耕、傅恭烈	英国	学习轮机
1933年11月~1937年1938年	卓韵湘、刘宜伦、郑肇骥	美国	学习电机
1934年3月派出，1938年4月转赴德国	龚栋礼、薛奎光、陈庆甲、刘永仁、高举、陈兆菜	意大利德国	学习潜艇，1939年7月返国
1934年6月	黄珽、施儁、陈长钧	英国	固敏船厂见习，不久，施儁因病回国，由该厂自费学习的陈长钧顶补
1934年7月~1937年10月	郑天杰、刘荣林、林葆格、游伯宜、高声忠	英国	
1935年6月~1938年—39先后回国	郑昂、柳鹤图、常香圻、萨师洪、高光晅、魏行健、魏济民、陈家振	英国	学习驾驶(柳鹤图后转学造船)
1935年6月	刘馥	美国	学习冶金
1935年12月	刘功棣、杨维智、胡敬端、黄震白	英国德国	学习快艇战术
1936年5月	赵汉良、孙甦	英国	学习鱼雷，孙后留英监造
1936年8月~1936年12月及1937年春回国	黎玉玺、齐鸿章、崔之道、汪齐、姜瑜、王恩华、李敦谦、傅洪让	德国	学习快艇战术及鱼雷
1936年7月~1937年10月	郎鉴澄、黄廷枢、韩兆霖、张绍熙、周仲山、阚疑	英	
1937年7月~1939年7月	郎鉴澄、黄廷枢、韩兆霖、林遵、齐熙	由英转德	
1937年4月~1937年7月	陈绍宪、周应聪、林遵	欧美	考察海军，林遵赴德，余回国
1937年4月~1939年7月	邱仲明、林濂藩、何树铎、刘纯巽、廖土澜、欧阳晋刘震、卢如平、蒋菁、王国贵、吴建安、饶佳羽	德国英国	学习潜艇学习驾驶
1937年10月~1939年12月	王致光、林惠平、徐振骐、夏新	德国英国	监造潜水艇学习造船
1938年1月~1939年	王荣瑛、高光佑、陈瑞昌、程法侃、林祥光、程景、苏镜湘、李孔荣、陈尔恭	德国	王荣瑛监造潜艇，其余均学习潜艇

赴英之海军留学生。

海军学员在英国海军枪炮学校与教官合影。

留英海军学生与同舰英国海军员生合影。前排自左至右：第一周伯焘，第六郭懋来，第七林继柏，第八李寿镛，最后排自左至右：第一邵仑，第二吕叔奋。

海军留英学生在英舰Erobisher。

海军留学生在英国受训。

陈绍宽(坐者)、周应聪(立者)。

留英造舰班同学摄于英国。

留英海军同学会成立。

第二次世界大战后期，海军江南造船所所长马德骥率领中国造船人员林惠平、周亨甫、王荣瑛等23人参加中国海军人员赴美服务团，在美国纽约、费城等海军船厂研习船体、轮机和武器装备等修造新技术。图为服务团成员。

陈绍宽在美国茵格伍德北美航空公司参观新制飞机。

海校航七、航八留英同学摄于英国。

海校航五留英同学合影。

●第六节 海军平时训练与春秋二操

南京政府海军部所属舰队的日常训练已有较为完善的训练制度,有每日、每月、每季、每半年或每年的操作科目的规定,军舰和鱼雷艇操练内容不同。

一、军舰每周操练科目

星	期	操 练 科 目
日	上午	站班点验,巡视各舱
	下午	
一	上午	分班荡舢板、体操、枪队登岸操演、洗衣
	下午	操演攻御或操炮或操舢板、离船、救火
二	上午	分班荡舢板、体操、演习
	下午	学习船艺或讲解弹药引信引火用法
三	上午	分班荡舢板、体操、操演小炮、机炮
	下午	舢板驶风,防水关闭,截堵水门,舢板出军
四	上午	枪队登岸操演或操流锚、洗衣
	下午	修补衣服
五	上午	操演备战攻敌,演放鱼雷
	下午	炮队登岸排演,试探海灯
六	上午	洗全船、操演救火,打扫各舱
	下午	

"通济"军舰荡舢板操练,每星期一、二、三上午。

"通济"军舰操练舢板驶风,每星期三下午。

"海容"军舰操练舢板出军,各舰每星期三下午操练。

体操,每星期一、二、三上午。

"逸仙"军舰操练操炮,各舰每星期一、三操炮,舰艇每季必须大炮炮闩拆卸上油一次,各大炮用膛内炮打靶一次。

"楚泰"军舰操枪,每月必须打枪靶一次。

"宁海"舰操练鱼雷,每星期五上午,舰艇每半年必须操放鱼雷一次。

试演舢板救火。

"永绩"军舰操炮,每月小炮炮闩拆卸一次,机枪拆卸上油一次。

"楚泰"炮舰在操演炮术。

操练升桅("通济"舰)。

"应瑞"军舰操炮。

"通济"操练高射炮。

"海筹"军舰操练演放鱼雷。

二、鱼雷快艇每周操练科目

星　期		操　　练　　科　　目
日	上午	站班点验,巡视各舱
	下午	
一	上午	体操,操演攻御
	下午	操流锚或扫雷
二	上午	体操,防水关闭,截堵水门
	下午	操炮
三	上午	体操,操演攻御
	下午	操雷
四	上午	体操,操炮
	下午	修补衣服
五	上午	操演备战攻敌,演放鱼雷
	下午	操演夜间袭击
六	上午	洗全船,操演救火,打扫各舱
	下午	

"湖隼"鱼雷艇演放鱼雷。

"湖鹰"鱼雷艇操演鱼雷。

三、海军校阅

从1931年开始对海军各项工作每年例须举行通常校阅一次,以考察所属之军纪、教育、训练等成绩,由海军部长或次长担任校阅委员长,各司司长任委员,司以下再指派随检员,逐个校阅。每次校阅历时约一个月左右。

陈绍宽在八卦洲校阅驻南京各舰艇水兵练习步操。

海军士兵操演鱼雷。

"楚有"旗舰主力炮准备射击。

"江贞"军舰士兵操演施放机关枪。

"楚有"军舰士兵操演航次备战。

各舰艇士兵送救火队到"楚有"旗舰演练。

"楚有"舰士兵演放大炮。

"海筹"等舰操演船阵。

"青天"测量舰士兵操枪。

"江贞"舰破浪前进。

准备出发舢舨驶风。

"大同"军舰士兵正在操作。

四、海军会操

会操是海上训练的一项重要内容,由各舰队司令督率所属举行会操,每年不定期举行,一般在春秋两季,地点多在长江中、下游及闽浙近岸海域,时间约20天。指挥官通常由舰队司令担任,海军部高级官员到场指导和监督。

海军秋操之检阅长官。

海军秋操施放鱼雷。

海军舰队在首都八卦洲会操全景。

海军舰队在八卦洲会操集合听令。

鱼雷游击队湖口会操。

施放大炮以水礁为假定敌船。

"海筹"等3舰在三都澳会操。

各舰衔尾而转航向时情形。

"宁海"军舰北行会操中演放鱼雷。

"宁海"军舰炮火指挥练习。

"宁海"军舰操演备战。

练习鱼贯而进。

"宁海"军舰操演备战。

"宁海"军舰操演鱼雷。

南京政府海军部除正规办海校、训练班、操演等培养人才外，还聘请外籍教官为海军军官培训。图为海军军官学习战术班毕业合影，前排（右起）建康舰长傅成、全军总教练官古乐门、陈绍宽部长、鱼雷队参谋李葆祁、湖鹏艇长蒋元福；(后排右起)海军部科长史国斌、列字艇长卢文祥、宿字艇长高鹏莘、湖鹏艇长熊兆、湖鹰艇长叶水源。

第二十章

从"九·一八"到"七·七"

事变前夕的海军

●第一节 "九·一八"事变后的东北海军

1931年秋,日本帝国主义趁着资本主义各国忙于应付国内经济危机,无暇东顾,趁着国民党政府忙于内战、不抵抗的有利时机,发动"九·一八"事变,经过4个月零18天,迅速侵占了我东北三省,东北海军由强盛开始走向衰落而至瓦解。

一、"九·一八"事变

1928年11月10日即位的日本第124代天皇裕仁。

田中义一(1863~1929),日本军阀,曾参加甲午战争。1918年任陆军大臣,进军西伯利亚。1927年组阁任首相兼外相、拓相(掌管殖民地事务),6月召开东方会议,妄想对华侵略。前后出兵山东三次,造成济南惨案,为日本军阀代表人物。曾拟"田中奏折",为日本的侵略野心做了蓝图。

"田中奏折"的主要内容

1927年7月25日,日本首相兼外相田中义一秘密向天皇上一奏折,世称"田中奏折"。奏折称:"明治大帝遗策,第一期征服台湾,第二期征服朝鲜,第三期灭亡满蒙,以征服中国全土……""惟欲征服支那,必先征服满蒙;如欲征服世界,必先征服支那。"所谓满蒙,就是指奉天、吉林、黑龙江及内外蒙古。

这个举世震骇的"田中奏折",说明了日本既定国策是以侵华为目标,明治欲实现此妄想,一为南进政策,即海洋政策,其目的在夺取琉球、台湾,囊括南洋各岛屿;一为北进政策,即大陆政策,其目的在征服朝鲜,并吞中国,占领亚洲全境。

中国及时获得此项密件予以公布,当时日本虽极力否认,但其后日本之侵略行径,证明田中的秘密奏折并非虚构,充分暴露了日本帝国主义的侵略野心。

抄录"田中奏折"的蔡智堪，台湾人。1928年赴日本，以补册工人身份进入皇宫书库，在整理书库时掌握了"东方会议"的记录(即"田中奏折")，便将抄录的内容分数次寄回中国，交张学良转国民政府，以揭露日本军国主义者的侵略野心。南京出版的《时事月报》一卷二期刊出"田中奏折"，举国震惊。

日本发动了"九·一八"事变，迅速侵占东三省。图为被日军占领的东北边防军司令长官公署。

日军占领东北后，将在中国掠夺的大量物资经大连港运往日本。图为抚顺煤炭装船外运的情形。

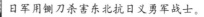
日军用铡刀杀害东北抗日义勇军战士。

1932年3月8日在日本关东军导演下，废帝溥仪粉墨登场为伪满洲国"执政"。图为穿上满洲国海陆军大元帅正装的溥仪。

伪满洲国国旗。

掌握伪满洲国军事实权的日本关东军总部。

民国二十三年元旦,溥仪与日本菱刈隆司令官合影。

　　民国二十三年(1934年)3月1日,伪满洲国改"执政"为帝制,溥仪成为皇帝,次年委日本吉冈安直中将为皇室总务长官,掌握实权。图为傀儡溥仪身穿龙袍在长春称帝。

溥仪访日的座舰"比叡"号主力舰。

溥仪与日本天皇(左)在东京代代木练兵场阅兵。

二、江防舰队附逆与"利济"舰反正

"九·一八"事变时,东北海防第一、第二舰队一直驻泊于青岛和里长山岛,未受损失,只有江防舰队舰只小,远航有困难,除一部分官兵不甘附逆登陆组织抗日义勇军外,大部人连同"江亨"等舰都成为日寇的战利品。1932年4月,伪满洲国成立江上军司令部,江防舰队实权则操在日方手里,各舰皆派有日本少尉一名,无线电官一名加以控制。10月,"利济"舰反正,击毙日方人员,返航同江,将舰上武器搬上陆地作战。

伪满洲国江上军司令部

姓　　名	职　　　　　　　　务
尹祚乾	司令官,原东北江防舰队舰队长(1931年10月回任)
范熙申	参谋长,曾任"江安"舰长等职
吴铁	副官长
严昌泰	"利绥"舰长
刘安国	"江清"舰长
范杰	"利济"舰长,曾任"利绥"副舰长
赵文溶	"江平"舰长
戚天禧	"江通"舰长
黄勋	海军练营大队长,曾任"利绥"舰长

伪江上军司令部遗址(今黑龙江航运管理局)。

伪江上军的军舰之一部。

在松花江岸的伪江上军军舰。

溥仪检阅伪满洲国海军时的阵容。

溥仪检阅伪满洲国海军时在"定边"舰的甲版上。

伪满洲国后来新添的"顺天"舰。

伪满洲国的"海凤"舰。

伪满洲国惟一远洋舰只"海威"号。

在松花江上的伪满军舰。

伪满洲国新添的"定边"舰。

伪满洲国新添的"利民"舰。

原江防舰队"江东"舰。

原江防舰队的"江清"、"江泰"舰。

伪满洲国的江上舰队。

"利济"舰反正

"利济"舰虽受环境限制，被迫附逆，但广大官兵密谋反正。1932年10月中旬，当"利济"舰返航富锦途中，舰上士兵郑义宽、周万才、夏清山、刘云福、李文亭等人，在舰长范杰的支持下，将日方人员2人击毙，沉尸江中，返航同江，迅速将舰上武器搬上陆地，建立桥头阵地，并电义勇军路永才旅，报告反正经过，受到路旅欢迎。

反正的"利济"舰。

李杜，原依兰镇守使，"九·一八"后组织自卫军抗日，被南京政府任命为吉林义勇军总司令，在吉林沿江山岳地带打游击战，声威远播。

范杰，福州人，"利济"舰舰长。率舰反正后，复由同江驶抵街津口，经吉林义勇军总司令李杜转报北平军委会分会，得到复电嘉勉，由是在街津口设立海军筹备处。图为担任海军筹备处处长的范杰。后因力量悬殊于1933年2月退入苏境，辗转至新疆伊犁，返青岛后任第三舰队司令部中校参谋。

海军筹备处

地址：离同江县20公里的街津口
处长：范杰(原"利济"舰长)
下辖3个大队：
　第一大队大队长：郑义宽
　　装备：平射炮2门
　第二大队大队长：周万才
　　装备：迫击炮2门
　第三大队大队长：夏清山
　　装备：机关枪2门

注：各大队步兵由路永才义勇军旅各补充100名。路旅收编"利济"舰，声势益加壮大，各地义勇军闻风归附，加强了抗日阵势。

三、崂山事变始末

　　"九·一八"事变后,东北陷落,海军官兵对东北统治者执行蒋介石的不抵抗政策深表不满。海军财源随东北陷落而断绝,虽有南京当局补给,但杯水车薪,无济于事。少将副司令凌霄等几个高级军官想拥沈鸿烈为青岛市长,割据地盘,就地筹饷,遭到沈的痛斥。他们决定软禁沈鸿烈,逼沈称病辞职,由凌霄代理司令,实现夺取青岛计划。沈被软禁于崂山太清宫,后水兵队一些人组织敢死队救沈,凌霄等被驱逐。北平军委会分会委沈鸿烈为青岛市长。

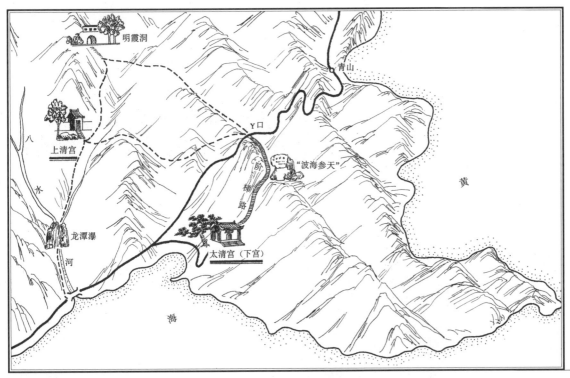

崂山山上有一寺观叫太清宫(亦称下清宫),苍松翠柏,风景优美。东北海军多在崂山湾海面训练,沈鸿烈每次来,必下榻于太清宫。

东北海军"海圻"、"海琛"、"肇和"、"镇海"4舰驻泊于崂山湾海面。

崂山离青岛15公里,海拔1000多米。

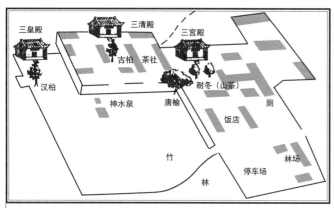

太清宫示意图。

"九·一八"事变后,东北海军财源随东北陷落而断绝,少将副司令凌霄、"海圻"舰长方念祖、"海琛"舰长刘田甫、"肇和"舰长冯涛、"镇海"舰长吴兆莲等为主的几个高级海军军官,想拥沈鸿烈为青岛市长,割据地盘,就地筹饷,遭到沈的痛斥。沈以军人不参政为由,拒绝夺取青岛的建议。

1932年初,凌霄等邀请沈鸿烈到太清宫便宴议事,要求清发积欠两三个月的欠饷,并作最后一次的诤谏,又遭沈的拒绝。图为崂山太清宫殿门。

凌霄等把沈鸿烈软禁在太清宫,宣布沈患重病,由凌霄代理海军司令。图为沈鸿烈被软禁的地方。

沈鸿烈被扣押,广大官兵,尤其葫芦岛第一期学生,以沈系创办人,认为以下犯上不道德,且未见夺取青岛行动,遂由水兵队一些低级官长关继周、张振育、张凤仁等经"海圻"副舰长董沐曾同意,组织敢死队到太清宫救出沈鸿烈。

救沈有功的"海圻"舰副舰长董沐曾。

崂山事变的结局

　　沈鸿烈被救后,即把真相报告军委会北平分会,北平复电将凌霄、方念祖、刘田甫、冯涛、吴兆莲5人撤职查办。沈因念留日同学之谊,且又未杀害自己,只宣布驱逐出境,自谋生路。北平分会并委沈鸿烈兼任青岛市长。

沈鸿烈(前排左一)兼任青岛市长后与抵青的大批日本舰队武官合影。

崂山事变后救沈有功人员都得到了升等晋级

姓　名	职　务　变　迁
董沐曾	原"海圻"中校副长升任上校军衡处处长
姜鸿滋	原代将海军参谋长回任"海圻"舰长
戴奕秋	原"永翔"舰长升任"海琛"舰长
王兰荪(兆麟)	原军需处长,调任"肇和"舰长
陈绳武	原军衡处长,调任"镇海"舰长
姜炎钟	原"肇和"舰副长,调升"海圻"副长
冉鸿翮	原大副,调升"肇和"副长
其他有功人员如关继周、杨超伦、唐静海、张凤仁等均分别升等晋级	

四、薛家岛事件

　　崂山事变后，留日派主要人物被赶出东北海军，旧渤海舰队人员得到重用，葫芦岛海校毕业的东北派人员被视为功臣，取得掌握舱面士兵和轮机的实权，而烟台海校毕业的东北派人员既升官又得到赏金。但未及年余，为了争夺海军领导权，东北海军内部又发生旧渤海舰队人员与葫芦岛海校、烟台海校人员争夺领导权的斗争，这就是1933年夏发生的刺杀沈鸿烈的薛家岛事件。

　　薛家岛在青岛对面，是东北海军夏季避东南风的良港。一部分海军人员要求沈委以青岛行政机关主管，并下令清除董沐曾等人，于1933年6月24日乘沈鸿烈赴"镇海"舰训话，将沈劫往"海圻"舰，举行兵谏。凶手冯志冲被沈的副官一拳打入海中，后被处死。图为停泊在薛家岛的"海圻"等3舰，事变后离沈南下投粤。

　　冯志冲被处死后，以关继周为首的一批人，认为崂山事变仅把凌霄等人资送回籍，而对有功的人竟如此处理，愤愤不平。"海圻"副长姜炎钟(西园)想趁机取得三舰的领导地位，提出离沈南下的主张。图为姜炎钟(西园)。

　　南下投粤的"海圻"副长唐静海。

　　3舰离青后，通电请沈下野，沈辞本兼各职，南京当局任谢刚哲为海军第三舰队司令，但未免去沈鸿烈的青岛市长职。图为沈鸿烈。

　　南下投粤的"海琛"副长张凤仁。

"海圻"等3舰向东南航行3昼夜，因"肇和"煤水不够，中途由"海圻"军舰拖行，7月5日在珠江口外赤湾抛锚，后由"福安"舰长方念祖和"海虎"舰引导，驶进黄埔，投靠广东陈济棠。图为中国最大的"海圻"巡洋舰(4300吨)。

新任海军第三舰队司令谢刚哲(右一)与英国海军将领在一起。

谢刚哲被南京政府任命为海军第三舰队司令后，南京海军部派第二舰队司令曾以鼎，乘"逸仙"舰(上图)来威海，颁发第三舰队的关防，从此，不称"东北海军"，但防务指挥系统和人事、经费、管理等仍直属军委会北平分会领导。

东北海军由于"海圻"、"海琛"、"肇和"3舰南下，只剩下小型炮舰几艘维持残局，司令部由青岛移设威海的刘公岛，组织人事亦作了调整。

海军第三舰队司令部调整后人事表

姓　名	职　　　　　　　　　　　务
谢刚哲	海军第三舰队司令，原东北海军总司令部参谋长
盛建勋	第三舰队司令部参谋主任
汪于洋	"镇海"舰长
曹树芝	"永翔"舰长
孟宪愚	"江利"舰长
李信侯	"楚豫"舰长
谢渭清	"定海"舰长
晏治平	"同安"舰长
刘　襄	青岛海军学校校长
袁方乔	原东北海军第二海防舰队长，调青岛港务局局长
张赫炎	海军陆战队第一大队大队长，驻防青岛
李润青	海军陆战队第二大队大队长，驻防青岛
李毓成	青岛办事处处长
李国堂	长山岛办事处处长
李伯仁	南京办事处处长(原军委会海军处兼任)
其他尚设有副官长一员，中少校参谋若干员，军需、秘书、军法官等若干人，不能编入正缺的，均列入参事室(下略)。

第三舰队的防区照旧划分，由渤海一带到连云港。图为第三、第二舰队辖区分界处连云港。

●第二节　"一·二八"事变中的中央海军

　　"九·一八"事变后,日本为转移国际视听,压迫南京政府完全屈服,于1932年1月28日在上海发动军事进攻,十九路军奋起抗战。被迫下野的蒋介石却利用这个机会,重新控制国民党政权,提出"攘外必先安内"的反动国策,下令中国海军勿配合十九路军作战,日本海军司令亦来函谓"此次行动,并非交战,如中国海军不攻击日舰,日舰亦不攻击中国海军,以维友谊"。海军部遂密令各舰队"应守镇静"。海军的不抵抗行动,遭到了国难会议的责难。

　　1932年1月18日,5个日本和尚经过杨树浦三友实业公司门前时,被日本女间谍川岛芳子收买的流氓殴打一死四伤,日侨2000余人示威请愿,捣毁中国商店,日本舰队司令盐泽反而要求中国赔偿并停止拒购日货行动。至1932年1月28日晚上,日本海军陆战队悍然向十九路军进攻,"一·二八"淞沪之战就此爆发。

　　川岛芳子是清朝肃亲王的女儿,后被致力于满蒙独立运动的川岛浪速收为养女,在"一·二八"事变中收买流氓袭击在华日本僧侣制造事端,协助溥仪之妻婉容逃离天津,组织安国军等。平日女扮男装,从事间谍活动。图为协助伪满建国的川岛芳子。

事变前日本已派军舰停泊在黄浦江口。

　　停泊在上海日本领事馆前之日本"出云"旗舰。日军司令野村植田、白川等均在此舰办公。

停泊杨树浦公大纱厂(日军司令部)前之日本军舰。

停泊镇江江面之日本战舰。

停泊杨树浦江南之日本军舰。

1932年1月30日,满载佐世保第三特别陆战队的日舰"龙田"号进入上海。

"一·二八"事变日本主力军是海军陆战队。

日军司令部将海军陆战队编成中央、北部、虹口、西部以及东部等5个警备队,部署完毕即向我十九路军的前方(北四川路)攻击,十九路军奋起抵抗。

日本侵略军的主角——日本海军陆战队,在北四川路一带预谋袭击。

十九路军总指挥蒋光鼐将军。

十九路军军长蔡廷锴将军。

十九路军领导陈铭枢将军。

后来增援的国民党第五军军长张治中将军。

日军开火后,即遭十九路军猛烈反击,日军损失惨重。

上海百老汇市民避乱。

日军实力薄弱,初战失利,乃向日本政府请求增援,2月14日增派第九师团3万余人分乘7艘运输舰到上海。图为增援日军在上海汇山码头登陆。

2月1日，日海军在下关开炮。海军部令各舰长："日海军炮击狮子山炮台及京市与我海军无涉，非日舰炮击我舰，不准还击。"3日，上海日舰炮击吴淞各地，中国海军均奉令"不准还击"。图为日本二等巡洋舰"夕张"号炮击吴淞炮台等地。

李世甲。十九路军曾向海军江南造船所借钢板、大炮、弹药等构筑防御工事，均被海军当局拒绝。为保全在日本定制的"宁海"舰，李世甲等却输送蔬菜等食品向日军慰问。一般日方商船强闯我高昌庙防线，被造船所哨兵击中，其船长福田重伤而死。日军要求惩凶、赔偿等，李世甲竟携同亲日分子李泽一秘密前往谈判，为保全中国海军财产而接受丧权辱国的条件。

与李世甲一起秘密前往上海台湾银行会晤日本海军武官北岗大佐的亲日分子"日本通"李泽一，最后以所谓中日亲善原则，赔偿日方船上抚恤费2万元等，满足了侵略者的要求。

国难会议。由于海军秉承不抵抗政策，在淞沪抗战中按兵不动，加剧了国民党内部矛盾，1932年4月在国难会议上海军遭到了大部议员的弹劾。图为国难会议会址——洛阳广寒宫的正面。

提案人李根源。在国难会议上丁默村、李根源等42人提出召开临时紧急会议，以整饬海防，并取消海军部，改造海军。海军部长陈绍宽获悉后，上书行政院要求追究提案人责任。

议案主要内容

一、重新设立海军海防建设委员会，将现有海军部及所属海军机关、学校、工厂一律取消。

二、现有海军高级负责人员一律罢斥，以谢国人。

三、现有海军中下级人员，重行审查录用。

四、另选精干人员赴英美研求海军新学识。

五、将现有舰艇全部拍卖，所得兴建新舰。

六、现有海军经费逐月储存，备为新舰之赀。

七、举办募集海军海防建筑捐2亿元。

八、另请专家编制海防建设计划。

经行政院会议讨论，认为提案既属不明真相，实无计较之必要，此事终于不了了之。

3月24日，中日两国在英国总领事馆举行停战会议，5月5日协定签订。图为在上海举行的停战会议。

"一·二八"阵亡将士之灵位。人民怀念爱国者，到此凭吊。

十九路军抗日阵亡将士坟园。

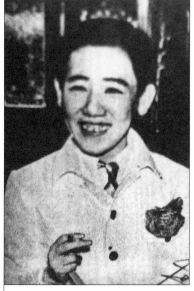

川岛芳子。

叛变祖国的女特务川岛芳子，做尽坏事，1948年作为战犯被我军事法庭处死。

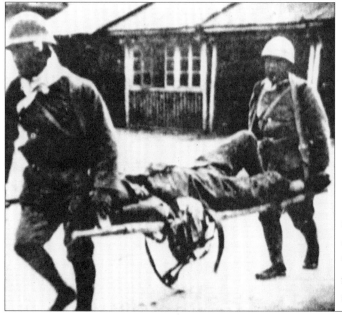

据统计，在"一·二八"事变战死的日军有769人，受伤的有2332人，大约是"九·一八"事变的3倍，侵略者付出了惨重的代价。图为敌人在搬运伤亡者。

● 第三节　福建事变中的中央海军

　　"一·二八"事变后,在淞沪英勇抗日的十九路军被蒋介石调到福建"剿共",以实现他"北和南剿"的反动方针,并企图在内战中一箭双雕,使闽西红军和十九路军两败俱伤。但十九路军在蒋光鼐、蔡廷锴等将军领导下,日益感到民族危机严重,内战毫无出路。广大官兵强烈的抗日要求和共产党团结抗日的号召,终于促使其联合国民党内反蒋势力,于1933年11月在福州公开成立抗日反蒋的"中华共和国人民革命政府",发动了福建事变,史称"闽变"。

"一·二八"事变后,十九路军被蒋介石调到福建"剿共",以实现他"北和南剿"的反动方针,企图在内战中一箭双雕,使闽西红军和十九路军两败俱伤。图为调赴福建的十九路军。

十九路军将领蒋光鼐、蔡廷锴等人,深感到民族危机严重,为反对蒋介石的投降卖国政策,在福州于山戚公祠内的补山精舍秘密召开会议,准备成立抗日反蒋的福建人民政府。图为闽变前夕于山会议的地址。

在福州南校场举行人民代表大会时任阅兵指挥的黄琪翔。

1933年11月20日,十九路军联合国民党内反蒋势力在福州公开召开中国全国人民临时代表大会,并于22日成立抗日反蒋的"中华共和国人民革命政府",发动了"福建事变",海军元老萨镇冰毅然参加。

海军元老萨镇冰出席了代表大会,并登台演说。当时"人民革命政府"决定在福建成立闽海、延建、兴泉、龙汀4省,萨被聘为高等顾问及延建省的省长。省府设在延平(今南平市),下辖建阳、建瓯等闽北16个县。海军密电萨师俊劝他乘舰赴沪,他拒绝并劝阻在福建的海军勿对"福建人民政府"采取敌对行动。在他影响下,海军马江要塞并无反对举动,马尾海军各机关亦由十九路军接收,表示与人民政府一致。

中华苏维埃政府与十九路军订立有《反蒋反日的初步协定》,协定规定了暂时军事疆界线、商品贸易、释放政治犯及出版、言论、结社、集会、罢工自由等,并准备建立反蒋反日的军事同盟。

中华共和国五省一市人事表

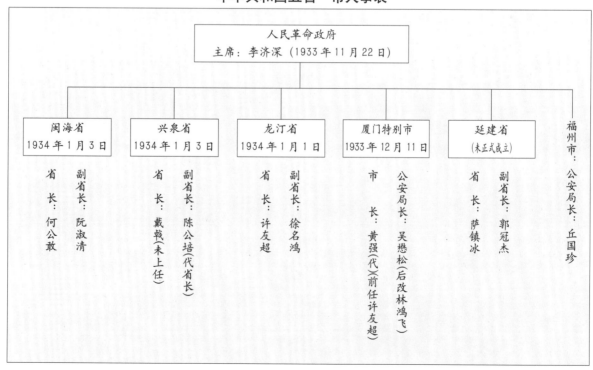

人民革命政府
主席:李济深 (1933年11月22日)

闽海省 1934年1月3日	兴泉省 1934年1月3日	龙汀省 1934年1月1日	厦门特别市 1933年12月11日	延建省 (未正式成立)	福州市
副省长:阮淑清	副省长:陈公培(代省长)	副省长:徐名鸿	公安局长:吴恐松(后改林鸿飞)	副省长:郭冠杰	公安局长:丘国珍
省长:何公敢	省长:戴戟(未上任)	省长:许友超	市长:黄强(代)(前任许友超)	省长:萨镇冰	

十九路军改编福建民军和蒋介石部队简表

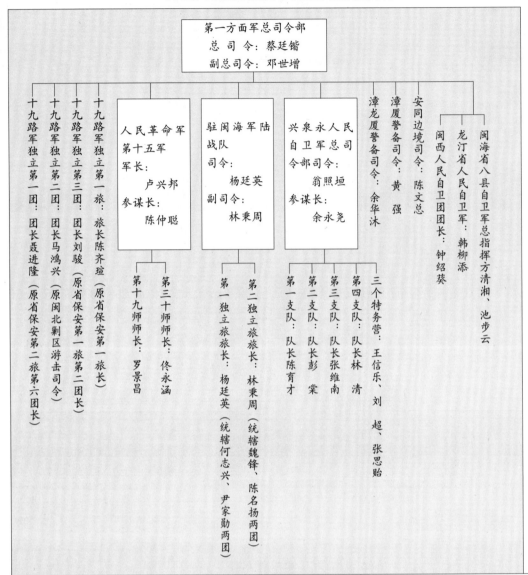

注:海军陆战队第一、第二两个独立旅亦被改编归辖十九路军。

人民革命政府组织简表

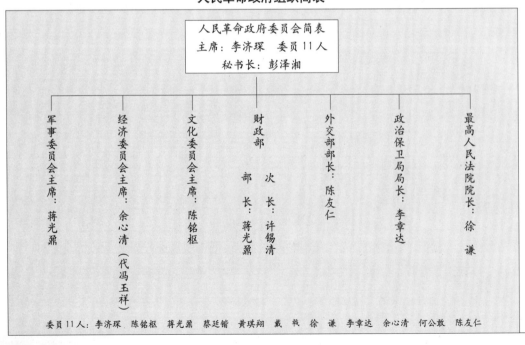

委员11人:李济琛 陈铭枢 蒋光鼐 蔡廷锴 黄琪翔 戴 戟 徐 谦 李章达 余心清 何公敢 陈友仁

蒋介石自任讨逆军总司令，
出动海陆空围剿十九路军，昙花
一现的福建人民政府终于失败。

蒋介石对外绝不抵抗，对内则不惜武力镇压，
人民呼吁"以对外的'镇静'工夫来对内，以对内
的'强硬'态度来对外"，他却坚持"先安内后攘外"，
"攘外必先安内"。在蒋介石出动5路陆军19个师兵
力围剿下，十九路军终于失败。1934年1月21日，
十九路军被改编为第七路军。

被蒋介石提升为三十九军
军长的刘和鼎(左图)，率部由建
瓯挺进延平。延平十九路军司
徒非所宁九峰山被宋希濂部攻
破后，在刘和鼎的诱骗下，向刘
师投降。福建人民政府便匆匆
决定解散政府人员，放弃福州，
择地再战，十九路军开始向泉
州退却。

蒋介石海陆空围剿十九路军示意图

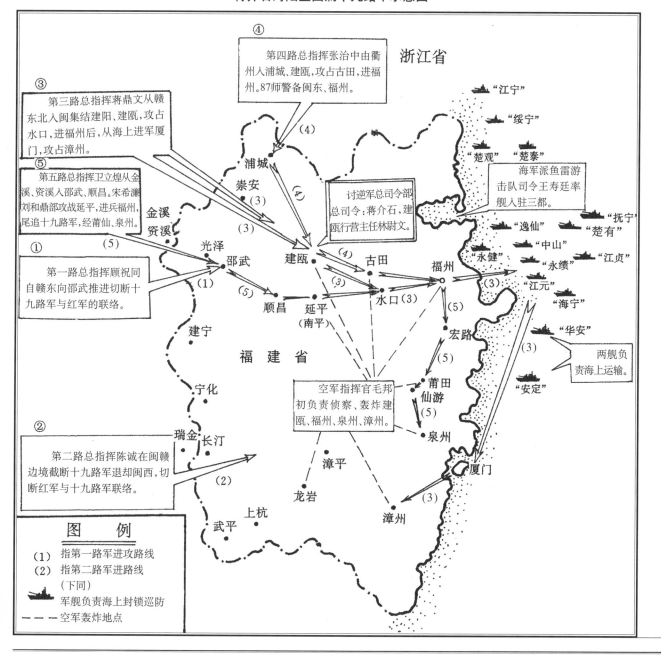

当十九路军撤退时,陈绍宽于11日亲率"宁海"抵三都,13日到达福州,暗中协助十九路军渡过乌龙江。据蔡廷锴回忆,当时几万大军渡江需船甚急,他约请萨镇冰要海军派船掩护撤退,海军同意,一面向天空开炮表示进攻,以骗蒋介石,另一面却让十九路军昼夜抢渡,"这是海军陈绍宽所部暗中留情,不想坚决与十九路军为敌有关,不然全部渡过乌龙江就不容易了"。(蔡廷锴:《回忆十九路军在闽反蒋失败经过》)

逃往三都的原海军马江要塞司令李孟斌,这时奉海军司令之命又率"楚有"、"楚泰"两舰进取长门。

蒋鼎文。首先进入福州的第三路军总指挥蒋鼎文,下辖第三师李玉堂、第九师李延年两师,进福州后,派李玉堂师从海上进厦门,攻占漳州。

十九路军向泉州撤退示意图

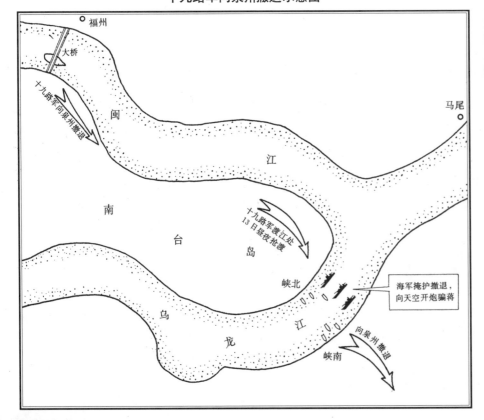

●第四节　"九·一八"事变后的广东海军

一、事变前的广东政局

1929年李济琛被蒋介石扣留于南京汤山后,蒋介石密令陈策、陈庆云、张惠长等支持陈济棠回粤接任军政首长。陈济棠在陈策预派的"海虎"舰上宣布就第八路军总指挥职,引起了两广军阀大混战。陈策下令舰艇作战,遭到海军副司令舒宗鎏等反对,他们乘"飞鹰"舰离去。陈策乃乘"中山"舰截击桂军,桂军被驱出广东,从此,陈济棠在广东巩固了势力。

在陈策等支持下回粤就任第八路军总指挥的陈济棠,大力发展广东海军。

陈策为扩充实力,在香港购进一只商轮,武装成军舰,命名为"海瑞",另又接收李济琛新建的"坚如"、"执信"、"仲元"、"仲恺"等4艘浅水铁甲舰。图为"坚如"舰。

中原会战蒋介石战胜冯、阎后,筹备召开国民大会,私自选为总统,遭到胡汉民为首的一派代表反对。蒋扣留胡于南京汤山,引起广州另立国民政府。广州政府委陈济棠(左二)为第一集团军总司令,陈策(右一)为海军总司令,张惠长(右二)为空军总司令,陈庆云为虎门要塞司令。不久,广西李宗仁(左一)、白崇禧也参加了反蒋,李被委任第四集团军总司令,粤桂合作,通电谴责蒋介石。

二、虎门事件与"飞鹰"舰被炸

"一·二八"事变后,广东空军总司令张惠长赴南京,表示空军不参加内战,电辞空军总司令职。陈济棠令空军参谋长黄光锐代理,并免去陈庆云的虎门要塞司令之职。此时,海军总司令陈策感到不安,遂令"飞鹰"等舰开赴海南岛集中,内河各舰由"中山"舰长陈策之叔陈涤指挥,集中内伶仃岛候命。当"中山"舰等驶出虎门时,遭炮台袭击,3舰还击,这就是"虎门事件"。虎门事件是陈策等反对改组海空军引起的粤系海陆军内战。

广东国民政府的空军总司令张惠长。

"中山"舰舰长陈涤反对陈济棠,把舰驶入东山,因淡水告罄,由"楚泰"、"江元"驰往接济,并由第一舰队接收,改派罗致通为舰长。图为"中山"舰。

广东国民政府海军司令陈策。

"中山"舰北归后,陈济棠开始命飞机向"飞鹰"、"福安"舰轰炸,遭到秀英炮台及"飞鹰"舰的高射炮还击,粤机改向海口各机关及海军陆战队轰炸,死伤甚重。图为停泊在海口的"飞鹰"等舰。

1932年7月6日,粤机又不断从雷州飞海口,向"飞鹰"舰轰炸,互战约1小时。"飞鹰"中一弹,挂起救生旗,表示不抵抗,但飞行员丁纪徐因陈济棠悬赏20万元,冒低空危险仍掷弹,该舰终被击沉。"一·二八"事变时,我海空军均按兵不动,而此时居然出现了海空军互相残杀事件。图为后被炸沉的"飞鹰"舰。

"飞鹰"被炸后,7月12日陈济棠命张之英代海军司令。驶赴香港逃避的"福安"等舰几经谈判仍归粤,由陈济棠组成一个江防舰队,委张之英为司令。图为广东江防舰队司令张之英。

三、粤海舰队的建立

"飞鹰"被炸,"中山"舰北投中央海军,广东海军实力更加削弱。民国二十二年(1933年)六月东北海军发生薛家岛事件后,"海圻""海琛""肇和"等3舰南下投粤。这3舰是当时中国最大的军舰,陈济棠喜从天降,遂成立粤海舰队。

粤海舰队司令部。

薛家岛事件后南下投粤的"海圻""海琛""肇和"等舰。东北海军3舰反沉投粤的结果,加强了国民党新军阀陈济棠的势力,也达到了东北海军人员升官的目的。

粤海舰队人事表

姓　名	职　　　　　　　　务	姓　名	职　　　　　　　　务
姜西园	原名炎钟,中校,现升少将司令	冉鸿翱	"海圻"舰长
吕相阳	沈鸿烈派来说服返青,留下由少校升上校参谋长	唐静海	"海圻"副长
张振育	副官长	关　镛	关继周改名,由上尉升"海琛"上校舰长
穆鸿猷	军衡长	张凤仁	"海琛"副长
黄玉珍	军需长	杨超仑	"肇和"舰长
谭　刚	轮机长	李宝琳	"肇和"副长

四、粤海舰队大检阅

粤海舰队司令姜西园在检阅。

姜西园在检阅台上。

参加检阅的粤海舰队之一部。

粤海舰队表演操炮。

粤海舰队表演备战。

粤海舰队大检阅。

粤海舰队大检阅之一二

操演时警戒式。

操演时测算敌人距离。

五、黄埔事件与"海圻"、"海琛"离粤到南京

　　粤海舰队成立后,广东有两个舰队,一为张之英为司令的江防舰队,另一为东北海军南下的粤海舰队,由于两舰队待遇不平,粤海舰队官兵薪饷一律按大洋计算,江防舰队薪饷低于粤海舰队官兵,且按毫银发放,引起江防舰队官兵不满。南下3年,粤海舰队毫无建树,烟台派又排斥葫芦岛派,把3舰中握有实权的葫芦岛派人员调离3舰,而江防舰队却扩充实力,购得鱼雷艇、驱潜艇各2艘。1935年夏,陈济棠为掌握实权,宣布取消粤海舰队,命与江防舰队合并,自兼司令,薪饷也改毫银发放,3舰决心离粤,在虎门被击,酿成虎门事件。

　　陈济棠以粤海舰队从外来投,终究放心不下。为扩充实力,江防舰队先后购得英意制的鱼雷艇、驱潜艇各2艘。图为新购的驱潜艇(实即鱼雷艇,后编为广东雷舰队)。

广东江防舰队新购的鱼雷艇(后编为广东雷舰队)。

陈济棠扩充的海军舰艇

一、成立雷舰队（1934年1月）（实是鱼雷快艇队）
　　舰队队长：梁康年（中校）烟台海校毕业。
　　第一号雷舰舰长：邝文光（上尉）。
　　第二号雷舰舰长：麦士尧（上尉）。
　　第三号雷舰舰长：陈宇钿（上尉）。
　　第四号雷舰舰长：林昌鹏（后由邓萃功接任）。

二、新置缉私舰（1935年）
　　"海周",向法国购买1600吨的扫雷舰改装英国大炮而成。
　　"海维",向广南造船厂订制的200吨浅水炮舰。
　　"永福",1936年向香港购买的1400吨旧客货轮,改装的运输舰。
　　"福游",1932年向葡萄牙购买的600吨旧舰改装的。

陈济棠在广东扩建的一团海军陆战队。

陈济棠调离南下3舰主要人员表

姓　名	原职务	调离后职务
冉鸿翮	原"海圻"舰长	调任总部总教练官
唐静海	原"海圻"副长	调"福游"舰舰长
关　镛	原"海琛"舰长	调总部上校参议,派去主持秀英炮台
张凤仁	原"海琛"副长	调任黄埔海校教官(一说总部副总教官)
李宝琳	原"肇和"副长	调任黄埔海校教官
陈天德	原广东人员	调任"海圻"舰少校枪炮大副,暗中监督
陈　洁	原"福游"舰长	调任"海琛"舰长,黄埔海校十五期毕业
方念祖	原"福安"舰长	调任"海圻"舰长
马步祥	原广东人员	调任"海圻"副长

注:陈济棠用明升暗降办法,逐步以粤人更换东北人员,同时训练士兵向3舰渗透。

冉鸿翮被调任总教练官。冉鸿翮,原"海圻"舰长,字柏青,四川江津人,烟台海校驾驶第十五届毕业。历充见习分队长、枪炮正教练官、副长、参谋长、参议、教官、署长、港务长等职。

(合并后)第一集团军舰队人员变动表

姓　名	职　务
陈济棠	第一集团军舰队司令(合并后)自兼
张之英	原江防舰队司令,合并后为常务副司令
姜西园	原粤海舰队司令,合并后为副司令(政务),实际负责海校教育
李庆文	原江防舰队副司令,合并后为海军司令部参谋长
黎钜镠	原江防舰队参谋长,合并后为海军司令部副参谋长

陈济棠。1935年4月,陈济棠以为广东有雷舰队足以抵御3舰,借口3舰赴港载运漏税商品,以迅雷不及掩耳手法,宣布取消粤海舰队,命与江防舰队合并,自兼司令。

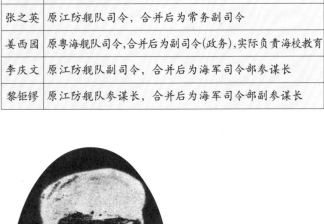

张之英,原江防舰队司令,合并后为广东海军司令部常务副司令。

黎钜镠,广东黄埔水师学堂第13届驾驶毕业。原江防舰队参谋长,合并后为广东海军司令部副参谋长。

李庆文,广东黄埔水师学堂第15届驾驶毕业。原江防舰队副司令,合并后为广东海军司令部参谋长。

民国二十四年(1935年)六月，因"海圻"等3舰月饷改以毫银折合大洋发给，引起3舰官兵不满，决心驶出粤海，酿成黄埔事件。

以葫芦岛一、二期毕业为主的"海琛"轮机长、"肇和"枪炮大副、副长及原"海琛"副长后调黄埔海校为教官的张凤仁等为首的几个人，秘密开会决定冒险带舰出走，"肇和"舰因轮机损坏在修不便参加。图为唐静海。

原"海琛"副长，后调海校为教官的张凤仁。

1935年6月15日，"海圻"、"海琛"两舰突将粤籍官兵软禁，升火开行，途中遭受炮台袭击。图为"海琛"舰。

粤机5架向两舰轮番轰炸。因两舰自陈济棠接掌司令后，曾为之安设高射炮，而昔日炸沉"飞鹰"的丁纪徐亦不敢低飞，无法命中，17日两舰终于逃抵香港。图为"海圻"舰高射炮还击粤机。

在香港外炮击两舰的第一舰队"宁海"军舰。

"海圻"、"海琛"进港后，广西李、白派代表要两舰停泊西南，日本驻广州领事也来拉拢，蒋介石由四川拍来密电，要两舰径驶南京，"一切问题均可解决"。第一舰队司令陈季良所率"宁海"等舰也驶入香港海湾停泊、监视。经谈判两舰请求驶往南京。

南京当局派军事委员会军令处处长陈策赴港处理。7月9日陈策率2舰由港返京，2舰名义上归还第三舰队建制，但暂驻长江协防，实际上由军政部指挥。图为赴港处理两舰事件的陈策夫妇。

袁良年骅(1895～1981)。字子襄，广东东莞人。黄埔水师学堂第十五届毕业，历任"舞凤"、"江固"等舰长等职。抗战胜利后任广东参议会副议长、代议长。1948年任立法委员，1981年9月在台病逝。

"海圻""海琛"两舰新人事表

姓　名	职　　务
唐静海	"海圻"舰长
刘乃沂	"海圻"舰副长
许世钧	"海圻"舰协长
邱崇明	"海圻"舰轮机长
张凤仁	"海琛"舰长
吴支甫	"海琛"舰副长
陈精文	"海琛"舰轮机长

因主机损坏未参加北归而留在广东的"肇和"舰舰长杨超仑被扣押，200余名水手发饷两月遣散回籍，陈济棠委任方念祖为舰长。抗日战争时期"肇和"退泊黄埔，军事委员会行营亦设黄埔，日机常来轰炸"肇和"。行营认为影响其安全，曾要求舰长方念祖驶离黄埔，方不理，"肇和"卒为日机炸沉。方念祖以临阵退缩罪被行营处决。

附带一说：

陈策策动广东雷舰队逃港事件

"海圻"、"海琛"两舰逃走后，1936年5月蒋介石派陈策到香港策动广东4艘雷艇叛逃，陈策派袁良骅等来广州与4雷舰长密商，结果只有一、四号雷舰逃出后进入太古船坞，舰上武器被香港英国海军船厂解除，直到陈济棠垮台后，两艘雷舰才驶回广州。

注：蒋介石对海军实行"分而治之"的政策，造成政令、军令的不统一，中央与地方的不相隶属。南京政府号称统一，实仍沿袭清末的三洋海军互不相顾，与民初北洋军阀的割据并无二致。

逃离广州的雷舰一号(英制)。

●第五节　抗日战争前陈绍宽的对外活动

陈绍宽任海军部部长后,参加了国府主席接受外国大使呈递国书、接见外国舰队或舰艇访问、回拜等一些外交活动。民国二十六年(1937年)四月作为副使,参加英皇加冕典礼。抗日战争爆发后,才匆匆赶回参加抗日战争。

英国海军驻远东舰队司令李杜将军抵京拜会海军部长陈绍宽。

德国巡洋舰爱姆登来华访问,海军部长陈绍宽登舰回拜。

右为正使孔祥熙,左为副使陈绍宽。

参加英皇加冕典礼

英皇爱德华八世与辛卜森夫人结婚,于1936年12月宣告逊位,由约克公爵继承,号乔治六世,新王及王后于1937年5月12日举行加冕典礼,南京政府派孔祥熙为特使、陈绍宽为副使参加典礼。

英国新国王乔治六世及王后于1937年5月12日举行加冕典礼。

我国参加英皇加冕典礼特使孔祥熙(中)、副使陈绍宽(右)于4月2日乘轮出国。

中国驻英大使郭泰祺欢宴中国特使并邀英首相及外相参加。图自右至左:陈绍宽、英外相艾登、郭泰祺、孔祥熙、英首相张伯伦。